U0818280

国际教育前沿丛书

刘宝存　主编

当代法国教育

王晓辉　著

山西出版传媒集团　山西教育出版社

图书在版编目（CIP）数据

当代法国教育／王晓辉著．—太原：山西教育出版社，2021.5

（国际教育前沿丛书／刘宝存主编）

ISBN 978-7-5703-1467-6

Ⅰ．①当… Ⅱ．①王… Ⅲ．①教育事业—发展—研究—法国—现代 Ⅳ．①G556.5

中国版本图书馆 CIP 数据核字（2021）第 048007 号

当代法国教育

DANGDAI FAGUO JIAOYU

责任编辑 康红刚
复　　审 邓吉忠
终　　审 杨　文
装帧设计 解　芳
印装监制 蔡　洁

出版发行 山西出版传媒集团·山西教育出版社
（太原市水西门街馒头巷 7 号　电话：0351-4729801　邮编：030002）
印　　装 山西聚德汇印务有限公司
开　　本 720×1020　1/16
印　　张 23
字　　数 350 千字
版　　次 2021 年 6 月第 1 版　2021 年 6 月第 1 次印刷
书　　号 ISBN 978-7-5703-1467-6
定　　价 69.00 元

总　序

一

当今世界正处在大发展、大变革、大调整时期，主要表现为以下四个方面。一是国际竞争的加剧。在“冷战”结束以后，世界格局发生了重大变化，世界上一些主要国家都在调整国家目标，力图在急剧变化的世界中为自己定位。各国为了实现国家目标，在新世纪的国际竞争中取得战略有利地位，纷纷把教育改革作为国家整体战略的一部分，作为提高民族素质、增强国际竞争力的战略举措。二是知识经济的发展。世界经济的发展经历了农业经济和工业经济之后，正在进入知识经济阶段。与建立在土地和人口基础上的农业经济、建立在资本和资源基础上的工业经济不同，知识经济是建立在知识和信息的生产、分配和使用基础之上的经济。在知识经济时代，知识、技术和信息成为推动经济发展最重要的因素。知识、技术和信息发展靠创新、靠人才，归根结底要靠教育。因此，教育成为各国应对知识经济挑战的首要途径。三是全球化进程的深入。在经济全球化的影响下，世界各国在政治、经济、文化、教育和社会生活等方面的联系、影响、依赖程度不断增强。全球化同时也加剧了国家之间、地区之间乃至学校之间的竞争，世界各国都把创建世界一流的学校、提升教育的全球竞争力作为战略目标。四是信息技术和人工智能的挑战。信息技术和人工智能的发展正改变着我们的生活方式、工作方式、学习方式、思维方式、价值观念及其物质载体，也为教育的改革与发展提供了更为广阔的空间。国际社会大变革把教育推向社会经济发展舞台的中心，优先发展教育、深化教育改革成为世界性的运动，而提高教育质量、促进教育公平则是这场教育改革运动的主旋律。

如果从历史的角度来考察，20世纪80年代以来世界范围的教育改革，不仅是对当代世界政治、经济、科学技术和文化的大发展、大变革、大调整所带来的挑战的应对，也是基于教育自身发展和改革的需要。纵观风云变幻的20世纪，世界教育经历了前所未有的挑战和改革。20世纪30年代，工业化、城市化所推动的社会全面变革引发了以进步主义教育运动为标志的世界性教育改革运动。进步主义教育直接向传统教育宣战，强调把儿童的兴趣作为教育的出发点，重视职业教育、工业教育、科学教育，倡导以解决问题为核心的教学方法，注重培养学生的合作精神和社会责任感。进步主义教育改革运动使人们反思传统与变革、人文与科学、社会与个人之间的关系，并尝试建立一种新的平衡，但并没有取得预期的效果。20世纪五六十年代，在科技进步、经济发展、民主运动、人口剧增和“冷战”加剧等因素的推动下，以1957年苏联人造卫星的发射为导火线，爆发了新一轮世界性的教育运动。世界各国开始重新审视一度给教育带来一缕新风的进步主义教育思想及其改革运动，结构主义、要素主义教育理论逐渐取代进步主义教育理论取得支配地位，促进中等教育的普及化和高等教育的大众化，改革基础教育课程和教学方法，加强大学的科技人才培养和科学研究，成为国际社会教育改革的主旋律。特别是人力资本理论和终身教育思想的提出，使教育的地位空前提高，改变了人们的价值观念。这一轮的教育改革因20世纪70年代的经济萧条戛然而止。因此，20世纪80年代以来的世界教育运动是上一轮教育改革运动在新的社会经济背景下的发展。在中小学教育实现了普及化、高等教育实现了大众化甚至普及化的背景下，世界教育改革的主旋律变成了促进公平、提高质量，也就是为每一个人提供高质量的教育。在新的社会经济背景下，世界各国纷纷把教育放在优先发展的战略地位，打造世界一流的教育体系，确立以培养创新人才为核心的培养目标，改革课程体系和教学模式，加强教育与社会生活的联系，提高教师的待遇和专业化水平，建构终身教育体系，推进教育信息化、教育国际化进程，建立更加灵活、高效的管理机制。与以前的局部改革不同，这是一场关于教育的全面改革，涉及从学前教育到高等教育、从课程教学到管理体制等教育的方方面面；与以前阶段性的教育改革不同，这更是一场长期的教育改革，已经持续30多年的教育改革仍呈方兴未艾之势。

二

自改革开放以来，中国社会发生了翻天覆地的变化。改革开放40年的经济快速增长，使中国从一个经济处于崩溃边缘的穷国一跃而成为世界第二大经济体，人民生活水平大幅度提高，综合国力不断增强。同时，中国也从一个传统社会转变为现代社会，在经济、社会、政治方面实现转型，工业化、城镇化、民主化进程不断加快。经过40年的改革开放，我国社会经济发展进入新阶段。我国面临着国际社会大变革和国内各种社会经济问题凸显的双重压力，既处于新的改革发展战略机遇期，也处于改革的攻坚期和“深水区”。正如《国家中长期教育改革与发展规划纲要（2010—2020年）》所总结的，“我国正处在改革发展的关键阶段，经济建设、政治建设、文化建设、社会建设以及生态文明建设全面推进，工业化、信息化、城镇化、市场化、国际化深入发展，人口、资源、环境压力日益加大，经济发展方式加快转变”。党的十九大明确提出要实现社会主义现代化和中华民族伟大复兴，在全面建成小康社会的基础上，分两步走在本世纪中叶建成富强民主文明和谐美丽的社会主义现代化强国。从现在到2020年，是全面建成小康社会决胜期。要按照十六大、十七大、十八大提出的全面建成小康社会各项要求，紧扣我国社会主要矛盾变化，统筹推进经济建设、政治建设、文化建设、社会建设、生态文明建设，坚定实施科教兴国战略、人才强国战略、创新驱动发展战略、乡村振兴战略、区域协调发展战略、可持续发展战略、军民融合发展战略，突出抓重点、补短板、强弱项，特别是要坚决打好防范化解重大风险、精准脱贫、污染防治的攻坚战，使全面建成小康社会得到人民认可、经得起历史检验。综合分析国际国内形势和我国发展条件，从2020年到本世纪中叶可以分两个阶段来安排。第一个阶段，从2020年到2035年，在全面建成小康社会的基础上，再奋斗十五年，基本实现社会主义现代化。第二个阶段，从2035年到本世纪中叶，在基本实现现代化的基础上，再奋斗十五年，把我国建成富强民主文明和谐美丽的社会主义现代化强国。这一系列战略目标的实现，意味着中国社会将迎来更大的变革，意味着一个真正强国的崛起，也意味着我们必须重新审视我国教育，探讨教育如何适应国家战略的调整，积极改革创新，为国家整体战略服务。

与国际社会的教育改革大势相一致，中国教育以1985年《中共中央关于教育体制改革的决定》为标志开始了前所未有的全面改革。在新的世纪，面对新问题、新矛盾、新挑战，我国在2010年颁布了《国家中长期教育改革与发展规划纲要（2010—2020年）》，对中国教育的发展提出了新的要求：加快从教育大国向教育强国、从人力资源大国向人力资源强国迈进；到2020年，基本实现教育现代化，基本形成学习型社会，进入人力资源强国行列，办出具有中国特色、世界水平的现代教育。教育规划纲要的颁布，宣告了我国新一轮教育改革运动的开始，我国教育进入大改革、大发展、大变化时期。党的十九大报告把建设教育强国作为中华民族伟大复兴的基础工程，要求必须把教育事业放在优先位置，深化教育改革，加快教育现代化，办好人民满意的教育。无论是当前的社会变革还是教育变革，在我国历史上都没有现成的经验可以借鉴，必须从国际社会寻找可供借鉴的理论、经验和发展路径，并在此基础上实现教育理论创新、实践创新和制度创新。一方面，我国教育科学虽然已经有了很长的历史，但是对于教育改革与发展中的许多问题仍然没有一致的认识。因此，当前我国教育研究特别是比较教育研究的一个重要使命就是围绕世界和我国教育改革与发展的重大理论、政策和实践前沿问题开展研究，探索教育发展的规律，把握国际教育发展的趋势，为我国教育改革与发展提供理论支撑。另一方面，在经过40年的改革开放之后，我国教育改革已经进入“深水区”和攻坚阶段，在我国历史上既没有相应的经验可以借鉴，也不可能完全依靠“摸着石头过河”去探索未知的领域。因此，我们必须把视野扩大到国际社会，研究世界各国教育改革与发展的基本理念、政策措施、得失成败，研究世界教育改革发展的基本脉络和发展趋势，尤其是针对我国教育改革发展中的重大问题和紧迫问题，在世界范围内寻求相应的经验，特别是研究发达国家已经走过的道路和经验教训，并根据我国实际探索适合我国国情的政策措施。

三

北京师范大学国际与比较教育研究院创立于1961年，是中华人民共和国成立后设立最早的国际与比较教育研究机构。1981年，被国务院学位委员会批准为比较教育学专业全国第一批硕士学位授权点。1983年，被国务院学位委员会批准为比较教育学专业全国第一批博士学位授权点。1988年，被国家教委（现教育部）确定为国家重点学科，是比较教育领域中唯一的国家重点学科。1999年12月，成为第一批入选教育部普通高等学校人文社会科学重点研究基地的15家科研机构之一，是比较教育学科唯一的重点研究基地。2011年秋季，招收第一届全英文教学国际硕士研究生，开创了我国比较教育学专业国际硕士教育的先河。2012年，与奥地利、德国、芬兰等国的大学联合开设欧盟伊拉斯莫（Erasmus Mundus）“高等教育研究与创新”硕士项目，这是我国高校第一次以全面合作伙伴（full-partners）身份全面参与伊拉斯莫项目的招生、教学和管理工作。2012年，入选教育部国别区域问题研究基地，成为教育部国际教育研究中心之一。2013年，在成功举办全英文教学国际硕士项目的基础上，全英文教学国际博士项目顺利招生，成为我国比较教育学专业乃至教育学科第一个开设国际博士教育项目的机构。2017年，加入教育部高校高端智库联盟，成为教育领域首批入选的两家智库之一。

北京师范大学国际与比较教育研究院的基本使命是：1. 围绕世界和我国教育改革与发展的重大理论、政策和实践前沿问题开展研究，探索教育发展的规律，把握国际教育发展的趋势，为我国教育改革与发展提供理论支撑；2. 为文化教育部门和相关部门培养具有国际视野、通晓国际规则、能够参与国际事务和国际竞争的高层次国际化人才；3. 积极开展教育政策研究与咨询服务工作，为中央和地方政府的重大教育决策提供智力支撑，为区域教育创新和各级各类学校的改革试验提供咨询服务；4. 积极开展国际文化教育交流与合作，引进和传播国际先进理念和教育经验，把我国教育改革发展的先进经验和教育研究的新发现推向世界，成为中外文化教育交流的桥梁和平台。

经过50多年的发展，北京师范大学国际与比较教育研究院已经成为我国规模最大、语种最全的国际与比较教育研究机构，语种涵盖英语、俄语、法语、德语、日语、朝鲜语、葡萄牙语、西班牙语等世界主要语种，研究对象包括美国、英国、法国、德国、俄罗斯、日本、韩国、印度、澳大利亚、加拿大、新加坡、芬兰等国家以及联合国教科文组织、世界银行、联合国儿童基金会、欧盟、经济合作与发展组织、亚太经济合作组织等国际组织，研究领域包括比较教育的理论与方法、基础教育比较、高等教育比较、教育政策与管理比较、教育思想比较、文化与教育发展比较、国际教育等比较教育研究的主要领域。

50多年来，北京师范大学国际与比较教育研究院一直是我国国际与比较教育研究的重镇。该院以“立足中国，放眼世界”为指导思想，根据我国社会主义现代化建设和教育改革发展的需要，积极承担起国家重大教育研究任务，取得了一大批高水平的研究成果。这套《国际教育前沿丛书》就是近年该院承担的部分国家级和省部级科研项目的研究成果，我们衷心希望这套丛书的出版能够帮助读者了解国际教育改革与发展的前沿，为我国教育改革与发展提供一些借鉴与启示。

北京师范大学把《国际教育前沿丛书》列为“985工程”重点项目予以支持，山西教育出版社在丛书编辑和出版过程中给予了很大支持，在此特别表示感谢。

刘宝存

目录

第一章　当代教育改革概览　1

第一节　改革的缘起与改革的新思路　1

第二节　基本原则未变　13

第三节　教育决策的民主化　18

第二章　教育宏观管理：从规划到导航　24

第一节　教育规划的历程　25

第二节　教育导航的基本概念　27

第三节　新型经费分配制度　31

第四节　教育契约的普遍应用　40

第五节　关于教育导航的思考　45

第三章　中小学课程改革　46

第一节　制定《课程宪章》　47

第二节　对学校的全面思考　49

第三节　鼓励小学生“动手做”　51

第四节　告诉学生《初中学什么》　59

第五节　探讨高中应当教授的知识　63

第六节　面向2010年的新高中　71

第四章　公民教育 83
第一节　理论基础 83
第二节　基本内容 86
第三节　教学方法 95
第四节　问题与趋势 96
第五章　变革中的职业教育 102
第一节　历史的旧貌 102
第二节　艰难的变革 105
第三节　特色与不足 110
第四节　期待的新颜 119
第六章　促进教育平等与公正 124
第一节　教育不平等的理论与测量方法 124
第二节　教育优先区 133
第三节　学校分区图 141
第七章　教师管理与培训 149
第一节　曾经荣耀的教师 149
第二节　高素质的培训 152
第三节　改革中的冲突与磨合 156
第四节　教师职业化的未来趋势 159
第八章　私立学校的抗争 169
第一节　二百年争斗，尚未见穷期 169
第二节　建校有自由，条件颇苛刻 171
第三节　办学更自主，监管亦严格 175
第四节　私校非私有，政府给资助 177
第五节　面貌常更新，公众有选择 179
第九章　奠定信息社会的基石 182
第一节　教育信息化发展概况 182
第二节　中小学的教育信息化 185

第三节 高等教育中的信息化 188
第四节 成人教育与信息技术 190
第五节 教育信息化的主要战略与特点 191
第六节 教育信息化的发展趋势 195
第十章 学业与职业指导 198
第一节 定向目标及其演变 198
第二节 定向，即分流 202
第三节 定向教育与培训 211
第四节 定向机构及其运行 215
第十一章 教育系统评估 218
第一节 学生成绩评估 218
第二节 学校“增加值” 225
第三节 高等学校评估 230
第四节 构建评估文化 233
第十二章 大学自治的新探索 236
第一节 中世纪的大学自治：在王权与教权之间周旋 236
第二节 集权体制下的大学自治：大学行会的集权化 239
第三节 两个高教法赋予的自治：不完全的自治 242
第四节 大学自由与责任法：大学自治的新机遇 246
第十三章 构建高等教育的新模式 250
第一节 双轨制弊端日趋严重 250
第二节 高教新模式的构想 253
第三节 波伦亚进程 257
第十四章 “大学校”及工程师教育 262
第一节 大学校概述 262
第二节 工程师培养 271
第三节 校企联系与学生就业 278
第四节 特点与问题 282

第十五章　科学研究与创新 285
第一节　科研体制与法律环境 285
第二节　研究与发展经费 291
第三节　专利申请与技术转让 296
第四节　科研人员流动 300
第五节　企业孵化器 302
第十六章　构建学习化社会 310
第一节　终身教育思想：法国人的贡献 310
第二节　职业继续教育的兴起与发展 313
第三节　职业继续教育的参与者 318
第四节　职业能力认证 323
第五节　迈向学习化社会 327
第十七章　未来目标：使全体学生成功 331
第一节　问题与挑战 331
第二节　为了全体学生成功 336
第三节　构建“共同基础” 339
第四节　促进教育平等 342
第五节　困难与展望 345

附录 347
主要参考文献 351

第一章
当代教育改革概览

法国位于欧洲西部，人口 6698 多万（2014 年），本土国土面积约 553 965 平方千米，平均每年人口增长率略高于 0.3%，人口密度为 122.3 人/平方千米，城市人口占 73.4%。

法国本土划分为 22 个大区、96 个省。官方语言为法语。

法国教育历史悠久。1198 年成立的巴黎大学为欧洲最早的大学之一。自拿破仑执政时期便制定了中央集权的教育体制。18 世纪初被称为“大学校”的高等专业学校开始发展。1882 年，宗教与教育实行分离，并实施 7 年免费义务教育。1959 年基本确立现代基础教育体系，义务教育延长至 10 年。1968 年，高等教育在经历学潮之后，进行了重大改革，建立了新的办学机制。经过 1975 年统一初中的改革，法国基本实现了比较适应当代政治、经济发展的需要、具有自己特点的、多样化的教育体制。

20 世纪 80 年代以来，法国政治、经济和社会等方面的变化和国际背景的影响，促使法国开始了更大规模的教育改革。

第一节　改革的缘起与改革的新思路

1945—1973 年间，是法国经济高速发展的时期，也是人民生活水平大幅提高的时期，有人将这一时期称为“三十年荣景”。但从 20 世纪 80

年代以后，法国的景气已不如以前。

随着经济的衰退，教育体制上的弊端也凸显出来。基础教育的初等教育和中等教育在体制上虽已沟通，但学业失败的问题和教育不平等现象日益严峻。高等教育的大众化使更多的青年有机会进入大学学习，但劳动力市场的萎缩使许多大学生遭遇失业的境地。教育所面临的挑战，使20世纪80年代以来的改革变得更为错综复杂。

1. 从基础教育体制并轨到教育的大众化

19世纪，法国构建了初等教育和中等教育相互分离的双轨制教育体制。

1802年，拿破仑创立了由中央政府管辖的国立中学，其特点是：寄宿制、纪律严明、注重学习拉丁语和数学。与此同时，各城市也建立市立中学，实施的教学与国立中学类似，只是质量较差。1882年，法国只有85所国立中学，249所市立中学，近9万名中学生。中等教育因收费昂贵，选拔严格，基本成为少数精英的领地。

由1833年的“基佐法”，至1881年和1882年的“费里法”，完成了法国初等义务教育的构建，为普及初等教育铺平了道路。

但是横亘在初等教育与中等教育之间有两个难以逾越的障碍：一是昂贵的学费，平民不堪支付，加上高达7年的学制，更使人望而生叹；二是学制不衔接，中学的入学年龄应当是10岁，而小学毕业要到12岁。对于未能接受家庭教育，或进入中学附设的初级班的学生来说，要么放弃小学毕业文凭，按时进入命运莫测的中学，要么先获得小学文凭再进入中学，做大龄中学生。而这两种选择都是不妥当的。

法国经济在20世纪20年代出现了第一次飞跃，随之刺激了群众消费的增长。生产和消费的发展，要求培养出适应现代化生产的新一代劳动力，进而对教育的发展也提出了新的要求。尽管20世纪20年代末的经济危机使法国经济出现了停滞，但法国对青年一代的培训仍受到重视，因为它是维持现代工业生产和减少失业的必要条件。当时法国新大学同学会开始倡导教育的民主化和现代化，并提出把义务教育的年龄延长至14岁。当时的教育部部长让·泽（Jean Zay）顺应了民众的要求，于1936年把义务教育的年限又延长一年，并提出招收所有儿童进入初中的改革方案。

中等教育能否向平民开放取决于它是否是免费的。法国政府于 1930 年决定初中一年级免费，于 1933 年决定全部中等教育免费。这样，中学生的数量开始有了明显的增长。1911 年，法国中学生总数为 17.3 万人，而 1938 年便达到了 42.5 万人。

但是中等教育的大门开放的程度仍然有限，它在实行全部免费的同时，又增设了初中的入学考试。尽管经济危机之后的第二次经济飞跃又进一步呼唤着教育，然而普及和提高教育水平与资产阶级对平民教育发展的限制这一矛盾，严重阻碍着法国教育改革和教育发展的进程。可以说，法国 20 世纪上半叶的教育发展是比较缓慢的。

进入 20 世纪五六十年代，法国现代工业社会对教育现代化的要求显得十分迫切，教育改革势在必行。首先，经济的发展要求学校培养更多的工程师、技术员、干部、技术工人和职员、教师、医生等，这些专业人员已不能在传统的农场或家庭作坊中培养，必须经过学校较长时间的专门教育和培训不可。其次，社会和文化的变革也要求着培养新一代人的质量。如果说第三共和国需要造就劳动者—公民—共和主义者三位一体的人格，那么第五共和国就应当培养具有生产者—消费者—社会合作者三种素质的人。最后，人口增长和教育民主运动也猛烈地推动着教育的改革。法国战后每年新生儿人数比正常年份大约多 20 万。“婴儿炸弹”导致“学校爆炸”。人口高潮从 1951 年开始冲击初等教育，从 1957 年开始冲击到中等教育。同时，产业结构的变化使人们认识到教育的重要性，他们的口号是“有了面包，教育是人民的第一需要”。

历史的发展要求提高所有青年的受教育水平。这样，在 1956 年取消初中一年级的入学考试之后，法国政府于 1959 年在当时教育部部长贝图安（Berthoin）的主持下开始了现代教育的改革。这次改革把义务教育延长至 16 岁，总共 10 年。这一改革有利于使全部青年都能接受完整的初中教育，有利于提高全民族的文化水平。但是，并不是所有初中生都能受到同样的教育。学生一进入初中，就要在三条路上分道扬镳：一是长期教育，称传统的或现代的教育，主要导向是升入大学；二是短期教育，即职业教育，未来方向是技术工人；三是过渡性职业教育，为学习困难者所设，基本出路是就业，做普通工人。然而，初等教育和中等教育在体制上的分离毕竟打破了，新的现代教育体制既适应了现代社会对提高全民文化水平的要求，也符合了现代经济社会的劳动分工。

1963 年，富歇（Fouchet）针对 1959 年改革的定向问题，把初中四年划分为两个阶段：观察期和指导期，各两年，并设立了一种新型初中，容纳长期教育和短期教育的各个专业系列，便于学生在本校就可以根据自己需要改变学习的系列。

20 世纪 70 年代中期，在世界性经济危机似有转机的时刻，法国时任教育部部长阿比（Haby）认为儿童仅有“读、写、算”知识已不足以应付现代化社会生活的变化，应当为青年一代提供一个更广泛、更高水平的教育。核心原则应当是允许社会所有阶层的人都能够在社会平等的条件下接受这样的教育。因此，他的改革最重要之点就是建立统一的初中。所谓“统一初中”，就是说不仅要招收所有适龄青年，这在 1959 年的改革中已经实现了；还要使所有青年都在同一类型班级学习 4 年，不再按照学习成绩划分不同类型的学习系列了。

这样，法国建立了由幼儿教育、小学教育、初中教育和高中教育构成的基础教育体系，并保持这一结构基本稳定至今。

基础教育的体制改革在 20 世纪 70 年代基本完成，实现了初等教育和中等教育的并轨，也保证了全部青年都能接受完整的初中教育。但是，随着初中教育的普及，学生的成分出现了极大的差异，从而增加了教育的难度，使初中教育成为整个基础教育体制中最薄弱的一环。

初中教育的困难，莫过于班级内部的差异，不仅是学生年龄和家庭背景及生存的社会环境的差异，而且是学习水平和学习态度的差异。当同一班级中的差异过大，教学便难以实施，或难以取得好的效果。据教育部规划与统计司的评估，20% 的初一学生不具备基本阅读能力，38% 的不具备基本运算能力。就是说，相当一部分学生不能继续初中的学习。

实际上，一些学生毫无学习动力，特别是失业、贫困等经济和社会问题加重了学困生的心理负担，逃课辍学和打架斗殴时有发生。不少学校不能完全致力于教学，还得疲于应付校园暴力。

法国政府采取了许多措施，试图改善初中教育的质量，如实施按水平的分组教学、加强对学困生的辅导等。但效果并不明显，甚至有的教师认为辅导无济于事，“犹如往木腿上贴膏药”，因为那些学生在小学就没学好。有的教师甚至拒绝对学困生辅导，他们认为辅导应由专门人员负责。

如果说，法国初中存在的问题比较尖锐，那么，解决法国高中的问题也不轻松。法国高中教育经过第二次世界大战后二三十年的改革，基本实现了大众化，但是门类繁多的专业系列严重阻碍着教育民主化的进程。在20世纪80年代，法国高中教育至少存在25种专业系列，分别对应着高中毕业会考。

普通高中毕业会考：

A系列：

A1　文学与数学

A2　文学与语言

A3　文学与艺术

B　经济与社会科学

C　数学与物理学

D　数学与自然科学

D'　农学与技术

E　数学与技术

技术高中毕业会考：（含3大系列和17门专业）：

F系列：

F1　建筑与机械

F2　电子学

F3　电子技术

F4　土木工程

F5　物理

F6　化学

F7　生物学（生物专业）

F8　生物学（生物化学专业）

F9　能源与设备

F10　微观技术

F11　音乐

F12　应用艺术

G 系列：

G1　管理技术（文秘专业）

G2　管理计量技术（会计专业）

G3　商业技术（销售专业）

H 系列：

信息技术

此外，还有技术员证书（Bt）和职业高中毕业会考文凭。

在这 25 种高中毕业会考文凭中，最受推崇的是 C 系列，若是得到这种文凭，就有了开启未来事业成功大门的金钥匙。尽管这个系列称为“科学”学科，但在教学内容上的科学学科的比重并不占优势，而是过分看重数学的价值，特别是抽象数学，以至于这个系列的学生缺乏基础理论知识和实际经验，对世界文化知识也了解甚少。在所有科学系列中，以数学水平为标准形成不同的等级，C 和 E 为先，D 和 B 次之，最后是 G，例如，以生物学为主的 D 系列的学生就是因为数学和物理成绩不佳而被淘汰到此系列的，而并非因生物学知识不够。正是由于 C 系列高中毕业会考受到特别青睐，使其他系列的高中毕业会考则相形见绌，造成了整个高中毕业会考系统的失衡。结果是以数学为导向的普通高中培养的学生普遍缺乏科学基础知识，特别是应用科学学科的知识与技能。

一位法国学者曾用一段简练的话切中法国普通高中的要害，现照录如下：

以数学为始，又以其为终。目标：考试。方法：临时抱佛脚。一切为着高中毕业会考，它是法国成功的标志。聪明才智无用。无暇搞社交。团体是陌生词。层层加码的课业或过分的戒律。高水平的科学，却是日趋脆弱的大厦。①

读完这段话，也许不必多说了。法国普通高中的目标就是要通过高中会考。获得了高中毕业会考文凭就等于得到了两个证明：高中毕业证明和大学入学资格证明。

---

① J. -M. Croissandeau et al., Le Guide du lycée à l'usage des élèves, de leurs parents et de leurs professeurs, Paris, Le Seuil, 1986.

自20世纪60年代以来，法国高中开始步入大众化阶段，至20世纪80年代，法国的高中生已占同龄青年的50%以上。但是在普通高中，只有四分之三的学生在正常年龄入学，而在技术高中正常年龄入学的学生只占半数。60%的普通高中学生能够用正常的三年年限读完高中，而其中只有50%的学生可获得高中毕业会考文凭。通常，五分之一的学生在一年级留级，十分之一的学生在二年级留级。这反映了当时法国普通高中的教学水平较低。

尽管教育系统面临的问题重重，法国政府还是决心彻底解决学习失败、留级、辍学等顽疾，促进教育的平等和公正。1989年7月10日的教育指导法便体现了法国政府的决心，它明确指出：

教育是国家最优先发展的事业。公共教育事业应根据各类学生来构建和组织。它应有助于机会平等。

每个人所享有的接受教育的权利要得到保证，使其个性得到发展，提高其初始培训和继续培训的水平，使其进入社会和职业生活以及行使其公民权。

应保证每个青年获得普通文化和公认的职业资格，而不论其社会地位、文化或地理背景如何。

这标志着法国教育系统进入了一个新的历史时期，学校不仅要保证全部适龄儿童接受教育，还要保证每个学生获得学习的成功。从教育学的角度看，不应像过去那样，要求学生适应教育的内容和方法，而是要求学校教育系统以学生为中心，适应学生的需求和发展。

2. 从大学的复兴到新体制的建立

法国高等教育的历史比较悠久，如著名的巴黎大学可以追溯到12世纪初。拿破仑时期更以法律的形式规定了高等教育的管理权在国家，高等学校一律由国家开办，从而奠定了法国中央集权的高等教育体制，促进了法国高等教育的发展。但是在法国大革命期间，资产阶级的国民公会于1793年9月15日颁布了一项法令，宣布取消大学，其理由是大学被贵族习气所玷污。之后，以工程技术和工商管理为基本专业的大学校获得了较大发展。直至1896年7月10日的法律才恢复了大学的合法地位。但此时的大学早已破败衰微，校舍阴暗窄小，师生寥寥无几。有人用早年著名的缩略词SPQR（Si peu que rien，意为“聊胜于无”）形容当时景象。法国高等教育本应在 20 世纪初期有所发展，但不幸的两次世界大战均给法国带来巨大的灾难，根本谈不上任何发展机遇。只有在 1920 年的战争间歇期间，法国开始准许建立应用科学技术型的学院，为 20 世纪 60 年代创建大学技术学院准备了条件。

第二次世界大战对法国的高等教育的破坏是极其严重的，战后的高等学校到处是一片破败衰微的景象。1945 年，法国大学仅有 123 300 个大学生。面对这样有限的招生能力，恢复和发展高等教育已迫在眉睫。

受苏联计划经济的启发，法国于 1946 年成立了以政治家和经济学家莫内为首的国家计划委员会，制定出第一个国家计划（1947—1953 年）。在第二个计划期间（1954—1957 年），教育被提到议事日程上来。计划委员会通过对国民教育需求进行的普查，认为不能把教育简单地看作“消费”，还应当看到教育促进经济增长的作用，应把教育作为一种“投资”。正是基于这种思想，法国努力增加教育投资，使教育经费占国家预算的比例从 1950 年的 6.65% 上升到 1957 年的 10.3%。

战后促进法国高等教育发展的另一思潮，应推朗之万—瓦隆计划中所体现的思想。

1944 年 11 月 8 日，法国临时政府任命了一个教育改革研究委员会。这个委员会先后由物理学教授朗之万和心理学家瓦隆主持。他们用整整三年时间，于 1947 年 6 月 19 日公布了委员会的教育改革计划，并用其主席的名字命名，即朗之万—瓦隆计划（Plan Langevin-Wallon）。

这一计划的核心思想是“公平原则”：“所有儿童，不论其家庭、社会、种族出身如何，在最大发展其个性上均具有平等的权利。他们所感到的唯一局限是自身能力的局限。”计划的宗旨是实现教育的人人平等，让每个人都有充分发挥自己才能的机会，从而提高整个民族的文化水平。计划设想，第一阶段教育为免费的义务教育，接收所有 6 ~ 18 岁的儿童和青年；第二阶段教育为高等教育，它包括两年的大学预科，由大学校预备班和大学低年级构成，和正式大学，拟将大学校归并于大学，使其成为专业学院。

遗憾的是，由于法国当时的政局不稳、经济脆弱、保守势力顽固，朗之万—瓦隆计划不得已成为一纸空文。但是，其教育民主思想对于以后法国的高等教育的普及产生了重大影响，被称为“教育改革的经典”。

实际上，不仅这一著名计划未得实施，而且直到1968年“五月风暴”之前的高等教育改革均建树不佳。但是，旧的高等教育体制已成为社会发展的障碍，改革势在必行。促进改革的各种思潮便应运而生。

首先，人们批判过于集中的高等教育管理体制。德巴施（C. Debbasch）指出，拿破仑“为保证统一而设计的中央集权，如今变成了一种遏制，它不再有利于创造精神，并有可能将其扼杀掉”。[①] 他呼吁社会各界对传统高等教育体制的高度集中统一的弊端进行批判，以促进其变革。

其次，战后科学技术的发展，引起法国学术界对新兴学科的重视。1956年11月，国家科学研究发展委员会在法国卡昂（又译冈城）（Caen）召开首次全国科学研究与科学教育讨论会。国家科学研究发展委员会的发起人是著名政治活动家孟戴斯·弗朗士（Mendès-France），其成员包括政府高级官员、国会议员、科学院士、大学教授等。孟戴斯·弗朗士在会上呼吁，“我们必须肯定，发展研究，只有从一开始就伴随我国的科学教育，伴随各级教育的发展和转变，才能在实际上成为可能”。[②] 因此，高等教育要大力发展新兴学科，如生物学中的遗传学、生物化学、生理学；化学中的理论化学、结构化学、物理化学、核化学；物理学中的理论物理、原子和分子物理、固体物理、电子学；数学中的概率与统计、信息与对策论、应用数学；等等。会议建议政府采取措施，“保证公众和个人对科学研究的努力得到最大程度的发挥、合作和效率”。[③]

学者们的这些意见，得到了法国决策者的首肯，也认为没有科学研究的发展，就不会有经济的持续增长，而发展科学研究的重要保证就是增加投入。因此，从20世纪50年代后期开始，法国的科学研究政策即是通过发展科学研究来促进工业增长，科学研究经费也从1959年占国

---

① C. Debbasch, L'université désorientée, ED. P. U. D. Paris, 1971.

② A. Drouard, Analyse comparative des processus de changement et des mouvements de reforme de l'enseignement supérieur français, Ed. du CNRS. Paris, 1978.

③ A. Drouard, Analyse comparative des processus de changement et des mouvements de reforme de l'enseignement supérieur français, Ed. du CNRS. Paris, 1978.

民生产总值的1.14%提高到1967年的2.23%。科研经费的增长，有力地推动了高等学校的研究工作。

再次，学者们意识到高等学校同产业部门合作的必然趋势。1957年10月，法国在东南部工业城市格勒诺布尔（Grenoble）召开了一次重要会议，中心议题是研究如何加强大学与企业的合作。在法国，只有工程师学校与经济界和企业界保持传统的合作关系，而大学长期以“纯学术的殿堂”自居，不屑与企业联系。当时，越来越多的人认识到，科学发展至今，“大学的基本任务是要将基础研究同教学密切结合起来，并由此从事整个应用研究”①。同时，“产业部门也非常希望大学承担一些任务，大学是能够而且应该将这些任务同自身的任务结合起来的”②。与会者希望大学与企业之间进行合作与交流，并且使之制度化。但是，打破大学的传统的封闭性谈何容易，格勒诺布尔会议的重要意义在于它给人们传递了一个信息：高等学校同产业部门的合作已成为当代国际高等教育发展的一种趋势。格勒诺布尔会议在促进高等教育同企业界的合作研究、服务于经济发展、扩大高等学校自主权等方面，开创了一个良好的开端。

最后，理论界认为，高等教育的全面改革已势在必行。1968年3月，法国大学潮已爆发在即。也许是“山雨欲来风满楼”，国家科学研究发展委员会召集全国各界代表500余人，在亚眠（Amiens）举行规模空前的研讨会，共同致力于重新确定教育目的。正如会议主席利什内罗维茨所指出的，会议的主题围绕着“全体一致意识到，以技术的突飞猛进的发展、知识的激增和未来的日益增长的不稳定性为特点的世界在迅速变革，发挥教育的功能从此是我们社会的首要任务”。

会议提出，教育是变革的要素，教育是经济发展的动力，教育应当承担其经济方面的和社会方面的作用。

会议强调，教育规划在现代社会是必不可少的，对教育投资必须严格规划，错误的估计和资金的短缺只能导致巨大混乱和浪费。

---

① A. Drouard, Analyse comparative des processus de changement et des mouvements de reforme de l'enseignement supérieur français, Ed. du CNRS. Paris, 1978.

② A. Drouard, Analyse comparative des processus de changement et des mouvements de reforme de l'enseignement supérieur français, Ed. du CNRS. Paris, 1978.

会议认为，教育应当培养有能力、有效率的新型人才，不仅能适应一种职业，而且最好和可能的话，适应几种职业，因为在人的职业生涯中只能从事同一职业的人会愈加困难。①

这次研讨会对法国高等教育，乃至整个教育提出了全面思考，对未来教育改革提供了充分的理论准备。

但是，某种体制一经确立，往往具有非凡的稳定性，一般的理论和思潮可以对其产生影响，却不足以摧毁其根基，非借助政治的力量不可。法国1968年的高等教育体制虽处于变革的前夕，但缺少的就是直接推动的政治力量。

导致法国高等教育改革的直接原因就是震惊世界的法国大学潮。

20世纪60年代，法国大学面临着学生人数激增的严重危机。自1960—1967年，大学生人数每年平均增长4万，即以10%～15%的速度递增。在这七年间，大学学生总数增加了1.5倍。大学学生人数的膨胀，既是由于社会对高等教育需求增加的原因，又是政府加快发展高等教育政策的结果。法国政府认为，发展高等教育是经济发展的必然要求，法国负责计划的官员们也强调，大学毕业生特别是科学与管理方面的毕业生匮乏，主张尽可能摆脱法国在高等教育上的落后局面。于是，法国政府在20世纪60年代初便大力发展高等教育，在短短的几年内创建了20余所大学。随着新大学的建立，法国政府增聘了大量大学教师，其中青年教师居多。教师成分的变化，带来教师队伍的分化，年长教师习惯于大学传统，年轻教师比较倾向于学生的思想，并且这个思想鸿沟逐年加深。

然而，大学规模扩大的同时并未相应地改革大学的管理，才使法国高等教育的危机日益加剧。第一，法国大学传统的管理机制十分薄弱。大学通常由文学、科学、法律、医药等独立的学院构成，每个学院由院长及其两个助理与之编制很小的秘书处管理。这种管理机构难以适应学生人数猛增的学校。第二，1966年实施的大学三个阶段的改革，加重了教学管理的难度。第三，新的教学内容由资深望重的教授审定，过于偏重研究的需要，既不考虑学生的兴趣，又脱离劳动市场的需求。第四，

① B. Herszberg, Rapport final de la sous-commission A2, Colloque d'Amiens, 15－17 mars 1968.

当时戴高乐所实行的是民主与精英并重的政策，即在提高整个民族教育水平的同时选拔少数领导阶层。由于在大学技术学院采取了筛选制度，大学生预感到可能被淘汰的危险，本能地产生了抵触情绪。正是这些问题的不断积蓄，在国际文化变革的大背景下一触即发，酿成被称为“社会大地震”的持续几个月的震惊世界的大学潮。这次学潮促使法国政府开始对高等教育大刀阔斧地改革，导致了高等教育指导法的出台。

这个法律首先确定了大学的三项原则：自治、参与和多学科。

自治，即建立能够确定自己的培养目标和组织机构及其运行机制的大学。就是说，大学能够自己决定自身的行为，决定各学科教学活动及教学方法，决定科研项目，决定行政与财务管理。

参与，是指新型学校的所有成员可以通过其各种委员会的代表对大学的当前工作和未来发展提出意见。只允许少数知名教授有发表意见的特权将不复存在，各层次教师、学生、科研人员以及所有在大学工作的人都应当在大学的审议机构中有其代表人员。并且在这些机构中还要聘请校外各界的代表，以使大学与社会保持联系。正如教育部部长在议会上所宣称的，大学工作不仅是大学的事务，而且也是国家的事务。

多学科，意味着在同一学校集中多组学科。例如，文学院将称为文学与人文科学院，法学院将称为法学与经济科学院。学院由“教学与科研单位”构成，而教学与科研单位再划分成较大“整体”，目的在于汇集不同领域的知识，或是采用不同的方法研究同一现象，或是在科学研究中相互补充。

这三项原则的确立，赋予大学新的意义——正式成为以科学和文化为特征的公立学校。这些新型大学与以往公立学校具有明显的不同。法国公共法律过去只承认两类公立学校：行政特点的公立学校和工商特点的公立学校。前者隶属行政权力管辖，学校的重大决定，特别是经费方面的决定要受到严格的控制。后者具有与大学完全不同的特殊使命。以科学和文化为特征的公立学校则在大部分情况下将先行控制变为事后控制。

高等教育指导法所确立的以科学和文化为特征的新型大学一方面由教学与科研单位组成，另一方面，又成为这些教学与科研单位共同的服务机构。

但是，这一法律实行起来并不是轻而易举的。大学里的教授和学生不会像议会中的议员那样乐于接受它。特别是那些学院，被控制在教授们的手中，很可能是实施其法律的障碍。为了解除这一心头之患，富尔便首先向学院开刀。富尔设想，先通过建立教学与科研单位使学院瓦解；再将这些单位重新组合为法律所规定的以科学和文化为特征的准大学（pré-université）；经过一定的筹备过程，最后建立正式大学。

自 1970 年 6 月 1 日至 1972 年 7 月 5 日，法国重新组建了 57 所大学和 8 个大学中心。所谓的“大学中心”是由 1970 年 10 月 6 日的法令规定的，它们在财政上独立，但在管理上隶属于附近的正式大学。

正是由于高等教育指导法是在学潮刚刚平息之后草草通过的，因而在执行中很快便暴露出来问题。如关于选举问题，什么是选举人和被选举人的资格？是否需要在候选人的名单中重复登记？外国学生的选票是否有效？这些细节问题都未在法律中阐述，因此在经选举产生的教学与科研单位中，难免会有一些与法律相抵触的地方。如 1989 年初建立的 623 个教学与科研单位中，有 210 个是不符合法律程序的。这些问题也为将来的高教改革带来隐患。

尽管如此，中世纪诞生的大学体制已经动摇，大学的自治、参与和多学科三项原则构建了法国大学的新局面。

第二节　基本原则未变

法国于 1881 年 6 月 16 日和 1882 年 3 月 28 日，相继制定了关于初等义务教育的重要法律，统称“费里法”。费里法确立了三条原则：义务原则、免费原则、世俗原则。经历了百余年的社会变革，这些原则至今仍是法国教育体制的基本原则。

一、义务原则

义务即强制。

1882 年 3 月 28 日的初等义务教育法的第四条规定了 6 ~ 13 岁所有

儿童必须接受7年的义务教育，目的在于使儿童就学时间更长，更常规化。因为当时儿童的学习时间并没有保证，不仅随季节变化学生数量有增有减，而且旷课现象也十分严重。例如，在1876—1877年间，公立学校在1月就比11月和5月多容纳20万名男学生。另据某地统计，1880—1881年度有40%以上的学生月旷课累计超过4天。为此，法律要求家长有义务送子女入公立或私立学校学习，或申报进行家庭教育，并进行有效的监督。对于儿童，则要求他们在学校活动中严肃认真，坚持不懈。

法国制定义务教育法，并不是出于经济原因。因为当时10个法国人便有8个在农业、矿业和建筑业工作，并不需要识字。老板完全满足于文盲劳动者，并站在天主教会一边，反对建立共和国的学校。①

1959年1月6日的法令又重申了此原则："对于6~16岁所有男女儿童，法国或外国儿童，教育是强制性的。"根据法律，市（镇）长每年要列出其管辖范围内达到义务教育年龄儿童的名单，并检查他们接受教育的情况。家长可以送子女到公立学校或私立学校学习，也可以选择在家庭接受教育。家庭教育既可以由父母共同实施，也可由父亲或母亲之一实施，还可聘请家庭教师。如实施家庭义务教育，每年须向市（镇）长和本省的国民教育部代表，即省级教育部门的主管申报。

关于义务教育的年限，1936年的法律把义务教育年限由最初的7年延长至8年，1947年的朗之万—瓦隆计划曾设想将接受义务教育的年龄推迟至18岁，但未能实施。1959年1月6日法令规定的义务教育的年龄为6~16岁，但只涉及1959年以后出生的儿童，因此，10年义务教育的实施实际上从1965年开始。

由于法国关于义务教育年限规定在于儿童的年龄，而不是教育系统中的某个阶段，这样在理论上说，14~16岁的儿童也可以接受非普通教育的其他类型的教育。法国的劳动法规定，在义务教育完成之前，即不满16岁的儿童，不得接受学徒制教育，这就意味着，法律并不限制义务教育中14~16岁的儿童参加企业培训。

实际上，义务教育的观念早已深入人心，接受义务教育的儿童已经

---

① Philippe Meirieu-Marc Guiraud, L'école contre la guerre civile, Paris, Plon, 1997. p33.

达到百分之百。不仅如此，法国 3 ~ 5 岁儿童接受学前教育的比率也几乎为百分之百，2 岁儿童入学率也已超过 35%。

在今天，强制性教育对于几乎全部民众来说都可能是毫无意义的。有关义务教育的法律规定的目的，不仅具有义务教育的强制性意义，同时强调接受教育是儿童的权利，应当保证儿童获得基础知识和基本能力。但法律的严肃性在于，不允许任何人拒绝义务教育，或要求不接受教育的自由。2005 年 9 月 13 日，奥尔良的违警罪法庭判处一对夫妇 600 欧元的罚款，原因是他们的两个不满 16 周岁的女儿分别无故旷课 31 个半天和 168 天①。虽然这只是个别案例，但充分显示了义务教育的法律威严。

二、免费原则

义务教育和免费教育是密不可分的，换句话说，即只有当教育免费时，才能要求强制进行。

早在大革命时期，就有人提出免费教育的思想。孔多塞在其教育计划中指出，“对于所有人都必要的教育，应当是免费的”，并且教师的工资也应由公共财政支出②。实际上，在 19 世纪初，除一些教会学校自中世纪以来就免收学费外，一般公立学校都是收费的。通常家长要按月给教师支付学费，教师也会迫不得已采取不太体面的方式上门索要学费。但是许多贫困家庭交不起学费，有时便以实物相抵，或干脆不交。后来人们逐渐容许四分之一至三分之一的当地学生免收学费。

1833 年的“基佐法”允许三分之一的学生免交学费，并要求税务官代教师收学费。但是新的问题随之产生，一是市（镇）政府要负责监控收费力度，以尽量避免教师因收入不足而需要进行补偿；二是免费的标准不清，享受免费学生的名单经常变动；三是享受免费的家庭总有一种愧疚感。在第二帝国期间，法国经济有较大发展，从而使 1867 年通过一项法律，允许市（镇）政府征收附加税并保证教师年收入最低 600

---

① Prost, A. Ecole obligatoire: maître ou juge, il faut choisir, Le Monde de l'éducation, N°342, Décembre 2005. p74.

② Prost, A. La bataille de la gratuité, Le Monde de l'éducation, N°340, Octobre 2005. p74.

法郎。随着经济的进一步发展，法国免交学费学生的比例增长很快：1866 年为 41%，1872 年为 54%，1876 年为 57%。

免费教育原则的最终确立是 1881 年的法律，其第二条规定："公立小学和幼儿园免征教育费，"儿童仅交部分学校活动费。为了保证免费教育原则的落实，1889 年的一项法律将市（镇）政府负担教师工资的责任收至国家，但市（镇）政府要承担相应的税收义务。1881 年和 1889 年的法律不仅实现了全部公立小学的免费，其新的意义还在于：一方面儿童过去属于家庭，家长完全有权决定其是否接受教育，而现在接受教育是儿童不可剥夺的权利。另一方面，社会成为儿童权利的担保者，学校是公共服务设施，并属于国家，教师成为国家公职人员。

自 1886 年起，免费教育的范围扩大到幼儿学校和高级初等学校，1930 年至初中一年级，1931 年至初中二年级，1932 年至全部中等教育。虽然中等教育的免费制度曾被第二次世界大战期间的维希政府取消，但在战后便全面恢复。

1946 年的法国宪法和 2000 年 6 月 15 日公布的教育法典重申："构建免费和世俗的各级公共教育是国家的责任。"（第 L. 141—1 条）

在当前法国，免费教育绝不限于免征学费。从小学至初中结束，学生都是免费使用教科书。小学教科书是由市（镇）政府购买；初中教科书则是学校用国家预算经费购买。每一种教科书的使用周期为 4 ~5 年。根据一项新近规定，学生手册、学校与家长的通信费用、相关信息发布和复印费用，都应由学校承担，除非一些严格意义上的个人消费才可由家长承担。

此外，国家还对教育实施各种补贴，如根据工资收入与家庭负担所确定的"社会标准"为低收入家庭颁发助学金，提供免费学校班车或交通补贴，提供学校住宿和伙食补贴等。

由于中小学的管理权限属于地方政府，各地对教育的额外支持力度也呈现不同。特别是新的信息与通信技术在教育上的普遍应用，地方政府对教育软件和互联网的应用都有较大投入，有的甚至为学生提供了手提电脑。

免费原则也适用于高等教育，但征收高等学校的注册费与免费原则相抵。1951 年 5 月 24 日的财政法曾规定，"征收国家学校的学习、考试和文凭的注册费的比率和数额”由教育部的通令确定，但此项规定未列入教育法典。

免费原则的确立，不仅为实施义务教育提供了保障，更是为实现教育机会平等奠定了基础。对于国家或政府来说，免费教育原则不应是避之不及的负担，而应是主动承担的责任，是应尽全力投入的责任。

三、世俗原则

所谓世俗，即非宗教化，国家不允许在公立学校内进行宗教教育。法国 1882 年关于教育世俗化的法律，比 1905 年 12 月 9 日关于教会与国家分离的法律要早 20 多年。在此可以看到教育的中立化，有利于使教育成为共和国制度的思想武器。当时的教育部部长费里就声称：“应当教育儿童遵守社会秩序，承认功德，尊重所有权，热爱祖国。”他认为，“宗教教育属于家庭和教会，而道德教育属于学校”。

教育的世俗化，要求学校课程中不得有宗教内容，要求学校教科书不得含有宗教信仰的文字，要求教师不得是宗教人士，要求教师不得进行任何宗教宣传。但宗教信仰和宗教自由必须得到尊重，可以依家长愿望在每周除周日外的一天中在校园外进行宗教教育。

1989 年 9 月 18 日，一所初级中学的校长阻止了 3 个佩戴伊斯兰面纱的女生入校。这一“面纱事件”在法国社会上引起了一场轩然大波。由于法国人口中伊斯兰裔的移民比例较大，尊重民族文化和教育世俗化两种社会舆论针锋相对。但法国政府丝毫没有让步，最终经议会于 2004 年 3 月 15 日通过了一项关于坚持教育世俗化的法律。这一法律规定，“在公立小学、初中和高中，禁止学生公然佩戴宗教标志”。根据这项法律，公立学校内不准学生佩戴各类具有明显宗教色彩的饰物，如伊斯兰教的面纱、犹太教的六角星、基督教的十字架等。这一法律的意义是重申了世俗化的教育原则，强调学校的任务是传授共和国的价值观，如人类具有平等的尊严、男女平等和包括选择自己生活方式的个人自由，但绝不允许有任何宗教色彩的言行干涉学校教育。

第三节　教育决策的民主化

教育决策，首先是一种政治行为，是教育行政部门或权力部门对教育重大问题的决定。在西方国家，教育决策可以体现为政府部门的决定、条例或规章，也可以通过立法机构形成法律、法规。但是这些决定、条例、法规或法律的制定通常要经过权力部门、专家学者和相关人员不同程度的共同参与，这一过程可能十分复杂和漫长，不同国家和不同时期都会有不同的特点。

作为中央集权体制的法国，中央政府和政治领导者在教育决策中占据重要地位，且不同时期的特点也不尽一致，但总的趋势是有权力的相对集中到越来越广泛的民主。

法国的20世纪60年代，正是戴高乐将军执政时期。戴高乐的教育理念是在民主的基础上选拔精英，其改革思路是扩大中等教育的规模，但要严格限制高等教育的入学标准①。1962年年底，新任教育部部长富歇（C. Fouchet）不谙教育，在观望的同时，基本听命于总理。而总理蓬皮杜主张促进高等教育民主化。为了避开总理府的决策，戴高乐召见教育部的一个司长，听取其改革意见。该司长颇觉困惑，戴高乐却表示，“我了解你的困难之处，但你放心，决定将于此（总统府）做出”②。戴高乐将教育改革的权力交给总统府的秘书长，而不是常规的政府秘书长。之后，中等教育的改革似乎顺利，于1963年8月5日通过了开办市立中等教育学校的法令。但是，高等教育改革却遇到了重重阻力，一方面是来自政府内部的不协调，由巴黎综合技术学院院长所主持的改革委员会，未能得到高等教育司司长的支持，导致建立教育部总秘书处，并由戴高乐任命了相当于副部长的秘书长负责高教改革。另一方面的阻力则是技术性的，大学新生将由谁来筛选，标准如何控制，争议

① Prost, A. Education, société et politiques, Une histoire de l'enseignement en France, de 1945 à nos jours, Seuil, Paris, 1992. p99.

② Prost, A. Education, société et politiques, Une histoire de l'enseignement en France, de 1945 à nos jours, Seuil, Paris, 1992. p99.

如何裁决，迟迟找不到理想方案。特别是在1968年年初，建立新生录取委员会无异于是点燃炸药库的导火线，因为当时的大学生人数已达到508 000人，接近于1962年提出改革时的286 000人的两倍，高等教育大众化的进程已势不可当。而1968年5月突然爆发的学潮，使戴高乐的改革设想只完成一半：中等教育改革基本成功，高等教育改革完全失败。

1968年3月22日，142名大学生占领了位于巴黎南郊的巴黎大学南泰尔文学与人文科学学院的办公楼，从而引发了震惊世界的法国“五月风暴”。在五月学潮的冲突中，大学生用垃圾桶盖作盾牌，用路面的块石迎击警察的催泪弹，他们还构筑起类似巴黎公社时的街垒，同军警展开对抗。大学生的行动获得了各界劳动者的支持。5月13日，全法学生联合会、全法高等教育联合会、全法教师联合会和其他工会组织发起了大规模游行。5月22日，爆发了空前规模的全国大罢工，1000万名学生、工人、农民和市民都加入了罢工的行列。

这次五月学潮，犹如一次突如其来的“社会大地震”，震惊了整个法国。人们也试图探究其原因。

比较直接的解释是大学生的迅速增长。1900年，法国大学生总数为29 759人，而在1965年则超过40万人。在1946—1961年的15年间，由117 915人增至203 375人，几乎增长了一倍。在1961—1967年的6年间，大学生人数的增长率为215%。与此同时，19～24岁人口中大学生所占的比例也迅速增长，由1957年的2.8%增长至1966年的6%。但是，法国的大学发展却滞后于大学生数量的增长，巴黎大学在战前就已显现出人满为患的迹象。

其实，深层的原因在于社会文化方面。在法国，如同其他西方国家，青年们不能忍受原有的社会规范，他们担心自己的未来，也向往另一种类型的社会和另一种的人与人的关系。他们要求一种新型的自由：表达的权利、性的权利等。总之，他们要求与其长辈有完全不同的一种生活，于是“代沟冲突”便不可避免。

代沟冲突的最初起源可能在于潜移默化的教育。传统的法国家庭教育是极为严厉的，幼儿首先学习的是服从、礼貌、规范等。而在战后，传统家庭教育变得不那么死板，不那么严格了。1968年的大学生正是在这种教育变革过程中长大的。他们既了解严格的规则，如哺乳和进餐的固定时间、紧裹的襁褓等，也体会到学校纪律的逐渐松动，如放学后的相对自由，家长和教师对自己兴趣及思想的宽容，等等。但是在他们进入青春期后，社会观念与规则对性的禁锢成为他们追求性自由的严重障碍。法国当时的大学宿舍均为男女生分开，女生宿舍禁止男生进入。巴黎大学南泰尔校区的男女大学生首先向这一羁绊挑战，占领了女生宿舍，之后便与校方叫来的警察发生冲突，最后终于酿成举世震惊的学潮。

另外，政治因素的影响也是不可忽视的。1962 年，法国在阿尔及利亚殖民统治的失败与阿尔及利亚民族独立斗争的胜利，唤醒了法国青年对第三世界人民的同情。卡斯特罗和格瓦拉领导的古巴革命，也给予法国青年以极大的鼓舞。甚至中国的毛泽东思想对法国青年都有相当深刻的影响，至今巴黎街头偶尔还可隐约发现“沿着毛泽东开辟的道路前进”等标语的痕迹。同时，伴随着西方国家反对美国侵越战争情绪的日益高涨，包括戴高乐将军抨击美帝国主义的金边讲话，这些因素都促成了法国五月学潮如此波澜壮阔。

这次学潮促使法国政府开始对高等教育大刀阔斧地改革。当时的教育部部长埃德加·富尔（Edgar Faure）主持的高等教育改革方案破天荒地以无人反对的投票结果在议会中获得通过，产生了高等教育指导法。

1981 年，法国社会党政府开始执政，新任教育部部长萨瓦里（A. Savary）面临着教育改革的新形势，他意识到教育部决策能力的有限性，便将很大注意力放在倾听专家学者的意见上。萨瓦里先后组织了几个专门委员会，对各个领域的教育问题进行深入研究并提出改革建议。主要的改革委员会及其报告列举如下：

- 路易·勒格朗（Louis Legrand）的初中改革委员会报告：《为了民主的初中》；
- 安托万·普罗斯特（Antoine Prost）的高中工作委员会报告：《21世纪前夕的高中及其学习》；
- 安德烈·德·佩雷提（André de Peretti）主持的委员会报告：《国民教育人员培训》。

勒格朗的初中改革报告，针对法国统一初中学生差异过大和学业失败严重等问题，提出了实施法语、数学和外语分组教学的建议，并设想建立“监护制”（tutorat）。正是来源于英语的监护制概念引起广大家长和教师的误解，认为是侵犯了儿童的权利。萨瓦里部长虽然充分肯定了该报告，但并未通过行政手段去实施，而是希望有初中的学校主动进行改革试验，把勒格朗的报告作为改革的指南。

由于萨瓦里个人谨慎的品质和面临的教育复杂形势及公众舆论的压力，几个改革方案都遭遇了类似的命运。

1986 年 3 月，法国国民议会改选，右派政府开始执政，新任教育部部长蒙诺里（Monory）和负责高教的部长代表德瓦凯（Devaquet）拟对现行高教体制进行改革。德瓦凯决定重新起草高教改革法案，并于当年 5 月 18 日将法律草案准备完毕。

德瓦凯法案将萨瓦里法所规定的大学以科学、文化和职业为特点的公立教育变成高等教育的公立学校。这一变动的目的是使大学避免巨型化和分裂化两种危险。

教育部前部长富尔曾设想大学的最大规模为 15 000 个学生。但实际上，这一指标很快便被突破。对于那些巨型大学来说，管理犹如一盘散沙，人际关系淡薄，多学科形同虚设。为了解决这一问题，德瓦凯企图在巨型大学内建立某些更灵活的机制，如将一些目标类似和共同的教学单位组合起来，但又保持于其母校同样公立高等教育学校的特点。德瓦凯的设想的确别开生面，但与现行法律发生极大的冲突，因为在一所公立学校中建立另一所公立学校尚无先例。

德瓦凯法案的关键是触及了大学的入学条件这一敏感问题。法国现行法律规定，高中会考文凭既是中等教育结束的证明，又是高等教育最初的文凭，是进入大学的唯一要求。德瓦凯原则上也同意这一规定，但他又容许大学自己决定是否对申请注册的学生进行筛选。这一法案内容顿时激怒了神经敏感的法国大学生。因为他们已经习惯了现行的大学入学体制，他们认为得到高中会考文凭上大学就是天经地义的，谁也不能剥夺他们的既得利益。

在议会讨论德瓦凯法案的同时，爆发了学潮，越来越多的大学生上街游行，要求撤销德瓦凯法案。由于一名大学生在游行中被警察所击而死，德瓦凯被迫辞职，其法案也随之流产。本来，平等是社会进步的美好追求，但是极端的平等主义不仅不会带来社会进步，反而会成为社会发展的障碍。法国大学生满足于既得利益的心理和极端平等主义却使这次颇具创新的法国高等教育改革彻底破产。

1997 年 12 月底，为了实施新一轮的高中课程改革，法国国民教育部部长阿莱格尔和负责学校教育的部长级代表鲁瓦雅共同宣布进行一次主题为“高中应当教授哪些知识”的大型咨询调查。

教育部专门组织两套班子，实施这项调查，并对调查结果进行分析思考。一是组织委员会，由里昂大学教授梅里厄（Philippe Meirieu）主持，负责高中课程实际状况的调查和指导各学区的研讨会；二是科学委员会，由社会学家莫兰（Egar Morin）主持，成员由科学与艺术界的 40 余位专家构成，负责召集各类专题研讨会。

为了充分了解广大高中学生和教师的意见，教育部向国内所有普通高中、技术高中和职业高中，甚至外国的一些高中印发了近 300 万份问卷，要求高中生回复。这份问卷由 15 个问题构成，如“你最愿意学习的是什么？哪些课程你认为无用？你所学习的哪些课程对将来有哪些用处？”整个问卷需 1 小时至 1.5 小时可以完成。同时，还向高中教师寄发了 40 万份问卷，向学校提供了 4500 份思考提纲。

在问卷调查的基础上，法国各大学区于 1—3 月组织一系列研讨会，专门研究高中课程改革问题。

1998 年 4 月 28 日 –29 日，教育部在里昂举行了以高中应当教授哪些知识为主题的全国研讨会。各学区的教育管理人员、高中校长和教师、学生和家长、督导人员、各有关工会和协会、地方政府和企业界人士 1000 余人参加了研讨会。会上，组织委员会主席梅里教授提交了一份长达 25 页的综合报告，提出了关于高中课程改革的 49 条建议。这一最终报告经修改后，于 5 月 11 日正式上报教育部，为后来的法国高中课程改革提供了重要依据。

通过以上对法国若干重大教育改革的回顾，首先我们可以看到专家教育咨询委员会在教育决策中发挥越来越大的作用。尽管教育咨询委员会的组建方式和工作程序千差万别，但这些委员会一般具有这样一些特点：

- 对于授权的政府部门，委员会具有相对的独立性，甚至可以不因政府的更迭而继续工作。

- 具有广泛的代表性。除了教育领域的专家，还经常有经济、文化等各界的专家，有教师和学生家长的代表参加。
- 能与公众保持密切联系，能够进行广泛深入的调查。
- 占有比较充分的资料，有助于了解本国与外国教育的历史与现状。
- 定期公布研究成果，向政府提交最终研究报告。
- 其改革建议是咨询性质的。

所谓相对的独立性，是指这种委员会的组成得到政府部门的授权，可以独立进行研究和调查工作，可以自主地提出咨询建议，基本上不受行政部门的干预。这样，就可能使权力与知识产生一定程度的分离，有助于实现对教育现状认识的科学性。同时，由于委员会的功能是咨询性质的，它提交的研究报告可以成为政府或教育行政部门的决策参考。但是政府或教育行政部门完全有权力对报告及其结论进行审查，或取或舍，或修正补充，当然也可以完全搁置。这种咨询机构可以作为介于行政部门和相关公众之间的缓冲地带，一些社会矛盾也会因此得以缓解。

尽管法国政府越来越重视咨询委员会的作用，但经常由于政治制度的原因，未能很好发挥咨询委员会的作用。一方面是政府未能提供相应的物质条件和人力条件；另一方面，政府的更迭经常使咨询委员会的工作半途而废。咨询委员会自身的工作往往也有其局限性，有时由于专家的比重较大，咨询意见可能偏重于技术性分析，而对政策的适用性关注不够，特别是面对不同社会利益的严重冲突，有时也显得无能为力。另外，专门委员会的咨询需要比较深入的调查研究和周密的思考，导致决策周期较长，也不适用于解决迫切的教育问题。

在中央集权制的法国，政治权力和个人力量在教育决策中通常具有很大的作用。但是任何人的作用都是相对的，没有至高的权力，没有唯一的权威，正如万有引力定律，任何一种力量总要受到另一种力量的制衡。虽然 1968 年高等教育改革方案破天荒地以无人反对的投票结果在议会中获得通过，但也是“五月风暴”冲击的产物。

此外，我们还应看到，公众舆论在法国教育决策中的作用越来越大，尽管公众舆论背后所反映的利益不尽相同，而且经常是矛盾的，甚至一些要求是非理性的，但是决策者不得不认真对待公众舆论，任何武断的决策都可能使改革搁浅。

第二章 教育宏观管理：从规划到导航

第二次世界大战后，法国已是一片废墟，满目疮痍。法国虽非战败国，但也称不上战胜国。但是富于民族主义精神的戴高乐，看到了自由资本主义的弊病，决心独辟蹊径，闯出国家现代化的新路。这就是在法国重商主义、拿破仑中央集权的传统之上，强化国家的主导作用。特别是吸收苏联的成功经验，发展计划经济。但法国的计划经济又明显区别于苏联，注重数据统计分析和各个社会领域的协调。

法国国家宏观调控作用在经济飞速发展的“光荣的三十年”中得到强化，其管理方式趋于复杂，不仅影响到公共领域，也渗透到私人领域。但是受20世纪70年代初的经济危机冲击，特别是在崇尚富有与竞争的个人主义、与教育发展俱来的批判精神、由于全球化和未来不定性对领导者失信三大思潮的影响下，人们对“福利国家”的理念产生动摇，甚至认为国家不过是“泥足巨人”。①

在教育领域，法国原来以人力需求为基本依据的教育规划呈现出明显的不适应，特别是法国行政系统的放权与分权的整体改革，促使教育系统“导航”的思路逐渐产生。

---

① Claude Pair, Piloter par les résultats: trop simple pour être raisonnable, in administration et éducation, numéro 98, 2ème trimestre 2003. p45.

第一节　教育规划的历程

规划，法国《罗伯特字典》解释为“为达到某一目的，而制订的包含一系列操作和方法的计划”。教育规划，则意味着预测教育领域中未来中长期的变革，为达到一定的教育目标，以政治手段规定相关资源、方法、措施的计划。

一般认为，法国的规划诞生于1946年为战后经济恢复而创立的计划总署。实际上，1762年便有“国民教育计划”，以填补耶稣会被驱逐之后的学校教师空缺。法国大革命时期，更有孔多塞计划、塔列朗计划、勒佩勒提埃计划。而最为著名的是朗之万—瓦隆计划。虽然这些计划几乎都未能实施，但对法国后来的教育改革都产生一定的影响，特别是朗之万—瓦隆计划被称为教育改革的“经典”。

具有划时代意义的“第一计划”，亦称“莫内计划”，是以计划总署首任专员让·莫内（Jean Monnet）的名字命名的，旨在重建被战火毁坏的法国经济，促进国家的现代化进程。计划最初确定的时间为1946—1950年，后来为了与“马歇尔计划”相吻合，延长至1952年。虽然该计划涉及劳动力的目标，但并未安排任何教育规划。

从第二计划（1953—1957年）开始，学校装备被列入规划，并预测劳动力的未来需求。第三计划（1958—1961年），对工程师和高级管理人才予以特别关注。第四计划（1962—1965年）以“经济与社会发展计划”为名，其间教育委员会开始注重与劳动力委员会协调工作。第五计划（1966—1970年）期间，建立了以受教育年限和文凭为基本依据的职业资格等级系统。

从第一计划到第五计划，主题由早期的学校装备过渡到注重学校系统发展与社会发展相适应，尽管关注的侧重点有所不同，但基本的方法首先是以统计学为工具的量化方法。而基本的着眼点在于经济的增长和对技术人才的需求，特别是依据人力资本的理论，使教育系统处于经济发展的中心位置，因此教育规划便更具有意义。用戴高乐的名言表述，就是规划的“热切责任”。企业希望扩大教育的供给，以满足技术提升和工资下降的双重需求；国民教育部要借此发展教育系统；家长则要求子女获得更高的教育水平，以期更好的社会升迁。不同的目的作用于相同的目标，便使理想超出了现实需求。[①]

而当第六计划（1971—1975 年）遭遇到世界性经济危机时，教育规划也开始经历巨大的考验。教育面临的不再是膨胀的人口增长，也不是技术劳动力的短缺，而是失业和学校毕业生不适应劳动力市场的尖锐矛盾。人们甚至质疑人力资本理论并怀疑教育投资的效益。随后的第七计划（1976—1980 年）继续这种质疑，设想在工业和服务业对高素质人才有限需求的同时，需要较大量的不用专门培训的劳动力从事一些重复性的劳动。而应对变化莫测的经济形势，长期规划已不现实，进而转入短期规划，转向对偶然因素的关注和对不确定因素的把握。本来应当覆盖 1981—1985 年的第八计划，缩短至 1983 年，称为“临时计划”。

第九计划（1984—1988 年）的主题词是：民主、参与、分权、改革，计划的形式是设置 12 个优先项目，其第二个项目涉及国民教育。第十计划（1989—1993 年）更是将计划的“热切责任”转变为“热切愿望”，目的是“降低不确定性”“寻找操作空间”“在复杂中治理”“保证协调和保证未来”。正如时任计划总署的专员皮埃尔·伊夫·科塞所言：“鉴于国际经济的不稳定和经济上不断扩大的相互依存来确定中期的数字目标，特别是增长目标已不再可能。相反，应当确定教育、研究与创新、空间整治和公共领域现代化等方面的优先，然后选择政府努力承诺的行动。”[②] 由于欧洲统一市场于 1992 年开始实施，第十计划实际提前一年终止。尽管第十一计划（1993—1997 年）草案已准备完毕，但 1993 年的新政府未予批准。至此，法国传统意义上的教育规划已寿终正寝。

2006 年 3 月 6 日，法国计划总署被“策略分析中心”所取代。[③]

---

① Charlot, B. et Beillerot, J. La construction des politiques d'éducation et de formation, PUF, Paris, 1995. p88.

② Charlot, B. et Beillerot, J. La construction des politiques d'éducation et de formation, PUF, Paris, 1995. p97.

③ http://fr.wikipedia.org/wiki/Commissariat_g%C3%A9n%C3%A9ral_au_Plan (2008-9-24).

第二节　教育导航的基本概念

导航，法文为“pilotage”，本意为驾驶员的工作。当教育的规模很小时，犹如小河泛舟，“驾船者”可根据“天气”“航道”的情况轻松调整“航程”，一般不致迷失“航向”“搁浅”或“触礁”。而当教育发展成为一个庞大系统时，就像驾驶着航空母舰或航天飞机，不仅需要掌握各种复杂的“天文”与“气象”等外部信息，还要了解“航行工具”自身的内部状况，以保证航行路线的准确无误。因此说，驾驭整个教育系统是一个十分复杂的系统工程，新型的教育管理模式不可能是过去那种由教育部自上而下地控制千千万万个学校的中央控制体系，所以“教育系统导航”的概念便由此而生。

1988 年，雅克・勒苏尔纳在《教育与明天社会》一书中首次提出“教育系统导航”的概念，他认为，“在教育领域，导航或推广一种变革与教育内容同等重要”①。

1991 年法国规划总署在其《为明天而教育》的报告中提出，“有必要使越来越复杂的培训系统的导航更为容易”②。

导航的概念首先区别于以下一系列近似的概念③：

- 行政，特点是颁布与实施规章；
- 管理，偏重于财政的企业人事事务；
- 企业管理，主要与人事事务相关；
- 领导，体现上下级关系的决策；
- 政府，是以领导为核心的行政；
- 治理（gouvernance），强调民主参与的新型管理模式；
- 治理（gouverne），加拿大魁北克省关于治理的特殊用语。

① Jacques Lesourne, Education et société demain, La découverte et Le Monde, Paris, 1988.

② Commissariat général du Plan, éduquer pour demain: acteurs et partenaires, La découverte/ La documentation Française, aise, Paris, 1991.

③ Claude Pair, Piloter par les résultats: trop simple pour être raisonnable, in Administration et éducation, numéro 98, 2ème trimestre 2003. p43.

等级式的导航，或行政式的导航，是由中央一级政府制定规章和决策，并对规章的执行情况实施监控。其流程如图 2 - 1。

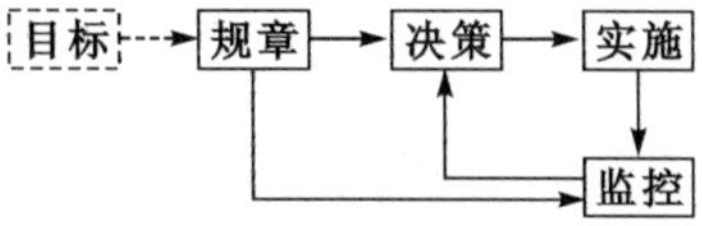

图 2 - 1　行政式导航

资料来源：Bernared Toulemonde, Le système éducatif en France, Les notices de la documentation Française, Paris, 2003. p121.

以结果为目标的导航，首先是制定运行规则，确定要实现的目标，然后采取相应的决策，并在决策实施中达到目标所预期的结果。在此过程中，决策并非一蹴而就，而是根据结果及时调整。其流程如图 2 - 2。

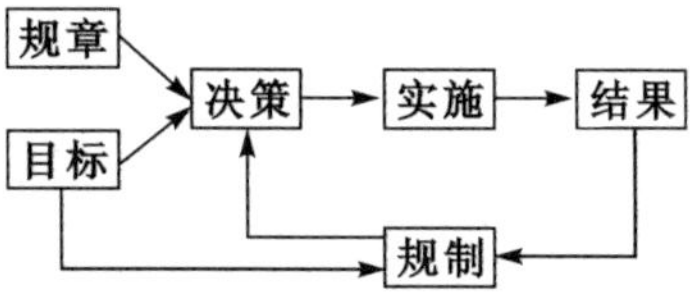

图 2 - 2　结果为目标的导航

资料来源：Bernared Toulemonde, Le système éducatif en France, Les notices de la documentation Française, Paris, 2003. p121.

教育系统导航的基本职能主要是定向、协调、校正。

协商式导航，强调各个不同教育主体的协商与对话。图 2 - 3 显示，协商式导航重要的是各个教育主体的责任。教育的结果不是由某一教育主体单方面决定的，例如，学生成绩的好坏不仅仅是学生自己的责任，也是教师和学校的责任，还需要家长的配合。一所学校综合教学水平的高低，也不仅仅是学校的责任，它需要政府和社会提供必要的支持，需要健全的法律规范，需要良好的社会环境。因此，协商式导航中的调控，首先是领导者和学校人员关系的调整，任何决策都不应是自上而下突然而至。促进，在于对教育目标的共识；激励，旨在人们之间的相互沟通；培训，可以提高教师的职业素质；评估，可以反映教育的真实结果；监测，使领导者了解教育的实际状况；建议，使教育措施得以完善。

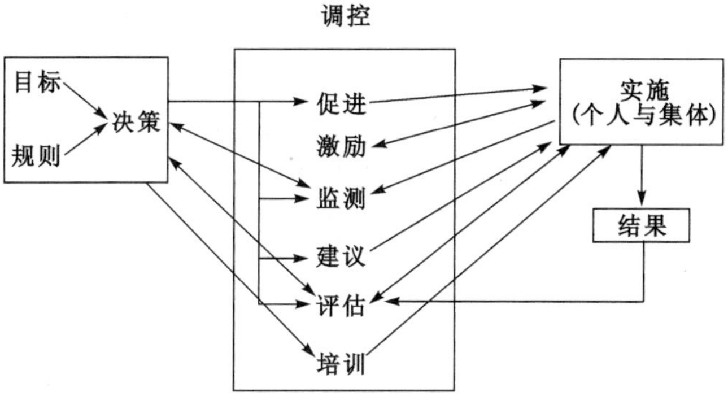

图 2-3　协商式导航

资料来源：Bernared Toulemonde, Le système éducatif en France, Les notices de la documentation Française, Paris, 2003. p127.

德默斯和蒙瑟尔将教育系统导航划分为获取信息、诊断现状、确定行动和解决问题四个阶段。（见图 2-4）

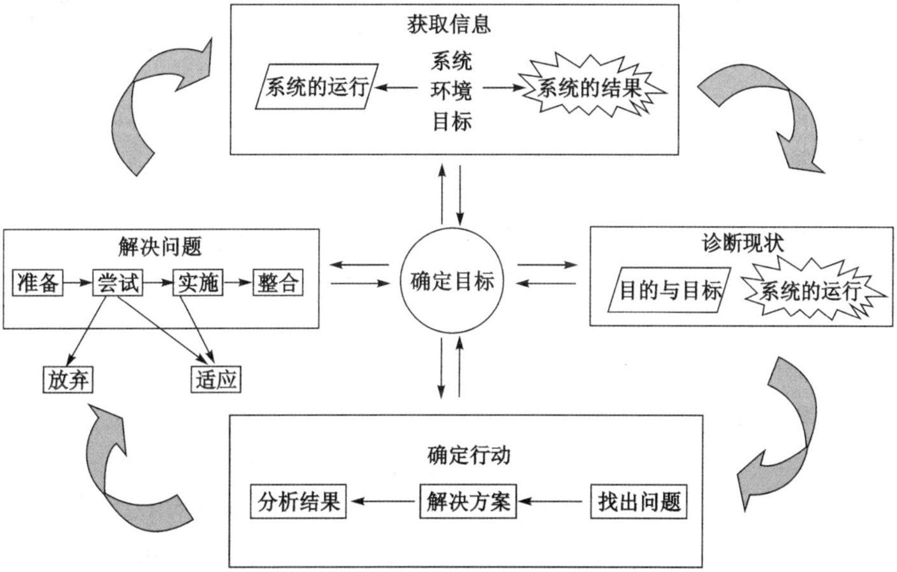

图 2-4　教育系统导航模式

资料来源：Marc Demeuse et Christian Monseur, Une action intégrée en vue d'améliorer l'efficacité des systèmes d'enseignement: le pilotage des systèmes d'enseignement, Cahiers du Service de Pédagogie expérimentale-Université de Liège-5 -6/2001, p28.

第一阶段是需要收集关于教育系统运行和教育系统结果的相关信息。然后对教育系统的现状进行诊断分析，即进入第二阶段。如果发现系统的现状与系统的理想状态存有差距，就要在第三阶段中确定解决问题的行动。通过第四阶段对实施措施的整合，求得问题的解决。教育系统导航的四个阶段，是相互衔接的，无所谓始，无所谓终，循环往复，但总要与所确定的目标相联系。

法国是典型的中央集权制国家，其教育管理体制曾经是行政式的和等级式的导航模式。自20世纪80年代初以来，法国大规模地实施分权与放权。为适应新的教育宏观管理的需要，法国在不同层次上调整了教育管理机构。

首先，要确定教育发展目标。1989年7月10日颁布的教育指导法规定，要保证每个青年获得普通文化和公认的职业资格，使80%的同龄青年达到高中毕业会考合格的水平。

其次，要调动与协调各种教育资源。

最后，要通过评估和各项教育指标的监测，保证教育系统的良好发展。

为适应新的教育宏观管理的需要，法国在不同层次上调整了教育管理机构。

中央一级的调整主要有三项措施，第一项是教育部于1986年建立“督导与学校领导人事司”，对督导人员与学校领导的选拔录用实施新的管理规则；第二项是教育部于1987年建立“评估与预测司”，赋予其教育系统统计、中短期预测和评估三大职能；第三项是重新规定了国民教育总督学的使命，将其工作重心由监控变为评估。

地区一级的调整是赋予了学区总长的教育行政权力。自拿破仑设置学区以来，学区总长的职能就是执行教育部部长的命令，监督所辖学区各学校对中央各项指令的执行情况。20世纪80年代初的分权改革，允许学区总长可以根据当地学生的需要制定适当的教育政策，也允许学区总长同地区行政部门或经济部门开展合作。

第三节　新型经费分配制度

法国教育的一个基本特点是公共服务，其经费来源主要是国家。2007 年，法国教育经费的 57.6% 来源于国家，其中教育部承担 53.3%。另外的经费分别由地方政府（24.1%）、家庭（11.0%）和企业（6.5%）承担。（见图 2－5）

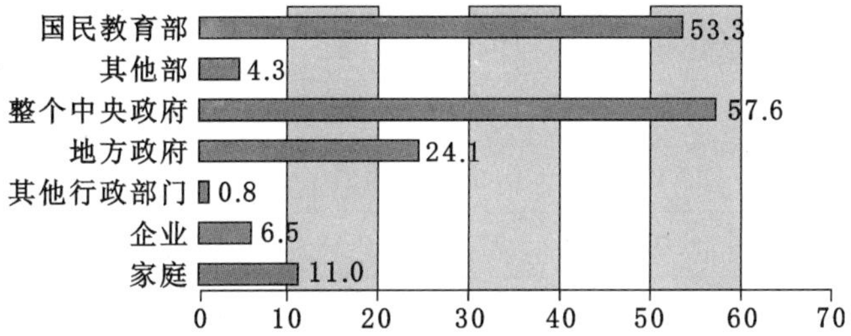

图 2－5　2007 年法国教育经费来源结构（%）

资料来源：Ministère de l'Éducation nationale de la recherche et de la technologie, Repères & références statistiques sur les enseignements et la formation 2009.

2007 年，法国教育经费总额约为 1253 亿欧元，相当于国内生产总值的 6.6%。其中 1030 亿欧元用于教学，所占比例为 82.2%。另外 7.5% 用于食宿补贴，10.3% 用于教育行政、学校医疗和学校交通等教育辅助活动。

表 2-1　2007 年法国国内教育支出项目分类

单位：百万欧元

	学校教学			校外活动	全部教育活动
	初等教育	中等教育	高等教育		
国民教育部	17 750.1	30 362.9	12 075.8	339.1	60 527.9
其他部	142.9	1373.4	1558.0	1902.9	4977.2
整个中央政府	17 893.0	31 736.3	13 633.8	2242.0	65 505.1
地方政府	10 623.8	8250.9	2219.8	2593.5	23 688.0
其他行政部门		240.2	344.3	259.0	843.5
企业	0.5	989.7	1377.6	5749.3	8117.1
家庭	506.2	1010.0	1810.0	1513.8	4840.0
总计	29 023.5	42 227.1	19 385.5	12 357.6	102 993.7

	教学辅助			福利与服务				全部教育支出
	行政工作	伙食补贴	学业指导	学校医疗	学校交通	教材图书	服装用具	
国民教育部	3509.7	2115.8	301.3	404.3	0.9			66 859.9
其他部	283.2	33.9	46.6		86.7			5427.6
整个中央政府	3792.9	2149.7	347.9	404.3	87.6			72 287.5
地方政府	838.5	3096.3	13.8	18.6	2215.6	296.9		30 167.7
其他行政部门	0.1	133.6	0.1					977.3
企业	0.3	44.8	2.2					8164.4
家庭	12.4	3963.9	8.0		88.4	2605.3	2221.5	13 739.5
总计	4644.2	9388.3	372.0	422.9	2391.6	2902.2	2221.5	125 336.4

资料来源：Ministère de l'Éducation nationale de la recherche et de la technologie, Repères & références statistiques sur les enseignements et la formation, 2009.

注："全部教育支出"中的数据为"全部教育活动""教学辅助""福利与服务"三项数据之和。

法国国家教育预算经费占国内生产总值的比例基本维持在 4% 左右，但在 20 世纪 90 年代初开始有所下降，到 2006 年时为 3.9%，2007 年为

3.7%，2008 年为3.6%。但从另一方面看，法国国家教育预算经费占国家总预算比例一直在平稳增长，2006 年为26.0%，2007 年为26.3%。法国教育经费占国内生产总值的比例在1995 年达到7.6%的顶峰之后，逐步有所滑落，2007 年约为6.6%。

1980—2007 年法国国家教育预算经费占国内生产总值比例

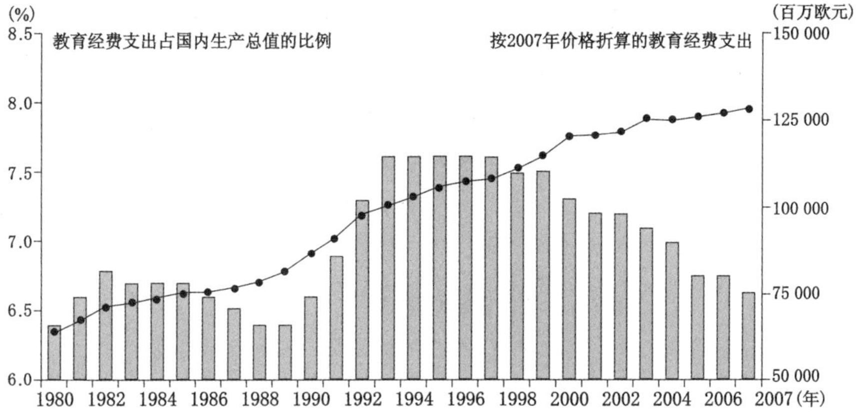

图2－6　法国国家教育预算经费占国内生产总值比例变化

资料来源：Ministère de l'Éducation nationale de la recherche et de la technologie, Repères & références statistiques sur les enseignements et la formation, 2009.

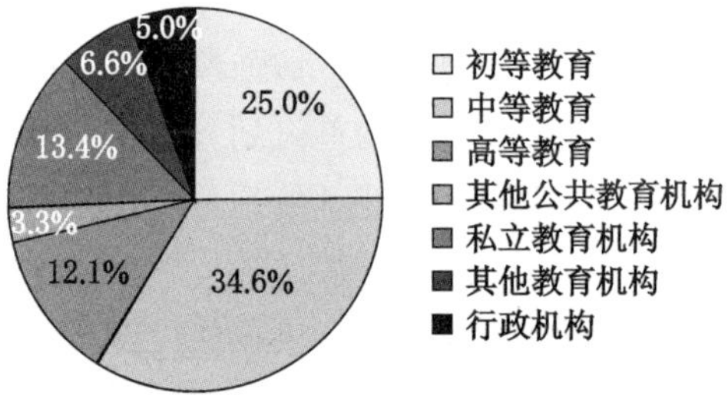

图2－7　法国教育经费支出分布（2007 年）

资料来源：Ministère de l'Éducation nationale de la recherche et de la technologie, Repères & références statistiques sur les enseignements et la formation, 2009.

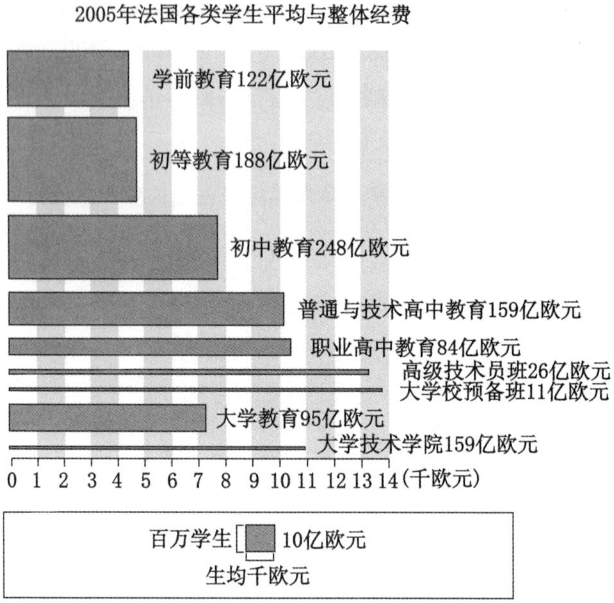

图 2-8　法国各类学生平均与整体经费

资料来源：Ministère de l'Éducation nationale de la recherche et de la technologie, Repères & références statistiques sur les enseignements et la formation, 2007.

法国教育经费管理暴露的问题，也反映了整个法国公共管理的弊端：没有公共支出效益监控机构，缺乏系统的全面管理机制①。

2001 年法国颁布了“关于财政法的组织法”②，其基本目的是进行以结果和效益为导向的公共管理改革，加强预算信息的透明度。

财政法的组织法将国家预算结构首先划分为 34 项使命，其中 9 项为部际使命，其次划分为 132 个项目，最后划分成 580 个行动。例如，“学校教育”作为一项使命，划分为若干项目，如“初等公共学校教育”“中等公共学校教育”“学生生活”等。一个项目再划分为若干行动，如“学生生活”就被划分为“学前学校生活”“学校卫生”等行动。

法国教育部，即国民教育、高等教育和研究部的经费预算中包含着两项部际使命：

---

① http：//www. minefi. gouv. fr/minefi/publique/index. htm.

② La loi organique n° 2001 – 692 du 1er août 2001 relative aux lois de finances.

学校教育：2004 年总经费 536 亿欧元，涉及人员 115.6 万人，含属于教育部的初等公共学校教育、中等公共学校教育、初等与中等私立教育、学生生活、国民教育政策支持等 5 个项目和属于农业部的农业技术教育 1 个项目。

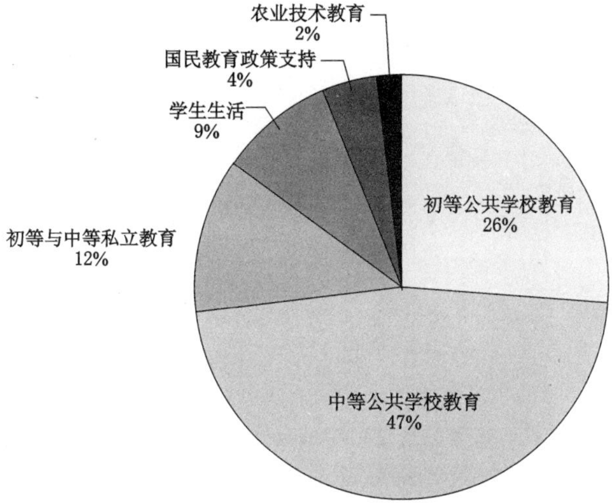

图 2－9　学校教育使命中的各个项目经费分配比例（2004 年）

资料来源：Ministère de l'Éducation nationale, de l'enseignement Supérieur et de la recherche, Rapport d'activité, 2004.

研究与高等教育：2004 年总经费 186.75 亿欧元，涉及人员 145 477 人，含属于教育部的多学科的科学与技术研究、空间研究、环境与资源管理研究、研究的导向与管理、高等教育和大学研究、大学生生活等 6 个项目和属于文化与通信部、可持续发展与环境保护部、经济财政和工业部、交通部、国防部、农业部的 7 个项目。

在关于财政法的组织法的预算框架中，突出了公共部门的管理者的责任，强调结果与效益。国家首先确定某项政策结果的目标，然后通过制定相应的指标，对政策结果进行评估，检验其是否达到或接近政策目标。

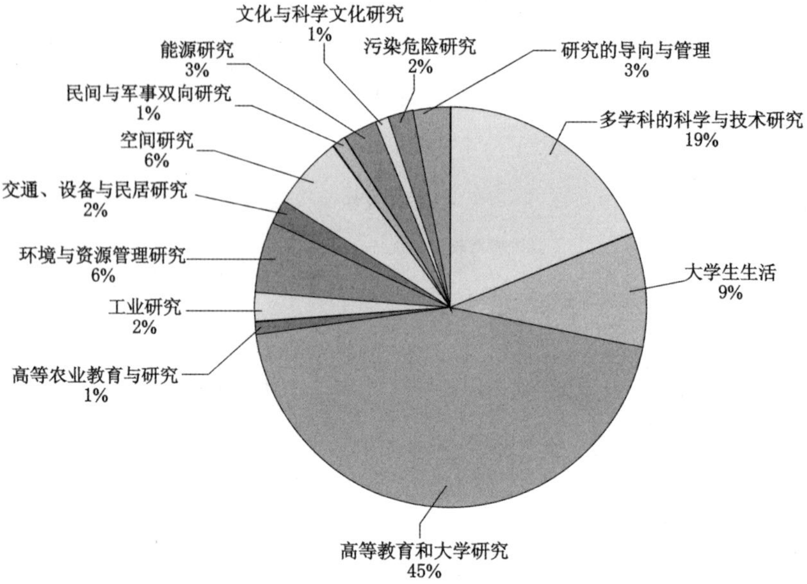

图 2－10　研究与高等教育使命中的各个项目经费分配比例（2004 年）

资料来源：Ministère de l'Éducation nationale, de l'enseignement Supérieur et de la recherche, Rapport d'activité, 2004.

国家确定的指标通常体现在三个方面①：

社会经济影响，即国家政策作用于社会的最终结果。例如，“在初等教育结束时，要使全体学生掌握基本能力”的目标便与“小学三年级总体成绩”指标挂钩。

客户服务质量，即客户的满意度和所提供服务的改善程度。例如，“为大学生和研究人员提供文献资源”的目标，与“大学生每周人均可供使用座位（小时）”相联系。

管理效益，即应用一定经费所得到的结果。例如，与“提高空间研究结果的价值”的政策目标相关联的指标是“专利证书的数量”。

简而言之，法国教育经费管理已从过去的简单拨款体制，转变到当前以结果和效益为导向的新型公共管理模式。

① Ministère de l'Éducation nationale, de l'enseignement Supérieur et de la recherche, Rapport d'activité, 2004.

法国教育经费管理的改革，还特别体现在大学经费分配制度的改革上。

法国的大学，按照 1984 年 1 月 26 日高等教育法的定义，是“以科学、文化和职业为特点的公立机构”，其教师和行政人员的工资和学校运行经费完全由国家划拨。1971 年，教育部曾经尝试建立一种更为透明的大学经费预算分配制度，名曰“高等教育活动与成本的分析与研究组合”，通过分析各个大学学生的有关数据，实现在不同大学之间的经费分配。但是，法国大学的学生人数自 1970 年以来，以每年 2% ~4% 的比率不断增长，并一直持续到 1988 年[①]。大学生人数增长的速度超过了国家预算可能增长的幅度，原有的大学经费分配制度受到极大冲击，就是说，再按大学生数量拨发经费，国家将不堪重负。为了保证大学具有必需的最低经费以完成其公共服务使命，保证不同类型的大学和学科具有同样的尊严，保证每个大学生获得同等的待遇，教育部开始考虑建立公正的新型大学预算分配制度。于是，“高等学校经费分析与分配系统”应运而生。

新的大学经费分配制度的目标是改善经费分配的公正性，在规则范围内实现整体拨款，增强大学学者的经费独立意识。[②]

最初的分配系统是一套保证学校日常活动的经费分配标准。这一套标准的核心是大学生人数，然后考虑不同学科的成本，每一学科再区分基础教学、实践活动教学和职业目标的教学三种类型。

与此同时，设置了“成本观测站”，以观测某一年某一学科的生均成本。以 1996 年为例，在扣除人员工资成本之后，理科基础阶段大学生的生均成本为 3229 法郎，法律专业基础阶段大学生的生均成本为 1550 法郎，文科基础阶段大学生的生均成本为 1377 法郎[③]。大学的教学预算即是各个学科大学生人数与生均成本的简单乘数的总和，教育部便依此进行拨款。

---

① Musselin C., La longue marche des universités françaises, Paris, PUF, 2001. p65.

② Claude Laugenie, Evolution du systeme d'analyse et de répartition des moyens aux etablissements d'enseignement superieur, Rapport à Monsieur le Ministre de l'éducation nationale, juillet 2001.

③ Claude Laugenie, Evolution du systeme d'analyse et de répartition des moyens aux etablissements d'enseignement superieur, Rapport à Monsieur le Ministre de l'éducation nationale, juillet 2001.

这套经费分配标准于1993—1997年间应用，但暴露出过于粗糙的弊端。一个由教育部和大学校长联席会等机构组成的混合委员会从1995年开始，对大学经费分配标准进行修订和完善，并于1997年更新。

当前的高等学校经费分析与分配系统由教学拨款、补充课时拨款、人员补贴和校舍面积补贴构成。

教学拨款基于参考教学量的概念。教学工作被划分为讲授、指导和实践三种类型，每一种类型的教学都可以折算成计时的指导课，并根据学生小组的规模、不同类型教学的构成情况计算出某一学科教学的生均课时成本。例如，第三产业类学科的生均课时成本为80法郎，第二产业类学科的生均课时成本为140法郎①。某大学的教学拨款总额即是根据各个学科生均成本和其学生人数相乘得来。

补充课时拨款是根据参考编制额计算出来的。所谓参考编制额，是教学计划中的课时量与在校教师教学任务量之比。法国大学教授和讲师的法定年教学任务量为与192课时等值的指导课（1小时的讲授课可折合1.5小时的指导课，或2.25小时的实践课；1小时的指导课可折合1.5小时的实践课）②。如果学校的教师数量低于应承担的总课时人数，便可获得补充课时拨款。

校舍面积补贴为每平方米校舍面积100法郎。

人员补贴用于与教学、研究和管理等有关方面的行政和工程技术人员的缺额补贴，每个缺额岗位补贴75 000法郎。

这样，大学的理论拨款等于：教学拨款、补充课时拨款、人员补贴和校舍面积补贴四项相加，再减去学校所收入的学生注册费。

但是，理论拨款数目不等于实际拨款数目，法国大学中理论拨款数目同实际拨款数目的差异率（实际拨款数目除以理论拨款数目）在0.78与1.46之间③。

---

① Claude Laugenie, Evolution du systeme d'analyse et de répartition des moyens aux etablissements d'enseignement superieur, Rapport à Monsieur le Ministre de l'éducation nationale, juillet 2001.

② Jean Bornarel, Financement de l'enseignement supérieur, CDUS, novembre 2002.

③ Claude Laugenie, Evolution du systeme d'analyse et de répartition des moyens aux etablissements d'enseignement superieur, Rapport à Monsieur le Ministre de l'éducation nationale, juillet 2001.

表 2-2　法国若干大学经费结构

单位：法郎

	教学拨款	补充课时拨款	校舍面积补贴	人员补贴	学生注册费	理论拨款 1+2+3+4-5	实际拨款	差异率
	1	2	3	4	5	6	7	
1	31 608 751	8 043 356	15 311 650	6 685 813	11 226 767	50 422 803	43 789 000	0.87
2	34 834 880	13 755 437	16 452 500	8 685 842	15 063 461	58 665 198	57 763 000	0.98
3	19 402 645	8 165 275	9 350 950	4 615 432	10 903 871	30 630 431	29 855 000	0.97
4	29 842 502	12 520 258	15 377 400	4 636 144	16 604 144	45 772 160	43 561 000	0.95
5	17 898 813	7 879 305	8 506 600	3 303 813	9 763 221	27 825 310	31 000 000	1.11
6	12 378 018	11 630 470	7 650 000	5 125 108	5 772 220	31 011 376	26 418 000	0.85
7	6 194 155	4 348 807	4 529 700	-264 597	4 123 153	10 684 912	9 672 000	0.91
8	14 406 998	8 604 006	11 301 825	3 278 992	13 271 082	24 320 739	29 699 000	1.22
9	10 399 141	11 030 609	6 369 000	1 705 685	10 169 228	19 335 207	18 684 000	0.97

注：第 1、2 行为理科和医科大学，第 3、4 行为含医科的综合大学，第 5、6 行为综合大学，第 7、8 行为文科大学，第 9 行为以法律为主学科的大学。

资料来源：Claude LAUGENIE, Evolution du systeme d'analyse et de répartitions des moyens aux etablissements d'enseignement superieur, Rapport à Monsieur le Ministre de l'éducation nationale, Juillet 2001.

尽管法国人比较崇尚规范和标准，但“高等学校经费分析与分配系统”并不是一个严格意义上的规范系统，经验与行政因素往往也参与其中，因此出现理论拨款与实际拨款的较大差异。也许由于高等学校的情况过于复杂，某种看来合理的标准可能造成不合理的现实。例如，用等值指导课来计算教师的工作量应该是合理的，但依此作为拨款依据，便可能出现反常现象。假定 1 小时等值指导课可获得 100 法郎的拨款，那么在阶梯教室的授课经费为 150 法郎，而组织学生的实践课却只有 67 法郎。按实际经验看，讲授课与实践课的比率不应是 1 比 0.45，而应为 1 比 7。[①]

此外，这套系统所依据的大学生数据不是当年的，而是前两年的。因为法国大学生的录取人数，不是大学能够完全控制的。大学可以规定录取人数的上限，但无法确定当年前来申请注册学生的数量。而按照前

① Jean Bornarel, Financement de l'enseignement supérieur, CDUS, novembre 2002.

两年大学生数量计算，即可能造成误差，特别是在近些年出现大学生数量递减的情况下，容易过高估计教育经费的需求。

另一方面，此系统又容易过高估计教师工作的潜力，造成教学工作的困难。据一份资料显示，一些大学的教学经费覆盖率（即按学生数量拨付的经费）明显不高。（见表2-3）

表2-3　法国若干大学教学覆盖率

	1997年	1998年	1999年
波尔多二大	86.15%	77.95%	79.00%
克莱蒙一大	69.96%	63.58%	63.16%
里尔一大	85.52%	79.85%	78.38%
蒙彼利埃一大	76.41%	70.33%	65.56%

资料来源：Cour des comptes，La fonction publique de l'état，avril 2001.

从理论上说，法国现行高等学校经费分配系统支持大学扩大教学规模，学生越多，获得的拨款就越多，实际上对规模较小、但教学质量可能更好的学校就不公平，甚至是一种惩罚。因此，法国高等学校经费分析与分配系统自面世以来，一方面行使着高等教育经费宏观管理的标准化的工具职能，另一方面也经历着不断地调整和修订。

但无论如何，一套中央统一的高等学校经费分析与分配系统，即使再完善也不可能适应千变万化的每所大学的实际。法国对未来高等教育拨款的出路，可能在于标准化的拨款系统与大学自治之间。

第四节　教育契约的普遍应用

第二次世界大战以后，法国三次学生人数激增给学校系统以极大冲击。第一次冲击，是20世纪50年代的小学生人数浪潮；第二次冲击是20世纪60—70年代的初中教育的普及；第三次冲击是20世纪80—90年代高中教育和高等教育的普及。[①] 法国教育系统因此变得极为庞大，

① Robert，A，Système éducatif et réformes. Paris，Nathan，1993.

原来的中央集权管理体制面临严峻挑战。虽然法国于20世纪80年代初开始教育系统的放权和分权改革，但如何处理中央教育行政机构同地方机构和学校的关系始终是法国教育管理体制中的核心问题。

1995年，法国当时教育部部长阿莱格尔在谈到教育部机构改革时曾将法国教育系统称为“古象”，喻其老态龙钟、食古不化。虽然引起一些人的异议与反感，也立刻有人反驳，但法国教育系统的庞杂是不争的事实。

为了改善中央政府与地方和学校的关系，法国教育界进行的关于契约的探索与改革。

一、国家与大学的契约

1975年，法国大学校长联席会和教育部官员聚集在法国西部小镇维拉德朗，召开一次研讨会，从国家服务现代化的角度，专门讨论如何在国家与大学之间建立一种新型的关系。

1983年，研究合同首先在大学研究机构与教育部之间创建。研究合同有利于大学制订较长期的科学研究规划，并将过去的一年一次拨发的研究经费调整为每四年一次性拨发四年总额的经费。

1984年1月26日的高等教育法规定，大学可以根据所确定的若干年内教学与科研等方面的发展目标，通过协商与国家签订多年合同，学校要承诺完成发展目标规定的任务，国家要保证提供相应的经费与人员编制。

1990年，大学与国家签订4年合同的新型拨款模式开始普遍实行，合同的领域不仅局限于研究，而且扩大到包括教学与研究、大学生生活、国际合作等大学的全部领域。

1994年，大学合同被命名为“四年发展合同”。

1998年，教育部于5月22日通令重申了关于合同的政策，并规定由高等教育司负责合同的协调工作。

大学合同的协商须分期分批进行。以C批次（2005—2008年）为例，大学要在2003年12月1日，向教育部高等教育司报送以下文件[①]：

---

① CPU, Fiche n°21: La négociation du contrat quadriennal d'établissement, Cycle d'informations et d'échanges, 10 - 11 mai 2004 / 1 - 2 juin 2004.

前一期（2001—2004 年执行中的）合同总结；

学校计划：总体发展战略（教学与培训、博士培养、学校生活、国际开放政策、人力资源管理、固定资产、图书文献、教育技术、研究与管理）；

相关指标。

在 2004 年的第一学期期间，教育部的相关司局协同科学、技术与教学考核团对大学的总结和计划进行分析。

从 2004 年的春季开学起，教育部的相关司局开始同学校展开直接协商。教育部的主管大学合同的司局为高等教育司，研究与技术司、规划与发展司、国际关系司、人事司等部门也参与协商。大学方面通常由前任校长率领大学委员会的工作组负责协商。第一阶段就总体情况交换看法，第二阶段是讨论若干特别领域问题，第三阶段是确定未来目标和相关承诺。

从 2004 年的秋季开学起，讨论学士、硕士和博士学位的授予资格。

最迟至 2004 年 12 月，大学委员会要通过合同草案，并由教育部高等教育司司长与大学校长签订合同。此类合同除正文之外，通常包含授予文凭的目录、研究项目及其研究小组成员的目录、国家承诺的 4 年拨款款项等附件。

通过合同拨款，已经成为法国国家向大学拨款的一种新形式。2001 年，合同拨款的总量超过 5 亿欧元，占大学研究经费的 80% 以上，占大学日常经费的 15%，占大学资料经费的 30%，占大学维修经费的 40%[①]。

大学与教育部之间建立的契约，经过二十几年的逐步完善已经取得了明显的效果，大学研究机构的布局趋于合理，大学研究政策方向进一步明晰，大学的图书馆管理和大学生生活管理也进展明显。[②]

大学与国家合同的实施首先是开创了政治上可行的高等教育改革之路。1984 年的高等教育法赋予了大学更多的自主权，大学可以根据注册

① Délégation Interministérielle à la Réforme de l'État, La contractualisation dans les administrations de l'état, juin 2002.

② Commissariat général du plan, Les universités françaises en mutation, la politique publique de contractualisation (1984—2002), La documentation Française, Paris, 2004.

大学生人数、建筑面积和学科的师生比例等标准安排国家拨给的经费和设备。但实施起来却困难重重。1986 年，负责高教的部长代表德瓦凯拟对现行高教体制进行更大规模的改革，但由于触及大学的入学条件这个十分敏感的问题而引发学潮，德瓦凯本人被迫辞职，其改革法案也随之流产。从此，谁也不敢触动大学改革的敏感神经。

也许，只有建立大学与国家间的契约才是在“政治上可行的”[①]。早在 1981 年，密特朗在竞选总统时声称：“在民主制中，契约会比法规更有效、更令人满意地实现社会变革。”[②] 1984 年，法国总理罗卡尔（Rocard）也发表演说：“少一些规章，多一些协商；少一些法律，多一些契约；少一些监管，多一些责任；这就是为了现代化和团结所需要的平衡。”[③] 正是契约这一较早在经济和企业界普遍应用的处理两者关系的规范，为大学与国家之间建立现代宏观管理的关系铺就了一条可行之路。

另一方面，大学与国家建立契约，首次将大学置于高等教育管理的中心位置。法国大学的中央管理体制，早已被世人熟知，但法国大学的学科行会体制，却很少有人注意。从中世纪以来，法国大学中的学院都是独立的，不同的学科都有自上而下的垂直系统，规范着本学科教授的地位、晋级程序、教学组织。1968 年之前，法国大学实际上是学院的集合，学院院长把握着实权。从某种意义上说，法国大学就是学院共和国，全国性的院长联席会的重要性远远大于大学校长委员会。1968 年的高等教育指导法虽然在法律上打破了学院的相互分割体制，但是大学管理上的学院痕迹依然清晰。例如，巴黎第一大学的强势学科是法学、经济学和人文科学。不仅大学管理委员会的成员由三个学科的代表人员平分秋色，大学校长也是三个学科的代表轮流坐庄。而大学要与国家签订四年发展合同，就必须由校长挂帅，以一个声音同教育部协商。可以说，大学与国家的契约，是法国大学在现代化管理的道路上迈出的关键的一大步。

然而，任何改革都有其局限性，契约也不可能解决法国大学的全部

---

① Musselin C., La longue marche des universités françaises, Paris, PUF, 2001. p113.

② Le Monde du 23 avril 1981.

③ Musselin C., La longue marche des universités françaises, Paris, PUF, 2001. p113.

问题。虽然大学与国家之间的合同标志着双方的平等协商与承诺，但是大学通常处于弱势地位，当出现某种变动时，大学不可能要求教育部完全履行自己的承诺，或者说，没有第三者为合同作法律上的担保。事实上，教育部也很难履行四年的经费承诺。因为政府的预算周期为一年，当出现政局变动和经济起伏的时候，教育经费也会有相应的调整，教育部在合同中对大学的经费承诺便难以实现。另一方面，法国大学经费的80%为人员经费，全部由国家提供，其余20%的经费，如学校运行费用则由“高等学校经费分析与分配系统”核算拨发，而由所签订合同涵盖的经费比例就很小了。在1993—1998年间，大学通过合同所获的经费只占全部经费的9%，在1999—2002年间，这一比例也只达到16%。

二、国家与学区的契约

自1998年起，法国各大学区开始与教育部建立契约，目的是使学区成为教育系统导航的一个战略层次，并使全国的教育导航充分考虑各个学区的特点，充分尊重各个学区的发展计划。

学区与国家的合同包含着五大战略领域：

教育供给：提供适应当地现实情况的教育，提高学生的教育水平，保证教育的均衡，促进2岁学生的学前教育，提高学生的基础能力，帮助学习困难学生和残疾学生，改善学校与企业的联系，支持无职业资格的离校学生，发展科学教育和公民教育，发展外语教学，促进国际开放等。

教育导航：协调与促进区域教育发展，设置学校与就业历程观察站，促进评估文化，协调学校计划与学区发展目标，开发教育信息资源，促进教育交流。

人力资源管理：总体目标是促进教师的职业化水平，改善岗位与人员的关系，确定培训优先点，帮助教学困难者，注重校长培训，提高教辅人员工作水平。

校际关系：促进学校及其校长的相互支持，促进各校教育教学经验的交流，促进教育通信与交流技术的应用。

现代化服务：学区要为教育用户提供优质服务，促进教育适应地方发展，完善教育导航工具，改善信息系统，提高管理能力。

学区与国家合同的期限为三年，由学区总长和教育部学校教育司司长签署。

随后，各学区所辖的中小学也需同学区建立契约。

第五节　关于教育导航的思考

虽然评估是教育系统导航的基本工具，但是由于目标体系的不明确，无法准确衡量教育的效果或效率。当前的教育评估，还无法评价某项教育改革是否提高了教育效率，降低了教育成本。评估的目的在于考察教育系统运行的效果，其结果是否达到其既定目标；效率，是否用最低的成本获得了最佳成果。[①]

结果的强制性，要求公共管理者要注重效益，注重成本与质量。结果的强制性，突出地体现在金融市场、体育竞技、情报系统。在市场经济中，财政指标是衡量企业的最重要指标，甚至是唯一指标。结果的强制性体现在教育上，往往难以严格实施。对于结果不佳者，我们无法确定是否执行惩罚，是对教师，还是对学生，如何惩罚？

法国国家对教育系统传统的控制模式，是国家制定中小学课程大纲，审定教科书，规定课时，有规律地实施督导。但这种管理模式逐渐趋于允许学校有更大的自主权。过程控制逐渐让位于重视结果，因此评估的作用凸显起来。[②] 而越是允许学校自主，就越需要导航。自主与责任密切相关，需要对其行为结果负责。

法国的教育宏观管理，正在从行政性控制转向更多地依靠标准化来管理，由规章管理向全国总体目标和学校具体目标相结合的模式转变。[③]

---

① Cour des comptes, La gestion du système éducatif, Rapport au président de la république suivi des réponses des administrations intéressées, avril 2003.

② Administration et éducation, numéro 98, 2ème trimestre 2003. p21.

③ Musselin C., La longue marche des universités françaises, Paris, PUF, 2001. p132.

第三章 中小学课程改革

法国 19 世纪末所形成的教育格局就存在着双重的分离。一方面，资产阶级的中等教育与劳动人民的初等教育形成相互分离的双轨制度。另一方面，作为资产阶级统治工具的初等教育旨在驯化人民，且与关系到生产领域的职业培训相分离。这两种分离十分明显地体现在中小学课程上：中学课程以文学和科学为核心，注重抽象思维训练，为资产阶级贵族子女将来进入高等教育做准备；小学课程则是以简单的读、写、算为基本内容，目的是为劳动人民子女就业提供基础知识。

为适应战后整个教育体制的改革，法国中小学课程也发生了重大变化。

首先，中小学的教学法受到猛烈的批评。人们普遍认为小学的教学过于严厉，很少给予儿童自由发展的机会。在诸多医生和心理学家的强烈呼吁下，法国政府于 1956 年 11 月 23 日和 12 月 29 日相继发布了一份通报和一项指令，取消了小学生的家庭作业。但是由于课程大纲并未更改和家长的反对，取消家庭作业的决定未能实施。尽管如此，传统课程还是受到相当大的冲击。

其次，法国着手中小学的课程改革，于 1963 年成立了“法语教学改革委员会”和于 1966 年成立了“数学教学改革委员会”，并从 1964 年开始把初等教育课程划分为时间大体相等的三个部分：第一部分为基础课，包括法语和算术；第二部分为“启蒙学科”，主要指历史、地理、科学等学科；第三部分是体育。这一改革不仅是为了减轻学生的课业负担，保证他们的身体健康，更重要的是改变过去灌输式的教学法，从而激发学生的求知欲，鼓励他们主动学习，促进个性的自由发展。

最后，1968 年的学潮又促成了小学课时的重大变更。1969 年 8 月 7 日的法令规定了初等教育的新课时为每周 27 小时，即取消了每周六下午的课时，比原来的 30 小时缩短了 3 小时。新课时的安排与过去以阅读、写作和语法为主课时安排也有明显的不同。新课时的划分是这样的：10 小时法语、5 小时数学、6 小时体育和 6 小时启蒙课，基本上与三部分课程的比例相吻合。

然而，任何改革都不可能是一帆风顺的。况且，草率的改革措施不能不遇到阻力：教师并不愿意也无能力每天承担一小时的体育课，因此这三分之一的新课程便形同虚设；而对于启蒙课，又因教师缺乏经验而或多或少流于形式。

因此，20 世纪 80 年代之后，法国基础教育又进入新一轮的现代课程改革中。

第一节　制定《课程宪章》

根据法国 1989 年 7 月 10 日颁布的“教育指导法”和 1990 年 2 月 23 日颁布的法令确定“国家课程委员会”为全国课程大纲的编写机构。这个委员会于 1992 年 2 月公布了一部课程宪章，并把它作为今后指导全国课程大纲制定的纲领性文件。

这是法国第一次对全部教育体系的课程编排建立的规范性文件。这一“宪章”确立了建立学科大纲所依据的原则和课程大纲颁发的方式以及在其有效期间的协商方式。

制定“宪章”的意义在于促进实现教育体系的目标的必要协调。自夸美纽斯的《大教学论》以来，学校教育便以学科课程为中心，大大地提高了知识传授的效率但也使人类知识的整体遭受人为地割裂。正因为如此，“将小学至高中毕业年级的课程融为一体是一个浩繁的工程，它不仅需要教学内容的必要衔接，还依赖对学生培养目标、学科知识选择标准、知识传授目的和社会化目的不可分割的联结的深刻思考”。也许，我们目前还不能将人类知识融会贯通地传授给学生，但“宪章”所提出的原则的确具有开创性意义。

传统教育的另一特点是以教师和教科书为中心，学生往往被看作是接受知识的“容器”。“宪章”明确提出“使教学工作以学生为中心”。它为课程大纲做了如下定义：

“课程大纲是在政府公报中颁布的规定性文件，是为在各学科和各年级建立‘教学公约’的服务于全国的官方文件，即是说，在此框架中，教师或教学组作教学上适于学生的选择，而学生对这种选择也负有责任。此外，这个文件在明确教育体系中的不同年级和确定学生应当获得的能力方面具有一定功能。”

这个定义规定了课程大纲是指导全国教学的官方文件，突出了强制性，有利于协调和统一全国的中小学教育。这也反映了法国中央集权制教育体系的特点。需着重指出的是，这个定义强调了学生的地位，要求教师适应学生的特点，同时也要求学生自我负责。

“宪章”提出了若干原则，总的思路是“协调”——单一学科与全部学科的协调；学生发展的阶段与速度的协调；知识与能力的协调；客观要求与主观态度的协调。

“宪章”还对大纲的编写和颁发做了具体规定。从大纲编写机构到大纲的编写和实施过程的每一环节都有严格的要求。其主要特点是：

- 保证大纲编写机构的透明度——从而可以保证制定大纲的严肃性和科学性；
- 编写过程中的广泛参与——有利于集思广益，发扬民主；
- 实施前的充分准备——教师在认识与方法上先知先觉，才不至于以其昏昏，使人昭昭；
- 至少五年有效期限——课程改革之大忌就是朝令夕改；
- 实施中的审查与评估——有效的批评是完善改革的重要手段。

“宪章”还要求全部大纲和附加资料应当成为这样两类出版物：

“‘纵向’出版物，集中一个学科的全部大纲的单卷本，可使每个人对一定学科的进度有一个整体的看法：展示由小学到进入大学的远景；

分组出版物，根据学习阶段或年级，根据培训途径或系列，编排不同学科的大纲，使每个人对学科间的协调有所认识。”

这两类出版物是所有教师应当具有的基本工具，因此小学教师可以每人免费接受小学阶段的全部大纲和附加资料，中学教师也可以同等条件接受所教学科的大纲，不仅是“纵向”出版的大纲，还包括所教年级的“横向”出版的大纲以及相应的附加资料。这样，有利于避免因教师过分强调自己所教的学科，而在总体上加重学生的负担。另外，为学生及其家长提供的附加资料也便于他们明确学习目标和学习进度，从而掌握学习的主动性。

依据课程宪章所制定的基本原则，法国课程委员会及其各个专门委员会对面向21世纪的现代课程改革进行了开创性的尝试，相继提出了有关课程改革建议的报告。

第二节　对学校的全面思考

1995年9月，当时的法国总理朱佩和教育部部长贝鲁联名写信致福鲁先生（Roger Fauroux），委托其组建“学校思考委员会”。他们对该委员会的要求是：第一，对法国教育体系的现状进行客观调查，分析其结果、其变革，与其他国家教育进行比较研究；第二，根据法国社会的需求和从现代科技变革的挑战出发，阐述国家对教育的期望；第三，提出未来教育改革的具体建议。

福鲁毕业于高等师范学院，曾在大学任教并在教育部前部长若克斯（Louis Joxe）手下负责教育问题研究，20世纪60年代后又长期在工业界任职，曾任圣・高般化学公司总经理和工业部部长与国土整治部部长，有着丰富的教育与企业管理经验。委员会成员由教育界、企业界、新闻界的专家、学者、教授、行政官员等23人组成。

1996年6月20日，法国的“学校思考委员会”向总理朱佩提交了题为《为了学校》的最终报告。此报告长达300页，核心内容是关于法国未来教育改革的21条建议。

在谈到此次改革的目标时，福鲁强调要保证所有人获得基本知识。

根据专家意见，所有人都应掌握社会所需要的起码知识：在法语阅读、书写和讲话方面正确自如；能够计算、识别平面与立体图形，掌握比例和数量序列；能够在直接环境之中确切把握时间与空间概念；学会观察有生命的实体，组合和操作简单机械；锻炼身体，开发其感受艺术的能力；具有民主制度所需的价值观和实际行为。对于这一起码知识的掌握，要通过一套不同于考试并对学习过程不产生后果的测试来验证，每年对所有年满 16 岁的学生进行一次检查，用以测定完成义务教育年龄组的全体学生的达标状况。

福鲁提出把学业失败消灭在萌芽状态之中，应有区别地为幼儿学校少儿提供补贴，以利于最困难的家庭，尤其应对非法语区儿童提前进行学前教育。对于有利于在小学低年级中获得初步知识及阅读能力的革新，应给予系统支持。

福鲁主张简化从小学至高中入学的课程，充分重视能力显露的自然顺序，重新编排基本学科中的教学内容，并提供基础知识参考，为每一年级的基本学科编写单卷本的参考教科书并且概述相应年级应获得的全部知识，扩大全国课程委员会的权限，使之有权对所有课程编写或改写方案提出意见。同时，需要全面调整小学教学课时安排，通过立法途径减少每年的教学课时，使每周、每年的课时安排更趋合理，在条件较差的地区，优先开办课外活动，摒弃那种连续几日课时集中或授课日过少的课时安排。他还希望，地方政府和国家共同负担课外活动费用，为平等对待儿童提供保障。

福鲁还要求教导青少年学会选择自己未来的道路，建立一种从初二结束起就通报有关学科和职业的连续信息程序，建立一种与学生手册相结合的个人计划手册，利用一部分自由课时，与学业方向指导顾问对话，或介绍某种职业。在高中建立个人培训模式，使高中生能够依其能力或弱点，灵活修习模块课程。

为了适应新的教学，福鲁建议改革教师与校长的人事管理，包括录用与调动，将由学区管理，国家考试，尤其是高中毕业会考的组织也将由学区负责。在促进学校自主性方面，要赋予小学以法律地位，在保持国家对大学拨款占绝大比例的同时，大学可以更加灵活地聘任教师、研究员和非教学人员，可以自筹经费用于改善办学条件，可以颁发学校文凭。

《为了学校》的报告公布之后，法国总理朱佩对福鲁报告不甚满意，仅对建议中实行新课时制度、简化大纲、加强与企业联系、加强学业指导等还比较满意，而坚决反对把教师的任命权下放。

学校思考委员会主席福鲁也许早已察觉到其报告的命运，他说，“我们的报告有一个报警的功能”，因为法国人只在教育系统突然出现问题时对其感兴趣，如学生上街游行、学校暴力事件频发等。他还说，“我也知道政府是如何运行的：窗下有动静时才行动。我就是在其窗下制造动静”。

《为了学校》的报告也在法国社会上引起极大反响。国民教育联合会认为，福鲁的报告至少为改善教育体制的讨论提供了良好基础。大学之间的联盟对该报告基本表示赞同，认为它是比较现实的。而法国中学高级教师协会则感到福鲁的建议十分荒谬，会导致国家教育体系的崩溃。同样，法国大学生联合会也认为其建议极其危险，他们特别谴责有关扩大大学自主权方面的建议。

面对如此纷纭的议论，福鲁表示，政治抉择并不是我的责任，我的使命已经完成。但他说，议会的辩论或全国性的教育辩论将是有益的，如果不是现在，将来必然要搞，不过代价会高出许多。

当然，《为了学校》的报告最终未能实行，不仅是政府的犹疑不决和社会的议论纷杂，主要是政府的更迭，使之搁置。但是，福鲁关于学校改革的思考，特别是在课程方面关于起码知识的思想，已经留给人们有益的启示。

第三节　鼓励小学生“动手做”

科学教育在法国中小学教育占有重要位置，但长期以来，抽象思维的学科，特别是数学更受推崇。这样教育的结果，虽然培养了大批的科学家，但随之也出现了未曾预料的社会问题。人们发现，进入名牌高等学校的学生集中来自政府官员和企业经理的子女。法国国民教育部曾对4所名牌高等学校进行调查，发现这些学校在1950年招收的新生中，尚有29%出身于平民阶层，而今天只有9%。因此可以说，“一个在不利环境中读小学的儿童，实际上无任何机遇进入名牌大学校”。人们分析其原因，认为富裕的中产阶级或知识分子的子女，在家庭生活和社会交往中自然而然地学会了推理和逻辑思维，学校教育又强化了这种思维方式。为了促进教育的民主，使更多处境不利的儿童获得发展的机会，法国一些教育家提倡在小学加强自然科学教育，让儿童在活动中认识自己的潜力，发挥主动性和创造性。

1994 年，法国著名物理学家、诺贝尔奖获得者乔治·夏尔帕在访问美国学校时，从美国学校开展的科学教育中得到很大启发。访美归来之后，他便萌发了在法国学校中开展“动手做”的设想。1996 年 9 月，在法国特雷易举行了一次题为“改善对学生的培养方法，从幼儿园起进行自然科学教育”的会议。大约 15 名科学家和教育家参加了会议，从而发起了科学教育计划——“动手做”。

“动手做”在法语中原意是手在面团上，或用手揉面，意即实际操作。

1997 年，索菲·恩斯特以法国科学院和国家教育研究院的名义撰写了《何为“动手做”?》长篇文章，全面阐述了在小学开展科学教育的重要意义和基本原则。

1999 年 1 月 30 日 –31 日，法国国家教育研究院、科学院和教育部的学校教育司联合在法国国家图书馆举办了“科学与初等学校”的大型研讨会，从而促进了法国小学科学教育大规模地实施。

进入 21 世纪，法国以“动手做”为主题的科学教育正在所有小学蓬蓬勃勃地全面展开，不仅有关研究与指导性的著作相继出版，也发表了大量实践范例。尽管无法预测这一活动是否会长期持续下去，但从目前看，的确给法国小学教育带来重大影响。以下从几个侧面介绍法国当前科学教育的概况。

一、让所有儿童学习科学、接受科学

“动手做”的目的在于重新启动小学的实验科学教育。

法国一些科学家和教育家感到，学校里的科学教育由于种种原因未能切实展开。特别是有的学校曾经把“科学教育”作为消除文盲的手段，通过一些实验演示，提高儿童的学习兴趣，以便使他们掌握基本的读、写、算常识，而不是通过实际经验学习推理的真正意义上的科学教育。法国曾经在70年代兴起了“活动教学法”的热潮，在教学大纲中设置了称之为“启蒙课”的一类课程，鼓励学生在活动和讨论中学习。学校也尽可能为学生设置实际场景，让学生探讨生活中一些简单自然现象的原理，如水的沸腾、雨后彩虹、灯的发光等。但是，启蒙课未能坚持下来，原因是小学往往认为科学教育属于中等教育的范畴，初等教育属于基础学习阶段。而科学常识，不仅教师在课堂中会经常做演示和解答，儿童也可以在动物园和植物园或日常生活中接触到。

专家们认为，教师讲授科学常识或儿童对自然现象的观察，都不是真正的科学教育。一方面，教师的科学演示往往是自上而下地传授知识，学生并不理解真理形成的过程；另一方面，学生自然地接触科学现象，往往有很大的随机性，很难形成科学的概念。只有经过学生的实际调查和操作，才能形成学生自己的知识，并有助于掌握科学研究的方法。“动手做”活动的目的就是让儿童在认识周围事物和自然现象的过程中，构建对真实世界的科学知识。

“动手做”首先强调尊重儿童的求知欲。儿童总是对自然界有无尽的兴趣，对身边耳闻目睹的事物不停地发问。尽管成人或教师不能尽善尽美地回答儿童的所有问题，甚至也有当代科学无法回答的问题，但是挫伤儿童的求知欲，就会影响儿童未来的心理发展和知识的形成。因此，“动手做”就是要鼓励和激发儿童的求知欲，培养儿童对科学的兴趣和爱好。

法国科学家认为，科学教育在高中开始就太迟了。在高中，学生关心人文世界的兴趣往往大大高于对自然世界或物质世界的兴趣；高中科学教育的隐性目标经常是教育的筛选或分流，学生选择理科往往是出于未来职业的考虑，而非出于真正的兴趣和爱好。对于许多少年儿童来说，正是因为缺少敞开大门的植物园或星罗棋布的夜空，丧失了在科学领域发展的机会。“动手做”就是要注重开发儿童完全纯新的求知欲，满足他们要观看、要触摸、要制造、要活动的渴望。

另外，“动手做”要为儿童构建一种科学文化，从而更好地理解和掌握当今世界。儿童的现代生活中不可缺少的就是电视，然而电视给儿童提供的影像或信息虽然是斑斓绚丽的，但却是无序的、无联系的、不协调的。科学教育的意义就在于通过儿童接触具体事物，向儿童展示一个具有完整结构和规律有序的真实世界。

“动手做”在教学方法上，也有所创新。自夸美纽斯提出“教学论”以来，课堂教学虽然大大地提高了效率，但始终面临着班级整体与个别儿童的矛盾。因为每个儿童都有自己的个性，都有不同的学习特点，可以说一个儿童就是一个世界。尽管许多教育学家做过无数尝试，诸如“个别教学法”等，均未能实现既全面考虑班级教学又充分照顾个性发展的理想模式。“动手做”则允许把班级划分为若干小组，通过学习不同的专题，按照不同的进度进行学习。特别是“动手做”的学习过程，既是勤于动手，又是勤于动脑的过程，孩子们通过自己设计计划，寻找实验器具，研究学习方法，一边讨论，一边绘图，一边读书，可以避免枯燥学习常常出现的疲劳松懈或精神分散等问题。

为此，专家们提出了“动手做”的十项原则：

- 儿童观察真实世界中的事物或现象，这些事物或现象是贴近儿童并容易让儿童感受到和实验的。
- 在儿童探查的过程中，儿童进行论证和推理，共同讨论其思想和结论，形成自己的知识，仅有手工活动是不够的。
- 由教师向学生建议的活动，要形成一个序列，以促进学习的进步。这些序列活动属于课程的组成部分，但要给学生以充分的自主。
- 每周至少两个小时用于同一主题的活动，并要持续数周。在整个学校生活中，要保证活动和教学方法的连续性。
- 儿童人手一本实验手册，并以其自己的表述方式记载。
- 主要目标是学生逐步适应科学与操作技术的概念，同时奠定文字与口头表述的基础。
- 家庭和（或）社区支持班级活动。
- 当地大学和高校中的科学工作者要为班级活动尽其所能。
- 当地的大学教师培训学院要在教学经验和教学方法上为教师服务。
- 教师可以从互联网上获取教学的模块、活动的设想、问题的解答。教师也可以通过与同事、培训者和科学家的对话，参与合作工作。

二、让儿童在操作中理解科学

科学教育，特别是实验科学教育应当包含一定的实验。但是在法国的传统实验科学教育中的实验并不多见。过去，法国科学教育过分以数学为中心，过于公式化，过于教条化，而未能充分发展儿童的实验能力，未能发展具体操作的能力，未能发展探索和求知的精神。教育的重大作用是使人类几千年积累的知识浓缩起来，在较短的时间里传授给新一代。但是并不意味着完全放弃人类在创造知识的长期过程中所进行探索的方法。“动手做”就是要让儿童在自然和真实现象面前，感到惊异，尝试去做，反复去做，认真观察，大胆假设，小心求证。

法国科学家强调，科学不仅仅是定理和公式，科学活动还包括多种多样的形式：操作、提问、观察、表达、交流、分析、综合、想象、验证等。虽然科学的定理和公式对于孩子们来说是十分枯燥的，但是在实际操作中，我们可以发现孩子们对自然科学有着非凡的接受能力。例如，我们可以组织孩子们观看彩虹：彩虹什么时候出现？它是什么形状？它的颜色总是一样的吗？我们可以自己制造彩虹吗？如何解释这些现象？这些问题都可以很容易地在“动手做”的过程中得以解决。

“动手做”也不需要复杂而昂贵的设备。法国教师经常利用一些日常用品和废旧物资，来进行科学演示与实验。这些实验通常也不需要特别的技术，只要肯于动脑和动手就足够了。

为了理解火山是怎样爆发的，老师帮助孩子们做这样的实验：先在平底锅里放几勺草莓酱，再覆盖上一层厚厚的土豆泥，然后放在火上慢慢煮沸，火山就这样爆发了！如果把所有这些放到冰箱里冷冻，再把土豆泥切片，就会看到“火山”内部结构的剖面。

有一天，老师向同学们提出这样的问题：“如何长时间保存冰块？”学生们立刻提出种种设想：

——放在比较凉快的走廊里；

——放在窗台上；

——放在阴影里；

——放在冷水桶里；

——放在恒温箱里；

——放在报纸里。

老师又问："冰块放在哪里融化得最快？"

——电炉上；

——阳光下；

——热水中；

——毛衣里。

众说纷纭，老师建议大家动手实验。经过准备，孩子们开始记录实验结果。

一个把冰块放在冷水里来保存的孩子首先宣布结果：这不可能！

另一个孩子要求再来一次，因为他感到水不够凉，也不流动。老师当然答应了他的请求，可惜结果仍然是冰块很快消失。

而把冰块放在羊毛衫中的孩子，在实验开始时便有些后悔，他觉得自己肯定是最先失去冰块的人。但是一个上午过去了，他的冰块还基本完好！

有的孩子并不服气，他说，我们的实验不公平，我的冰块比他们的小。也有的孩子说，教室各处的温度不一样。

于是实验重新开始，大家选择同样大小的冰块，放在同一地点，并且同时开始。结果依然不变：放在水中的冰块融化得快，而放入毛衣中的冰块保存较好。

为了帮助孩子们弄清原因，老师又让每个人观察冰块在一杯热水中的变化。老师向他们解释了对流运动和热量交换的道理，冰块之所以在毛衣中不易融化，就是因为毛衣阻碍了热量交换。这样孩子就接触到了绝热的概念。

从这一简单实例，我们也可以这样认为：科学教育的目的是构建真理，科学教育应当使儿童面对真实，向真实发问，与真实接触。

但是，现实的东西不一定是真实的，甚至可能是虚幻的。科学教育使儿童接触自然和科技世界成为可能，科学教育可以让儿童与物质、自然和客观现象相碰撞，让儿童向其发问，对其探索，并在不断提问与探索的互动过程中形成逻辑思维能力，形成认识问题的能力。所以，首先要让儿童对客观事物进行积极的观察，引起他们的好奇心和求知欲；其次，要求儿童对观察到的事物进行初步的描绘，提出问题；最后对实验结果进行归纳推理，得出结论，获得对世界的客观认识。

例如，我们可以很容易地告诉学生，“水的沸点是100 ℃”。而学生往往会提出疑问，为什么不可能是200 ℃，或99 ℃，或101 ℃？教师就可以利用野营的机会，在篝火上架起一个盛满冷水的锅，并在水中插上一支温度计。学生会认真地观察温度计的变化。当温度计在100 ℃停止不动时，有的学生坚持说可以达到200 ℃，只是火力不够。然而经过不断添柴，温度计依然不变。学生又说，可能温度计坏了，换了几次温度计之后，温度计总是在99 ℃～101 ℃之间。老师会告诉学生，水的沸点就是100 ℃，只是我们的温度计还不够精密，所以有时会有误差。这样就会让学生对科学的定论不仅信服，而且也获得了深刻的记忆。

当然，科学教育，或者说“动手做”，都不能等同于游戏。一个法国儿童这样说过，学习科学，就像做游戏，但却是一种很难做的游戏。对于一个只有战胜困难才能获胜的游戏，需要全神贯注和集中精力。在“动手做”的过程中，儿童会逐渐地提出这样的问题：为什么植物要这样生长？它们也吃东西吗？怎么吃呢？植物与动物有什么不同？动物与人类有什么不同？

回答这些问题并非轻而易举。提出问题之后，往往需要再观察，在观察中提问，在提问中观察。有时观察不到任何东西，有时观察到的是似是而非的东西，有时观察到的东西稍纵即逝，有时为记录观察的东西而顾此失彼。在这里，教师发挥着极其重要的作用，他引导着儿童在正确的道路上探索。教师的提示可能是简洁的：看一看下面有什么变化？你看这是什么？你想会怎么样？教师也可以对儿童进行指导：再看一看，再做一次。例如，引导儿童观察物体在水上的漂浮：球状的橡皮泥下沉，扁平的就漂浮；塑料的物体，无论什么形状都很难完全沉入水中。正是通过教师的正确引导，儿童逐步学会观察，并学会正确的观察，学会提出问题，学会寻找答案。惊异、发问、探索、实验、归纳、推理、重复、证明等，这就是科学实践的过程，这也是科学教育应当经历的过程。只有经过这样适当的过程，学生才可能真正掌握科学的知识，掌握科学的方法，获得科学的能力。

三、让儿童在学习科学的过程中学会做人

从某种意义上说，探索真理的道路并无止境，科学的结论还在于不断深化。教师有责任让学生对科学结论有更加清醒的认识：水的沸点会随着纬度的变化（即气压的变化）和随着水的纯度等因素的变化而变化。人们可以对真实的科学表述进行完善，使之“更加真实”。科学就是这样通过越来越高级的工具，用更加精确的观点来明确和完善各种定律。

另外，谁也不能专横地宣称自己的结论“就是科学”。科学史上的反常现象并不鲜见，任何断言都可能导致独断，都可能阻碍科学的进步。科学教育正是通过一些微不足道的观察和实验给儿童以启发：即使真理不容置疑地独立于我们而存在，它也是一点一滴地建立起来的。真正的科学教育总会潜移默化地告诉人们，要以批评的精神对待现成的理论，更要以创新的精神构建新的科学。

儿童作为未来的公民，应当学会在民主氛围中生活。“动手做”可以让孩子在认识客观世界的同时，了解到自己也属于世界的一部分，从而学会处理与他人的关系。所以说，学习科学的过程，也是孩子学会民主生活的过程。要让孩子有参与辩论的意识，让他在与别人的观点交锋中形成自己的观点，学习别人的长处，学会尊重他人的意见，学会辨别哪些东西要受到客观现实的限制，哪些东西符合伦理规范。只有当人们觉得自己的观点被倾听、被注意、被重视，才会树立战胜任何困难的信心。

每个人都应学会辩论，摆事实、数据，使自己的论据处于有利地位，以理服人。每个人也应聆听他人的意见，在吸纳别人观点的同时，重新梳理、修正自己的观点，要正视现实，而不要弄虚作假，要争取与别人达成共识。

也许，“动手做”并不能使人感到新鲜，而“做中学”“实践出真知”“在游泳中学会游泳”则是众所周知的道理。然而，分水岭也许就在这“做”与“不做”之间，难能可贵的就在于做，特别是法国科学家，而且是顶级的科学家在做这样的事。

第四节 告诉学生《初中学什么》

初中学什么？恐怕是所有进入初中的法国学生及其家长普遍的疑问。首先，刚刚从小学出来的少年，已经熟悉单一教师授课的模式，而初中不同学科教师的不同面孔和诸多的学科一下子使他们感到茫然。其次，法国中小学课程历来由国家制定，学校、学生和家长都无任何选择的权利。最后，课程内容也不透明，公众无从知晓。

尽管自20世纪末开始的中小学课程改革采取了比较民主的方式，增加了透明度，但课程内容及其标准并未能让学生和家长清楚了解。为教师提供的课程指南，非专业人员往往难以理解，而教师由于课时繁忙也对课程的整体设置缺乏思考，许多人感觉是“在课程后面奔跑”。

为了使初中学生及早了解整个初中将要学习的全部课程，也帮助家长有的放矢的给予学生必要的指导，法国教育部全国课程委员会为适应新的课程改革需要，组织专家编写并出版了《初中学什么》一书，作为初中生学习的指导手册，受到广大初中学生和家长的普遍赞誉。

《初中学什么》一书并不是课程大纲及其标准的翻版，而是从社会文化的大背景中，循循善诱地向学生展示课程的基本内涵和应当把握的要点。

首先，进入学生视野的是“共同基础课”的概念。法国自1975年单一初中改革以来，初中学生的录取和编班便采取单一的随机方式，小学学习期间学生之间已经产生的学习能力和心理发展等方面差异可能在初中阶段进一步扩大。严峻的事实是，5%～10%的初中一年级学生未能获得读、写、算等基本能力。他们在四年之后要同所有初中毕业生接受更为严峻的考验，或者继续接受普通教育，为将来升入大学做准备；或者选择技术教育，并且在经过短期高等技术教育之后进入职业领域；或者被分流到职业教育，基本的出路是做技术工人。但无论如何，都要达到共同基础课程的基本要求。

曾经有专家认为，要保证学生掌握基础能力的“底板”或“核心”。但如何确定这种核心能力至今还是个难题，况且谁能保证今天所必需的能力在未来10年或15年仍然有效。因此，基础能力不能通过课程硬性规定，不能要求学生掌握课程规定的所有知识和能力。犹如读书，任何人都不可能记住所有语句，留在记忆中的经常是那些激动人心的场景和故事的基本情节以及个别名言警句。类似这些场景或名言，初中课程中一些基本的东西可能就是学生必须掌握的基本知识和基本能力。但是必须经过初中阶段课程学习的完整过程，才有可能实现这种基本知识的沉淀和浓缩。所以，过程也是重要的，没有过程便没有结果。

当然，共同基础课程并非虚无缥缈的海市蜃楼，它是通过学科组体现出来的。在法国中等教育圈子里，常听说“横向协调”的词语，意思是在同一学年的教学中要保持各个学科必要的平衡与协调。但实际上，每个学科教师经常是忽视自身学科以外的学科，或者强调自身学科的重要性。这样就只能由学生自己来对所学的学科进行“协调”。

法国最近的初中课程改革采取了保证各学科协调发展的新思路，将基本学科划分为三组：语言掌握、人文文化和科技文化。

第一学科组，即语言掌握的目标是获得（法语、外语、数学和信息与交流技术、艺术、体育等）基础语言的工具性能力，这些能力是所有学生实现真正独自表达所必需的。其中法语是最重要的，所有学生在初中毕业时要能够阅读不同类型的文章，能够清楚和正确地以各种方式进行口头和书面表达，如文章概要、事件叙述、观点评述、公文起草、主题辩论等。同时，掌握数学语言也是一种基本能力，每个学生要学会构建逻辑演绎、数据假设和因果推理。当然，仅仅掌握法语和数学语言还是不够的，今后不懂外语和计算机应用则近乎残疾。法国要求初中生在毕业时能够用两种外语交流，能够使用计算机和基本视听设备。此外，艺术语言也是学生身心发展所必不可少的，初中学生要学习造型艺术和音乐。

所谓“人文文化”，已不是16世纪以来传统教育所推崇的拉丁文化和希腊文化。在今天人文科学的诸多学科的发展中，人文文化课程要求初中学生知晓人类历史上的重大事件，阅读法国和世界文学中的精品著作，了解外国文明与文化，知道科学、技术和艺术的历史演进过程。因为对过去的无知，几乎无缘把握未来的自由。与人文文化相关的学科有法语、历史和地理、外语、艺术教育和古典语言。除了一些总的要求，人文文化课还要求了解人类社会生活的重要特征，如：不同的政治组织形式，社会与经济组织形式，社会与政治冲突，生活方式的演进，重大理论思潮和宗教，外国文明的多样性，科学与技术进步的重要阶段，等等。

科技文化学科组涉及生命与地球科学、物理与化学、技术。当然也包括数学，因为数学是逻辑推理和测量的工具，也是建立科学理论和技术规范的基础手段。科技文化课的基本任务是帮助学生构建世界的客观视野，熟悉科学和技术实验的步骤，使他们清楚地认识自然和技术，远离神秘与魔幻。科技文化课的主要目标是：

- 尽可能回答初中学生经常提到的问题：宇宙、地球、生命和人类的起源，人体的构造与机能，周围环境中客观事物的构造与功能；
- 发现整个世界中知识的关键点：不同的单元（原子、细胞、成分），不同方式的力，进化；
- 学会区分肯定与疑问、事实与假设，学会判断及掌握某些知识（如知道地球是椭圆形的，大陆在漂移，人类是由猿演变的，并有200万年的历史）；
- 熟悉科学实验步骤，学会观察，学会归纳，学会严格表述。

书中特别提到，通过自己的探求而获得的认识世界的喜悦有时可以同获得法律公正的兴奋相媲美。而科技文化课程所带来的这种喜悦，绝无实用目的和商业气息，因此更显得可贵。

如果说初中仅仅在于掌握共同的基础知识和能力，就可能抹杀每个学生的个性，这与现代教育理念是相悖的。所以，法国初中课程的一个重要目的是发展每个学生的能力、兴趣及其特长。随后，《初中学什么》向学生展示了在初中学习中发展个性的广泛空间。

自20世纪60年代以来，法国学校就为学生开设了称之为“自由活动”的选修课，许多教育专家和教师参与设计教育创新计划，总结了教学多样化成功的三项基本条件：

- 将选修课清楚设置于课程之内，不能成为一种额外的负担，更不能无效地使用时间；
- 鼓励教师结成工作组，使各科教学在学生眼里成为一体并有利于教学创新实践；

• 对学生成绩进行评估。

从2002年开学起，课程改革允许在中间阶段即初中二年级和三年级开设“发现之旅”课，之后，在初中四年级可以在共同课之外选择其他教学课。

“发现之旅”课的课时量为每周2小时，学生可以在跨学科的学习中单独活动或分组活动。在教师的帮助下，学生至少要在以下4个领域中选择两门“发现之旅”课：自然与人体发现、艺术与人文发现、语言与文明发现、科学与技术入门。这些主题的发现课并不是封闭的，可以随意同相关主题连接，如艺术可以连接技术，历史可以连接科学。

初中四年级学生可以有15%的课时量自由选择以下类型的课程：

——古代语言与文化；

——世界语言与文化；

——艺术；

——实验科学；

——技术；

——职业发现。

这些课程，与其说是课程不如说是学习，而且是创造性学习。例如，以艺术和文化为主题的班级，按照一年的计划，可以创建合唱班，可以考察某一文物，可以研究某段历史，可以讨论某一文学或艺术作品，可以排演小型电影或戏剧，还可以在教师协助下邀请艺术家座谈。

总之，“发现之旅”等选修课程不仅丰富了初中学生的学校生活，满足了学生的求知欲望和较大地适应了不同学生的不同特点，而且这些选修课也是基本学科的延伸和拓展，并未偏离学校教育的基本方向。

最后，《初中学什么》还告诉学生注意培养自己的价值观。

毋庸讳言，学校的使命不仅仅是传授知识，还要保证社会共同的道德价值观念的传递。对于法国学校来说，其“使命是使学生成为变化与开放的，同时又是团结友爱的社会中的活动者，他们在社会生活中懂得尊重权利与义务”。进一步来说，法国学校的核心任务是传授共和国的基本价值观，如承认人类的尊严、尊重独立人格、宽容及舆论自由、平等、团结等。

公民教育应当避免这样两种倾向，一是道德说教，容易引起学生的反感或造成学生道德的扭曲；二是法律讲座，初中学生对于抽象的法律条文还难以理解，因而得不到实效。

需要指出的是，当前法国初中公民教育课程突出强调了权威，强调对教师的权威和对学校文化的尊重，强调学生的责任，要求学生有责任完成学业，努力和认真。由于以前过分突出了以学生为中心的主张和个性发展，导致近些年法国学校纪律松弛，特别是校园暴力频频发生，引起社会和政府的担忧。也许，作为学校，总要有一点“师道尊严”。

为了使学生和家长充分了解课程的全貌，此书在附录中比较详细地介绍了各个学科的基本标准和要求，同时还叙述了法国初中的简单沿革情况和课程制定的基本程序。法国教育部部长雅克·朗为此书作了序。

这样类型的指导书在法国还是首次出版，可以相信，对法国初中学生的学习会大有裨益的。

第五节　探讨高中应当教授的知识

自 1975 年法国实行单一初中以来，高中便是学科与专业分流的基础阶段。高中划分为普通高中、技术高中和职业高中。普通高中和技术高中为学制三年的长期教育，通过高中毕业会考并获得此文凭。便可进入高等学校。而职业高中属于短期教育，学制为两年，通常的出路只有就业，做普通技术工人。1985 年设立了职业高中会考文凭，在原职业高中的基础上再增加两年学制，进行某一职业的较高级别的职业培训，此文凭的建立提高了毕业生就业的机遇，也使一些学生能够进入高等教育。

但是，法国社会在传统上对职业技术教育的轻视，使职业教育发展举步维艰。职业高中的学生往往是因学习成绩不佳，而做出迫不得已的选择。教育统计数据经常显示出，职业高中学生中普通工人、农民的子女占较大比例。一些学业失败的学生因此自暴自弃，频频在校引发暴力事件。许多政治家和社会学家也不断抨击这一社会不平等现象。

1997 年，法国左派政党又一次执政，新政府的政策更加着眼于缓和社会矛盾，在教育方面也更加注重教育平等，如采取加强公民教育，扩大教育优先区等措施。特别是在21世纪，知识竞争更为严峻，法国看到能否保持世界强国的地位，决定于国民的文化素质水平和民族凝聚力。因此法国积极酝酿了一系列的教育改革，而高中课程改革正是这一整体改革的前奏。

1997年12月底，法国国民教育部部长阿莱格尔和负责学校教育的部长级代表鲁瓦雅共同宣布进行一次主题为“高中应当教授哪些知识”的大型咨询调查。

调查首先涉及这样一个问题：“高中能否使18岁青年实现‘明确的公民资格’?”就是说，具备合乎社会规范的道德准则，和适应社会需求的知识能力以及相应的职业技能。教育部部长们认为，应当超越机械堆积而无密切协调的教育体系，要把教育融于必要的文化范畴之中，构建人性与职业性的完全一致。鲁瓦雅强调，讨论的要点是，“知识的变革如何适应社会的变革”。

教育部专门组织两套班子，实施这项调查，并对调查结果进行分析思考。一是组织委员会，由里昂大学教授梅里厄主持，负责高中课程实际状况的调查和指导各学区的研讨会；二是科学委员会，由社会学家莫兰主持，成员由科学与艺术界的40余位专家构成，负责召集各类专题研讨会。

为了充分了解广大高中学生和教师的意见，教育部向国内所有普通高中、技术高中和职业高中，甚至外国的一些高中印发了近300万份问卷，要求高中生在1998年1月28日前回复。这份问卷由15个问题构成，如“你最愿意学习的是什么？哪些课程你认为无用？你所学习的哪些课程对将来有哪些用处?”整个问卷需1~1.5小时可以完成。同时，还向高中教师寄发了40万份问卷，向学校提供了4500份思考提纲。

在问卷调查的基础上，法国各大学区于1998年1—3月组织了一系列研讨会，专门研究高中课程改革问题。

1998年4月28日-29日，教育部在里昂举行了以“高中应当教授哪些知识”为主题的全国研讨会。各学区的教育管理人员、高中校长和教师、学生和家长、督导人员、各有关工会和协会、地方政府和企业界人士1000余人参加了研讨会。会上，组织委员会主席梅里教授提交了一份长达25页的综合报告，提出了关于高中课程改革的49条建议。

这一最终报告经修改后，于5月11日正式上报教育部。

这次高中课程改革的基本内容，体现在组织委员会的综合报告上。该报告由13个主题构成，包含了关于高中课程改革的49条建议。现将13个主题的内容综述如下：

1. 高中在学校教育中的地位与职能

由于咨询问卷中，教师、学生与家长对高中的期望表现了极大的差异，报告首先对高中的使命进行了反思。报告认为“高中是共和国的机构。其地位和功能不能仅仅以直接环境需求或商品社会的要求为准则”。“高中应当培养学生成为积极和团结的公民。”为此目的，高中要组织各种活动：教学、集体生活、外部交流、师生联系、管理与服务。这些活动的宗旨是有利于知识的传授，高中要培养学生对知识真诚和追求真理的基本态度。

报告对高中机构也做出新的构想，未来的高中应当是单一的，但设普通、技术和职业等不同系列。“特别是要提高职业教育的地位，使其与普通和技术教育具有同等的价值，这是教育政策的绝对优先点。”

报告指出，“高中在教育系统中具有承前启后的地位。之前的义务教育服从于单一化的逻辑；之后的高等教育服从于专业化的逻辑。高中在逐渐分化前景中参与青年的知识与社会培训。为此，高中兼顾两个结构性部分的特点：一方面是所有学生都要接受的‘共同文化’；另一方面是普通教育、技术教育和职业教育中的培训课程”。

2. 高中课程组织原则

报告认为，“课程大纲不能与程序化混为一谈。全国性的课程大纲仅是少量的指示，但可以构成共同文化的参考”。“课程大纲指出了学生知识形成所必不可少的概念、题材、时期、作者等，但从未包含必须学习和限定的著作。课程的确定必须适应双重需要：所有教师能够以类似方式理解；同时激发教师自由和创造性地阐述和发挥。课程辅助教学资料和补充方法也应循此要求。”

3. 共同文化

关于教学内容，报告提出一个新的概念——“共同文化”。共同文化的内涵，将由国家课程委员会根据高中毕业目标，为全国各类高中学生拟定。它将包括认识世界与履行公民义务的基础知识及参与社会生活所必需的技能。它应包括各个领域：文学、人文科学、艺术、科技、外语、体育。它体现于高中所授的所有学科，同时又意味着把学生未来学习与职业生活所必需的技能，与相应的文化知识联系起来。共同文化构成一个统一的参照系，它有利于增强社会凝聚力和制止社会排斥。

报告原则规定了各学科的基本范畴：

法语：书面表达、口语表达、文学史、法文与外文著作学习等。

历史与地理：按年代与地理分布展示全部文明，重点学习现代史。

公民与法律及政治教育：法律史、政治制度、共和国体制、劳动法、公共辩论中数字信息的应用、社会重大问题、口语辩论。

体育：体质训练、个人身体保护。

艺术表达：戏剧、舞蹈、电影、体操、音乐等（任选至少两种）。

以上学科在各学习系列和所有年级中实施。

此外，所有高中都要传授基础科学文化，这是掌握当代世界变化的关键。在所有高中的毕业年级中，都要开设哲学思考课，帮助青年探讨“人类生存条件”的普遍问题，掌握社会融合的真正工具。

所有高中学生还要掌握计算机的基本功能，如文字处理、绘制图表、网络操作等。

当然，科学与技术和外语也是所有学生必须学习的。

报告认为，因材施教是共同文化的基础，但是不同方法的实施不能背离共同文化。

4. 高中结构

报告对高中的学制系统重新确定如下：

普通和技术高中的一年级为定向年级。此学年不划分学习系列，课程包含共同文化中规定的课程和外语、数学、物理、化学、生命与地球科学等。自二年级始，才可以根据不同学习系列增加或减少相关课程。此外，学生应当系统接触一些新学科，如经济与社会科学、工业和第三产业技术科学。经济与社会科学课的目的是使所有学生了解当代世界经济与社会的组织原则及其关键环节。工业和第三产业技术科学要使学生学习应用先进的信息技术。

职业高中的一年级，即“职业学习证书”课程的第一年，为定向年级。学生在学习共同文化的同时，了解当代经济活动大领域中的职业特点。职业学习需利用足够的专门时间，以防止知识的支离破碎。这一年的学习应使每个学生理智地选择学习方向，避免过早或错误地确定专业。

尽管学生的专业定向趋于理性化，但各学习系列的沟通也是十分必要的。因此，需要在一些学习系列之间开设若干“过渡班”：

职业高中一年级之后，向普通和技术高中过渡；

获得职业学习证书之后，向普通和技术高中二年级过渡；

普通和技术高中一年级之后，向职业学习证书过渡。

5. 学生在校辅导

报告认为，“学生在获取知识方面的平等，依赖于每个学生在校占有一定的时间、地点和资料等良好条件，进行个人学习。在一定范围内，班级中的个人学习和进行具体的练习是社会公正的保证”。“对于社会存在的不平等，学校应当予以校正：各种名目繁多的家庭补习，大量发展的‘学校辅导’私人市场，可以在一定程度上弥补学校的不足。但是学校自己应当免费地和公正地组织这种系统。使每个有特殊困难的学生，都能求助于授课教师以外的教师。”另外，“还应当鼓励学生之间的互助”。

6. 学科之间的关系

报告指出，“学科之间的协调是必要的。学科协调工作涉及从全国课程委员会到学校中的班级委员会等学校机构的各个层次。学科协调包括使用的词汇、方法、练习的性质、学生作业，乃至教学内容本身。要使学生更好领会每个学科特性及其互补性，促进学科之间的和谐”。

7. 高中及其经济与文化环境

报告认为，“高中是处于经济、社会和文化环境中的教学场所，但并不屈从于环境。相反，对于学生的培训来说，高中在这一环境中可以成为一个致富的因素。这就是‘资源场所’的作用”。

“高中与工业和第三产业企业在比邻中相互致富。在与企业联系中，高中可以获得技术革新和行业变革的信息；对于企业，高中可以成为培训和技术革新方面的资源中心。”报告要求职业高中安排真正意义的企业实习。学校与企业通过建立协议组织实习，协议须明确规定：实习的目标，对学生要求完成的任务，教师与企业培训人员的合作方式，学习评估程序等。而技术和普通高中应当安排学生到企业参观，了解现代工业的发展水平。

8. 职业高中的职能与变革

报告在前面7个主题的论述中谈到职业高中之后，在此又对职业高中的职能专门强调，“职业高中完全是职业活动和就业的预备场所，包含着学历培训和继续培训，它是各类职业及其文化的储备处。它也是具备各种职业能力、经验和文化的人们相互接触和交流的地方”。

“职业高中可以使学生获得所有高中学生应掌握的共同文化，获得所选职业的实际能力。学生的专业方向在学习过程中逐步确定。职业高中也可以为成人获得新的职业能力。”

“由于共同文化的教学要求，职业高中与普通和技术高中不可分离。因此，职业高中要逐渐融入学校城之中，在那里同时开设普通教育、技术教育和职业教育课程。但是这个学校城不能超过1500名学生。”

9. 评估方式

报告重申，“最公正的考试方法是全国匿名考试的高中毕业会考。这一考试文凭是大学最初学历”。

“对学生的评估，涉及学生的全部素质和能力：严肃、认真、勤奋、有效时间管理、创造意识、参与学校生活等。学校手册记载有关资料。对于理科以及口语表达，评估要考虑实际操作能力。随着评估方式的变革，希望并可能实现评估趋向教学过程中的考核，如目前已在体育和职业课中实行的方法。”

报告拟建立一项跨学科的综合开卷考试，考试题目可以是涉及文化艺术，或是社会问题，或是科学技术问题。此项考试作为高中毕业会考的预考，在高中二年级结束时进行。考生须提交20页左右的打字答卷，进行公开答辩，答辩评审委员会至少由两人构成。设立这一考试的目的主要是培养学生公共讲演和表达的能力，培训学生独立思考和首创精神。同时，也有利于逐步缩减高中毕业会考的内容。

10. 学生

自1992年以来，普通高中每周有29.5个至31.5个课时，课时以外便由学生自由支配。为了保证每个学生都能获得较好的学习条件，从而实现社会的公平。报告要求学生每周在校必修的学习时间固定为35个小时。在这35个小时中，学生可以得到所有必要的辅导。同时鼓励学生在35个小时之外阅读与各学科相关的书籍。“阅读是高中教育的优先点。”

报告规定，普通高中的授课时间为26小时（不含选修课）至28小时（含选修课），技术和职业高中的授课时间为28小时（不含选修课）至30小时（含选修课），其中包括一定时间的实践课。

在学生必须参加的35小时之外，学校应当组织3—9小时非必须参加的课时，用于开展以下活动：

教师辅导下的作业与练习，

准备二年级末综合考试，

完成学习计划，

接受专门辅导，

在资料中心自习，

在计算机室学习，

小组活动，

与教学有关的参观访问。

学生参加社会文化和体育活动，应当受到鼓励。

11．教师

报告对教师的工作量也做了规定：

每周15个小时授课，共33周，即每年495个小时，

每周4个小时辅导学生，共33周，即每年132个小时，

参加考试工作。

另外教师每年可享有35个小时的继续培训。

12．学校机构

为了全面完成学校教学任务，报告认为学校组织的方式应以利于其运行为原则，而不是等级制。在校长及其领导小组的协调下，教师对其教学任务负责，并构成教学小组。学校除设立管理委员会之外，应增设学生生活委员会。

13．结论

报告最后指出，随着新型高中的建立，有必要对管理人员进行系统

培训，有必要重新制订学校规划图。但是学校规划图的制订，不应仅仅适合于市场规律，而应服从于领土整治的全面政策和社会公正的原则。

教育部部长级代表鲁瓦雅女士在里昂举办的全国研讨会上的开幕词中阐明了这次高中课程改革的意义。她说，“知识的问题并不是简单的技术问题，通过教学内容，要培养明天社会上我们所需要的人”。“但是今天有太多的青年在进入成人社会时尚未掌握必要的知识。学生不是不愿上学，而是希望有更加完善的学校；不是需要灌满知识的脑袋，而是需要思维敏捷的头脑。要避免任何形式的排斥，共和国的学校是所有人的事业。学校的民主、让所有人掌握知识是政府的优先政策。”

教育部部长阿莱格尔对研讨会作总结发言，他对于这次大型咨询和研讨的成绩表示肯定，并重申这一方式的重要性，明年还将利用这一方式进行初中课程改革的研究。他说，“我认真地听取了你们的意见，这些意见不会没有回答，不会没有结果，今天我在你们面前庄严承诺”。

阿莱格尔指出，高中处于“十字路口，是要做出明确抉择的决定性的教育阶段”。教育系统中的这个关键环节，应当具有“共同的主干、诸多的通道和同等地位的学科系列”等特点。

在谈到法国职业高中的问题时，教育部部长说不要妄自菲薄，一些国家对此也有好的评价，我们需要重新认识我们职业教育的水平，“应当使职业高中向普通高中和技术高中靠近”。

对“共同文化”的内涵，阿莱格尔肯定所有学生必须掌握的基本学科的重要意义的同时，明确强调“紧迫的是要对科学教育进行思考。科学也是文化的组成部分”。他说，“一些非常现代的概念应当尽早讲授。数学的一个基本思想是，一个问题可以有多种解决办法，而不是唯一完美的解决办法。这种思想应当尽早教给学生，否则容易使思想僵化，或形成简单推理的思维”。

在谈到教学内容时，他还指出，“学生是过于繁重课程的受害者，特别是那些处境不利家庭的学生”，因此应当减少课程负担和课时数量。他认为，“面对知识的剧增，将知识堆积并不断增加课程和学习年限的办法已行不通了”，而需要对知识整体重新思考和筛选。他宣称“未来的大纲将有较少的约束性，这是我从现在起向全国课程委员会提出的一个指示”。

教育部部长十分重视教师的作用，他说："在21世纪的世界中，知识将是基本产品，工业或文化产品将是世界竞争的关键，为什么学校及其教师不是未来的关键?"他向教师们表示，"我要赋予你们在社会中的中心地位，这是我在你们面前的庄严承诺"。

这次改革建议，最广泛地调动了高中生的积极性。在发出的300万份问卷中，回收了1 812 109份，78%的高中学生和52%的教师回答了问卷。高中师生的参与热情出人意料。特别是百余名高中学生应邀参加了里昂的全国研讨会，他们不时地对新的改革建议报以掌声，反映了学生要求教育民主、要求改善教学的心声。

与年轻人的热情相反，一些学者也对改革建议提出疑问，如果使教学内容趋于一致，如何面对学生的差异、地区的差异、社会的差异。

法国这次以"高中应当教授哪些知识"为主题的高中课程改革核心是课程，但实际上涉及高中教育的各个方面。从高中的职能到高中的机构，从教学内容到教学方法，从内部管理到与社会联系，几乎无所不包。从报告本身看，长达28页，包含83 700个字符，虽然面面俱到，但理想主义的原则较多，措施并不具体，更难以落实。正是由于这些原因，法国政府未能也不可能全部采纳改革建议，只是吸取了其中合理并可实行的内容，于1999年由教育部公布了未来21世纪的普通和技术高中课程大纲。

第六节　面向2010年的新高中

2009年1月，由巴黎政治学院院长里夏尔·德库安（Richard Descoings）受命组建高中改革小组，负责提出高中改革建议，新一轮的高中改革正式启动。2009年11月19日，法国教育部公布了题为"面向2010年的新高中"的改革方案，目的是构建使每个高中生成功的成功高中。

一、改革大体由三个阶段构成

1. 第一阶段：咨询，1—5月

德库安认为，由上面强加的改革看起来容易执行，但这一方法很快就显露出来其局限性，因为缺少对话，缺少倾听，缺少考虑高中师生的实践检验。因此他主张开展教育共同体所有活动者之间的交流与商讨。

高中改革小组奔赴 76 个省（法国有 96 个省）的 80 所高中，会见高中生、高中教师、校长和学生家长并与他们展开对话。每次讨论会持续 2—3 小时，参加人数为 50—200 人，总共约 6300 人参加讨论。高中改革小组还开辟了专门的网站，供大家发表意见与建议。

与此同时，各学区总长（地区教育主管）召开本学区高中的咨询会，1300 所高中参加了此类咨询会。一些与高中相关的团体和工会也表达了改革建议。

2. 第二阶段：草案，6—10 月

6 月 2 日，德库安发表《关于高中改革的倡议》，主要内容是对整个咨询意见的归纳和整理。

（1）关于高中目标

人们对于高中的目标具有普遍的共识，这就是：传授知识、构建公民身份和职业准备三个目标。但是对于传授哪些知识、以何种方式传授知识、需要占用多少时间，人们的意见并不一致。对于通过何种途径获得公民身份，是通过知识与文化，还是通过职业准备，或者通过高中生的自身承诺，人们也莫衷一是。而对于职业准备，一些普通学校教师则表示困惑，他们认为普通教育学科本应是无利益的，并不直接关系到职业。

（2）关于专业定向

人们普遍感到，高中各个专业系列比较封闭，很少考虑学生的个人兴趣与发展潜力。一旦选错专业，更改十分困难。高中一年级应是确定专业之年，两种选修课将起决定作用。国家课程大纲列出的选修课有 17 门，但可供选择的课程并不总能提供。97% 的高中生选择了第二外语，另一门课将在另外 16 门课程中选出。看起来选择余地很大，实际上 60% 的学生选择了经济与社会科学，30% 选择了物理与信息测量，因为这些课程实际是初中教学内容的延续，而选择一门全新的课程则风险较大。

法国高中一年级的留级率高达 13.3%，部分原因是这些留级的学生听从了班级委员会的建议，另一部分原因是他们不接受班级委员会关于技术专业定向的建议。因为大家都知道普通类专业与技术类专业在社会地位上并不等值，一旦二年级选择了技术类专业，三年级就可能继续下滑到职业类专业，而学习职业类专业在社会上经常被认为是学业失败。

（3）关于学科平衡

自1992年法国普通高中与技术高中合并设置并重新划分专业系列之后，理科系列几乎替代了原来C系列的地位，被认为是通用性最强的系列，也是好学生选择集中的系列，因此它吸纳了一半的普通高中生。

与此相反，文科系列被认为是接收不具备理科系列和经济与社会系列学习素质的学生的系列，其出路明显较差。不可思议的是，在文科系列学习的学生中，80%为女生。

许多高中一年级的学生努力争取进入理科系列，并非热爱科学，而是迫于家长、老师和社会的压力，求得更好的学习能力认可。因为无论是文科的大学校预备班，还是大学的各个学科，所看中的都是高中理科系列的毕业生。

（4）关于教学方法

有的高中生说，老师总是鼓励我们练习口语，但考试只有笔试。也有的高中生说，没有任何课程教我们学会表达，学习辩论艺术，学会倾听与反驳相反观点，学会引经据典。还有的高中生抱怨，要求我们到社会中实践和求职，但是我们缺乏撰写简历和申请信的常识。

有的高中生建议，在高中一年级开始，就应开设如何做笔记，如何安排作息时间，如何集中精力等学习方法。有的高中生表示，个人指导课和计划教学法有利于学生独立能力的增强。有的高中生希望，考试应当更加注重能力，学生也应参与成绩评估。

德库安在最后的结论中提出了三种可供选择的方案：

第一，最简单、最轻松的是保持现状，逐渐提高与平衡各学区、各省和各高中的公共支出。

第二，针对高中的专业定向、改善技术专业形象和调整工业技术系列等紧迫问题实施改革。

第三，在第二方案的基础上，开展广泛协商，进行真正深刻的改革。

德库安的倡议书公布之后，教育部召开一系列讨论会，同各团体和工会商讨改革建议，教育部部长从当年10月中旬开始到全法高中走访，征求对改革的不同看法。

3. 第三阶段：决策，11—12 月

2009 年 10 月 13 日，法国总统尼古拉·萨科齐发表讲话，表示对高中改革的支持。11 月 19 日，法国教育部公布了题为“面向 2010 年的新高中”的改革方案。12 月 10 日，教育部部长吕克·沙泰尔（Luc Chatel）在教育高级委员会的讲话中强调，其改革决定不是办公室的秘密决策，而是采纳了各方的意见，目的是构建使每个高中生成功的成功高中。

二、改革的目标

法国高中的这次改革可以归结为三个目标：更好定向、更好辅导、学好外语。

1. 更好定向

在法国中学阶段，学业与职业的指导被称为“定向”（orientation）。初中毕业之后，学生必须在普通教育、技术教育或职业教育之间进行选择。

进入普通高中的学生，在一年级不分专业，只设共同课。从高中二年级开始，学生必须在文学、经济与社会科学、理科分科系列中定向分流。每一分科均对应同一系列的高中毕业会考。

高中一年级为定向阶段。原则上，高中一年级学生要在当年的学习过程中确定自己的专业方向，最迟要在学年结束时做出决定 。

本次改革赋予学生一种“错选权”，允许高中二年级学生重新定向，使高中的定向成为渐进的、可回复的。为了方便高中二年级学生于学年间或学年末在不同专业之间的重新定向，新课表加大了共同课的比重。

2. 更好辅导

个别辅导，被认为有利于学生获得学业成功和独立自主。因此，本次高中改革提出，从一年级至三年级，实施每周 2 小时的个别辅导。

个别辅导针对的是学习困难的学生。实际上，1999 年法国高中课程改革时就已提出个别辅导的措施。法国专家认为，学生在获取知识方面的平等，依赖于每个学生在校占有一定的时间、地点和资料等良好条件，并进行个人学习。在一定范围内，班级中的个人学习和进行具体的练习是社会公正的保证。家庭补习固然可以在一定程度上弥补学校的不足，但在法国，学习辅导的私人市场并不大。法国政府坚持，对于社会存在的不平等，学校应当予以校正，学校应当免费且公正地组织这种辅导，使每个有特殊困难的学生，都能获得教师的帮助。

但是，1999 年以来实施的个别辅导课并不理想，一些个别辅导课不是为了辅导学习困难的学生，而是帮助一些学习不错的学生向理科系列过渡，甚至不是帮助某些学生而是惩罚他们。

这次改革要修正以前的偏差，并加大个别辅导的范围，从一年级推广至二、三年级。

3．学好外语

本次改革的另一亮点是强调建立有利于外语学习的高中。

改革方案称，这是改革最具雄心的方面之一，“在学业上，每个学生都应当掌握至少两门外语，文学系列应当成为面向国际的优秀学习系列”。外语学习，恐怕是法国高中教育的一个软肋。直至今天，许多法国人可能还沉浸在法语曾经的辉煌之中，他们不屑于法语以外的其他语言，甚至不愿承认法语的日见衰落。在前几年的一次基础教育改革中，法案文本首次明文倡导学习英语，但并不是简单地称呼其为英语，而是定义为“国际交流的英语”。然而，这种掩耳盗铃的方式还是不能被法国议员们接受，法律的最终表述是“至少会运用一门外语”。对于法国高中生，学会两门外语也许并不难，难的是改变心态，无论是英语，还是其他语言都能乐于接受，这才是法国学生真正走向国际的第一步。

根据改革实施日程表，2010 年 9 月将实施高中一年级改革，2011 年 9 月将实施高中二年级改革，2012 年 9 月将实施高中三年级改革。

另外，这次改革方案肯定并坚持实施 1999 年高中课程改革的一种创新——“个别指导课”。这种个别指导课，直译为“有指导的个人作业”，目的在于给学生真正的个人学习时间和空间，通过在全国性的选题目录中选择一个主题，如文学艺术与政治、传统与创新、中断与继续等，开展个人或小组的活动，完成一件研究性的作品。这个作品可以有多种形式，如：模型、诗歌、辩论、文件、科学实验、录像、网页等。不同学科的教师在尊重学生自主学习的前提下，给学生以指导和帮助。最后，教师对学生其产品的陈述作最终评估。开展有指导的个人作业，有助于学生在主动的学习与探究活动中激发好奇心、求知欲，培养批判精神，也可以调动所学习的各学科知识，打破学科的知识界限，也有利于提高学生的学习能力和生活与职业能力，如组团工作、资料收集、论证、掌握信息技术、语言表达等。

当然，法国中小学课程改革并未结束。未来的知识竞争会更加激烈，课程改革虽然不会频繁进行，但绝不会停滞。新的知识需要新的一代去创造，对儿童和青年的培养将是课程改革永恒的主题。

附：

法国小学课时表

<table>
<tr><td colspan="3">基础学习阶段</td></tr>
<tr><td>学　科</td><td>年课时</td><td>周课时</td></tr>
<tr><td>法　语</td><td>360</td><td>10</td></tr>
<tr><td>数　学</td><td>180</td><td>5</td></tr>
<tr><td>体　育</td><td>108</td><td rowspan="4">9*</td></tr>
<tr><td>外　语</td><td>54</td></tr>
<tr><td>艺术实践与艺术史</td><td>81</td></tr>
<tr><td>发现世界</td><td>81</td></tr>
<tr><td>总课时</td><td>864</td><td>24</td></tr>
<tr><td colspan="3">深入学习阶段</td></tr>
<tr><td>学　科</td><td>年课时</td><td>周课时</td></tr>
<tr><td>法　语</td><td>288</td><td>8</td></tr>
<tr><td>数　学</td><td>180</td><td>5</td></tr>
<tr><td>体　育</td><td>108</td><td rowspan="4">11**</td></tr>
<tr><td>外　语</td><td>54</td></tr>
<tr><td>实验科学与技术</td><td>78</td></tr>
<tr><td>人文文化：
艺术实践与艺术史
历史与地理、公民与道德教育</td><td>
78
78</td></tr>
<tr><td>总课时</td><td>864</td><td>24</td></tr>
</table>

*此周课时可根据教师的教学计划调整，但须遵守每个学科的年课时总量。
**艺术史的年课时量为 20 小时并与各学科相关。
资料来源：Bulletin officiel [B. O.], hors-série n° 3 du 19 juin 2008.

法国初中一年级课时表

必修课	课　时
法　语	4 + (0.5) 或 5
数　学	4
外　语	4
历史、地理、公民教育	3
科学与技术： 地球与生命科学 技　术	 1 + (0.5) 1 + (0.5)
体　育	4
辅导和学生个人作业：每周 2 小时	
班级生活：每学年 10 小时	

注：括号内的课时为人数缩减的班级而定。每个学生可以学习学校开设的选修课。
资料来源：Arrêté du 14 - 1 - 2002, B. O. n° 8 du 21 février 2002.

法国初中二年级课时表

必修课

学　科	共同课课时	加发现之旅课时
法　语	4	5
数　学	3.5	4.5
第一外语	3	4
第二外语或方言	3	
历史、地理、公民教育	3	4
科学与技术： 地球与生命科学 物理与化学 技　术	 1.5 1.5 1.5	 2.5 2.5 2.5

（续表）

学　科	共同课课时	加发现之旅课时
艺术教育：		
造型艺术	1	2
音乐教育	1	2
体　育	3	4

	课时
学校未安排的课程	0.5
班级生活	每学年 10 小时

选修课

学　科	课　时
拉丁语	3
方　言	3

资料来源：Arrêté du 14 – 1 – 2002，B. O. n° 8 du 21 février 2002.

法国初中三年级课时表

必修课

学　科	共同课课时	加发现之旅课时
法　语	4	5
数　学	3.5	4.5
第一外语	3	4
第二外语或方言	3	
历史、地理、公民教育	3	4
科学与技术：		
地球与生命科学	1.5	2.5
物理与化学	1.5	2.5
技　术	1.5	2.5

（续表）

学　科	共同课课时	加发现之旅课时
艺术教育： 　造型艺术 　音乐教育	 1 1	 2 2
体　育	3	4

	课　时
学校未安排的课程	1
班级生活	每学年 10 小时

选修课

学　科	课　时
拉丁语或方言	3

资料来源：Arrêté du 14 – 1 – 2002，B. O. n° 8 du 21 février 2002.

法国初中四年级课时表

必修课

学　科	周课时
法　语	4. 5
数　学	4
第一外语	3
第二外语或方言	3
历史、地理、公民教育	3. 5
地球与生命科学	1. 5
物理与化学	2
技　术	2
艺术教育： 　造型艺术 　音乐教育	 1 1
体　育	3

（续表）

学　科	课　时
学校未安排的课程	0.5
班级生活	学年10小时

选修课

学　科	课　时
职业发现	3或6*
第二外语或方言	3
古语言（拉丁语、希腊语）	3

*职业发现课可以增至6课时，同时可以免去第二外语或方言。

资料来源：Arrêté du 2 – 7 – 2004 JO du 6 – 7 – 2004.

新高中一年级的课时表

必修课	学生课时
法　语	4小时
历史—地理	3小时
第一外语 第二外语	5.5小时
数　学	4小时
物理—化学	3小时
生命与地球科学	1.5小时
体　育	2小时
公民、法治与社会教育	0.5小时
个别辅导	2小时
研讨课	2×1.5小时
学生总课时	28.5小时

新高中二年级的课时表

必修课	各系列学生课时		
共同课	理　科	经济与社会科学	文　科
法　语	4 小时	4 小时	4 小时
地理—历史	4 小时	4 小时	4 小时
第一和第二外语	4.5 小时	4.5 小时	4.5 小时
体　育	2 小时	2 小时	2 小时
公民、法治与社会教育	0.5 小时	0.5 小时	0.5 小时
共同课总课时	15 小时	15 小时	15 小时
专业课	理　科	经济与社会科学	文　科
数　学	4 小时	3 小时	
科学：［理科系列：物理 3 小时，生命与地球科学 3 小时或工程师科学 7 小时］	6 小时	1.5 小时	1.5 小时
经济与社会科学		5 小时	
法国文学			2 小时
外语讲授的外国文学			2 小时
文科系列选修课：艺术 5 小时、杂技艺术 8 小时，应用数学、第三外语、第一和第二外语深修、古语言			3 小时
专业课总课时	10 小时	9.5 小时	8.5 小时
个别辅导	理　科	经济与社会科学	文　科
个别帮助、深入学习、自主、方法学习、记录、发言、帮助定向	2 小时	2 小时	2 小时
个人学习	理　科	经济与社会科学	文　科
个人学习	1 小时	1 小时	1 小时

新高中三年级课时表

必修课	各系列学生课时		
共同课	理　科	经济与社会科学	文　科
哲　学	3 小时	4 小时	8 小时
地理—历史 供理科系列选择（不计入总课时内）	2 小时	4 小时	4 小时
第一和第二外语	4 小时	4 小时	4 小时
体　育	2 小时	2 小时	2 小时
公民、法治与社会教育	0.5 小时	0.5 小时	0.5 小时
数　学	6 小时	4 小时	
物理科学	5 小时		
生命与地球科学或工程师科学 8 小时	3.5 小时		
经济与社会科学		5 小时	
法国文学			2 小时
外语讲授的外国文学			1.5 小时
理科系列选修课：数学、物理科学、生命与地球科学、信息与数字科学 经济与社会科学系列选修课：应用数学、社会科学、经济学深修 文科系列选修课：艺术 5 小时、杂技艺术 8 小时，应用数学、第三外语、第一和第二外语深修、古语言或法律与当代世界重大挑战	2 小时	1.5 小时	3 小时
个别辅导 个别帮助、深入学习、自主等，突出本系列的学科特点	2 小时	2 小时	2 小时
学生总课时	28 小时	27 小时	27 小时

资料来源：Ministère de l'Éducation nationale, Conférence de presse, Vers un nouveau lycée en 2010, 2009 - 11 - 19.

第四章 公民教育

公民教育是现代社会的产物。

法国大革命的重要代表人物孔多塞（Condorcet）曾提出公民教育的概念。1882 年，法国制定了关于教育世俗化的法律，禁止在公立学校内进行宗教教育。1883 年的课程大纲设置了“道德与公民教育”课，公民教育被置于共和国学校的中心位置。

在 20 世纪 60 年代，法国经历了重大社会变革，反对殖民主义的战争汹涌澎湃，高消费时期的到来，时尚的自由化，特别是 1968 年的“五月学潮”，使公民与道德教育面临严重挑战，作为独立学科的公民教育于 1969 年在小学被取消，融入启蒙课之中。1985 年，时任教育部部长的舍韦内芒（Jean-Pierre Chevènement）在小学和初中恢复了公民教育。其基本出发点是不同文化背景青年的社会融合，课程内容也基本是重拾传统主题，特别是强调共和国的价值。

第一节 理论基础

道德教育的意义在于传递一种价值。宗教相信永恒不变的价值，而实证主义和马克思主义主张价值的变革和进步，因此实证主义和马克思主义对法国现代道德教育产生了重大影响。

奥古斯特·孔德创立的实证主义学说标志着以达尔文的发现和当时所有哲学中的进步思想所主导的时代的来临。孔德试图用“三状态法则(Loi des trois états)”来解释人类智慧的进步。他认为，人类认识相继经历了神学、形而上学和科学状态。在神学状态中，各种现象被解释为上帝的存在与行为；“形而上学”状态，是在抽象的原则和原因中寻求与探索解释；科学状态是用科学法则来解释世界。神学状态对应着神权政治社会，其秩序由宗教戒律和王权校准与掌控。形而上学状态则是在政府民主形式下，思想逐步解放，但无序仍是状态的特征。实证状态是建立在确认科学真理基础之上的最终秩序状态，在新的等级社会之中，世俗权力由学者的精神力量掌控，体现着实证主义的格言：“秩序与进步。”

在道德领域，实证主义强调全部道德的原则在人与人之间的关系准则中寻求，即在以利他主义为基础的品质中寻求。实证主义否定神学的个人灵魂拯救，而倡导人道主义，认为家庭是社会关系准则发展的摇篮，母亲则是家庭教育的主导。人道主义作为伟大人类的庆典，将构建新的组织结构。一个新的秩序即将诞生，人道主义将在那里臻于完美。

实证主义学说直接影响了创立法国以义务、世俗和免费为原则的公共教育系统的创立者、第三共和国的教育部部长儒勒·费里。费里宣称：“真正的道德，伟大的道德，永恒的道德，便是无修饰语的道德……这一道德存在于人类本身，存在于人类意识之深处，其统一性便是意识统一性的证明。[①]”

马克思主义猛烈地批判宗教，认为宗教是“人民的鸦片”，以历史唯物主义和辩证唯物主义来解释世界，宣称未来的人将从物质的束缚中解放出来，在一个团结一致、相互依赖的社会中全面发展。马克思主义世界观对于道德与政治均有影响。其最终目标是认识与促进全面发展的人，即实现人的能力的全面发展和享有全部权利：这样的人享有物质与精神上的幸福，在相互的团结中既被他人承认又承认他人。

受马克思主义影响，法国的布尔迪约（P. Bourdieu）和帕斯龙（J. C. Passeron）否认法国学校在传授人类的一般价值与文化，严肃指出

---

① Louis Legrand, L'influence du positivisme dans l'oeuvre scolaire de Jules Ferry, Rivière, 1961. p155.

学校“以其无法替代的方式使阶级关系结构永存并使之合于法律”①。

正是由于受到马克思主义者对法国教育制度的批判，法国公民教育的设计更多地求助于文艺复兴和启蒙运动所开创的自由平等思想，特别是在法国大革命中诞生的《人与公民权利宣言》及其“自由、平等、博爱”理念和1948年的《世界人权宣言》中的人权理念。需要指出的是，由于社会主义国家对起草《世界人权宣言》的参与，马克思主义的人权理念也体现在其中。人权不仅仅是资产阶级注重的所有权，还包括人生存的各种基本权利：劳动权、休息权、最低生活营养权，特别是受教育权和文化权。1948年的宣言虽然重视集体的权利和个人对社会的义务，但仍以个人权利为基础，集体权利不是个体权利的代表，不能凌驾于个体权利之上。

随着冷战结束与全球化，发展公民能力与学会共处成为法国公民教育的重点。

发展公民的能力，一方面要确认构成民主的一些基本要素：承认全体人类的尊严；承认人的社会、经济、职业、政治权利；承认法治国家的存在；承认自由选举的权利；承认公民、社会团体、政党之间自由表述和对话的权利。另一方面，个人参与决策的行为也是民主良好运行的重要因素。个人民主行为取决于成为公民的能力和扩大公民意识的能力。公民能力应当尽早培养，并要成为终身教育的重要内容。

“学会共处”是国际21世纪教育委员会于1996年向联合国教科文组织提交的报告《教育——财富蕴藏其中》中提出的“学会学习、学会做事、学会共处、学会生存”的教育四大支柱之一。学会共处意味着拒绝社会的两极分化、歧视和暴力行为。人类将成为“有根基的人和有触角的人”，既有自己的语言、自己存在的时间和空间、自己的规范、自己的价值，同时也对其他文化开放。

---

① Bourdieu P. et Passeron J. P. , La reproduction, Paris, Minuit, 1970.

第二节 基本内容

在法国，中小学的公民教育课程在不同阶段均有不同侧重，课程名称也不尽相同。在小学和初中为公民教育，在高中则称“公民、法治与社会教育”。

一、小学公民教育

法国的公民教育实际上从学前教育阶段就已开始，主要是使儿童接受集体的观念。儿童在进入幼儿学校时，是家庭关注的中心。而幼儿学校则是一个全新的世界，儿童应当学会与幼儿学校中的其他儿童相处，学会理解成人的行为。儿童要在新的有约束的环境中体会其行动的自由，构建与同伴和成人的新关系。儿童还会体会到与他人交流和合作的快乐。班级生活还有利于发展语言交流的能力。

> 儿童应当在幼儿学校结束时掌握的能力：
>
> 能够通过个人行为在班级活动中发挥作用，同时考虑集体生活的要求与约束；
>
> 能够认识学校中成人的不同职能和作用；
>
> 能够遵守共同生活的规则（尊重他人、爱护财物、礼貌规范……）并在其面对同伴的行动中表现出集体生活的若干原则（倾听、互助、主动……）。

从小学起正式设置名为“学习共处”的道德教育课，要求儿童从其同伴那里认识其行为，认识到集体生活的约束是对他们自由的保障，惩罚不是成人的裁决而是规则的实施。他们要学习拒绝暴力、把握冲突、讨论遇到的问题。

但在小学低年级，设置“公民教育”课还为时尚早，只是在语文课中渗透一些基本概念：适应集体的规则、与同伴和成人对话、倾听他人讲话、与他人合作。教师要引导儿童学会自理和启发其创造能力。

法国小学基础学习阶段学习共处课程的要求

知识

理解并牢记：

共和国的主要标志的意义；

学校和班级集体生活的规则，在班级、在学校、在学习时间中所禁止和所允许的；

学校中成人的作用。

（对于儿童的）安全规则：

家庭生活的主要物品的潜在危险性及相关的安全规则；

道路中与行人相关的主要安全规则；

认识主要危险状况中须遵守的规则；

如何应对成人的侵犯；

首要救助中心的电话号，父母的电话号；

对于儿童的若干首要救助的手势；

良好营养和身体活动的基本规则。

能力

能够：

遵守班级和学校的内部规则，并参与其制订；

在规定讨论中提出其看法；

解释规定讨论中出现的不同意见的冲突，并参与其解决；

在成人的帮助下，考虑这些行动的后果；

参与集体工作，考虑某一计划的集体组织的各个方面；

恰当地呼救，包括紧急电话；做出简单的求救手势。

态度

尊重所有教育共同体的成员；

学会尊重自己和他人及成人与儿童，以尊重人的方式讲话；

在班级和学校中，具有权利与义务的意识；

尊重他人的差异；

在语言和行动中尊重另一性别的儿童，尊重预留给另一性别儿童的场所，懂得羞耻；

开始区分学校生活与私人生活的差异（慎重对待自己和他人）；

在冲突中，劝阻争论，并在无法解决冲突时向成人求助；

接受学校集体工作所给予的角色；

主动参与制订集体计划；

主动参与校外的集体行动。

资料来源：Le B. O. hors-série N°5 du 12 avril 2007, Programmes de l'école primaire et cycle des apprentissages fondamentaux.

“公民教育”课自小学三年级正式设置。其基本目标是使每个学生在个性特点和独立性逐渐形成的过程中更好地融入班级与学校生活。公民教育课要引导学生思考生活中提出的具体问题，意识到个人自由、社会生活的约束和价值分享的相互关系。

法国小学深入学习阶段公民教育课程的要求

知识

理解并牢记：

儿童具有教育、安全和健康的权利（儿童权利国际公约）；

不可让步的普遍权利（人与公民权利宣言）；

共和国的主要标志的意义；

共和国的主要机构和主要地方区划；

学校和班级集体生活的规则及其意义，在班级、在学校、在学习时间中所禁止和所允许的；

学校中成人或学校生活参与者的作用；

学校信息与通信技术使用章程所指出的权利与义务。

（对于儿童的）安全规则：

家庭生活的主要物品的潜在危险性及相关的安全规则；

道路中与行人相关的主要安全规则；

认识主要危险状况中须遵守的规则；

如何应对成人的侵犯；

首要救助中心的电话号，父母的电话号；

对于儿童的若干首要救助的手势；

良好营养和身体活动的基本规则。

能力

能够：

遵守班级和学校的内部规则，并参与其制订；

认识其行为结果对集体生活的影响；

在规定讨论中提出其看法，解释规定讨论中出现的不同意见冲突，并参与其解决；

参与集体制订计划；
以不同的身份参与集体计划；
参与计划的不同阶段；
恰当地呼救，包括紧急电话；做出简单的求救手势；
达到道路安全初级考试的知识和能力要求。

态度

学会尊重自己和他人，以尊重人的方式讲话；
在班级和学校中，具有权利与义务的意识；
在语言和行动中尊重另一性别的儿童，尊重预留给另一性别儿童的场所，懂得羞耻；
开始区分学校生活与私人生活的差异（慎重对待自己和他人）；
在冲突中，劝阻争论，并在无法解决冲突时向成人求助；
接受学校集体工作所给予的角色；
具有主动兴趣（如参与制订集体计划）；
在电子交流和出版上尊重他人并保护自己。

资料来源：Le B. O. hors-série N°5 du 12 avril 2007, Programmes de l'école primaire et cycle des apprentissages fondamentaux.

二、初中公民教育

进入初中，公民教育的层次也更进一步，它以人的基本权利为核心目标，着眼于人与公民的培养。其基本目标为：

人与公民权利教育；

个人与集体责任教育；

判断力教育。

1985 年课程大纲规定的公民教育曾围绕地方行政机构、国家行政机构和国际机构展开，而新的课程要求以人与公民的基本概念为主线，根据学生的年龄和接受能力逐步深入。初中一年级要理解人的权利与义务，二年级和三年级学习平等、团结、自由、安全和公正等构成民主社会的价值观，四年级主要是认识法国公民身份的范畴。

初中一年级公民教育课的基本要求

学校的意义

初中：学习的场所、教育的共同体

初中的生活：有组织的共同体

内部规定、信息与培训的场所、有责任学习的场所、公共生活学习的场所

教育：所有人的权利

公共服务的使命、世俗化

人的权利与义务

学生，具有权利与义务的人：个人身份的范畴

学生与公民身份：公民的身份、公民身份的学习

生活环境中的责任：学生责任的社会范畴

生活环境中的责任：保护建筑物、绿色空间和自然遗产、公共空间的整治

对待人类遗产：人类遗产的概念、对待历史与文化遗产的责任

在讲到人的权利与义务时，课程大纲将权利与义务分别列出并加以对照，使学生清楚区分两者的不同与关联：

权　　利	义　　务
尊重自己	尊重他人
防备身体与道德侵犯	不使用暴力
自由表达	倾听他人
获得信息	与班级代表合作
参与班级代表的选举并成为被选举人	当选后要行使职能
团结	帮助有困难者
享受集体设施	爱护集体设施，保护当地设施和环境

初中二年级公民教育的基本内容为平等、团结、安全等概念，三年级为自由、权利和公正。

平等

　　法律面前的平等

　　拒绝歧视

　　人的尊严

团结

　　团结的精神

　　集体团结

安全

　　在学校和在日常生活中

　　面对重大危险

自由

　　个人与集体的自由

　　不同性质的权利

　　信息的挑战

公正

　　公正的原则

　　司法组织

　　求助渠道

人权

　　共同价值

　　国民身份

　　欧洲公民

在认识交通安全时，要求学生不仅要看到事故的直接损失，还要关心社会成本，为此课程大纲的辅助资料提供了一份分析示意图：

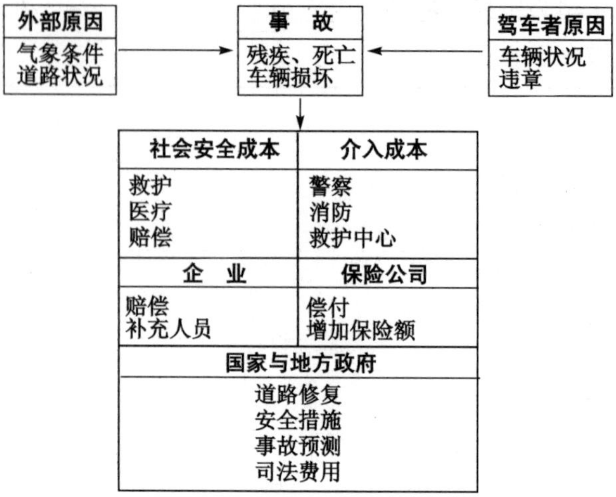

初中四年级为义务教育的终止年，因此公民教育课程也安排了公民身份的核心内容。

公民、共和国、民主
公民身份
共和国的价值、原则和标志
共和国权力机构
第五共和国的机构
国家和地方行政机构
法国和欧洲机构
选举
政治与社会的公民身份
活动者
社会生活中的公民
民主辩论
公众舆论与媒体
问题中的国家
民主中的科技伦理
妇女在社会政治生活中的地位
国防与和平
国防、集体安全与和平
团结与国际合作

三、高中的公民、法治与社会教育

公民培养是教育系统的重要使命之一，而高中学生也邻近和达到法定公民年龄，因此高中的公民教育尤显重要。高中的公民、法治与社会教育课程其实是通过对公民身份概念的深入分析，是面对现实世界重新学习其原则、形态与实践。高中一年级着重学习“以公民身份在社会中生活”，高中二年级着重学习“制度与公民身份的实践”，高中三年级着重学习“当代世界变革中的公民身份”。

1. 高中一年级：“以公民身份在社会中生活”

高中一年级公民、法治与社会教育课的目标是从社会生活出发，重新认识初中学习过的公民身份的概念。主要学习内容是 4 个主题和 7 个定义。

4 个主题为：

- 公民身份与礼仪
- 公民身份与社会融合
- 公民身份与工作
- 公民身份与家庭关系的变革

7 个定义为：

- 礼仪
- 社会融合
- 国籍
- 权利
- 人与公民权利
- 公民与政治权利
- 社会与经济权利

2. 高中二年级：“制度与公民身份的实践”

高中二年级公民、法治与社会教育课主要是对政治参与和实践公民身份的思考，理解权利、政治制度和自由。主要学习内容也是 4 个主题和 7 个定义。

4 个主题为：

- 公民身份的练习与政治权力的代表制和法制
- 公民身份的练习与政治参与形式和集体行为
- 公民身份的练习与共和国和地方主义
- 公民身份的练习与公民权利

7 个定义为：

- 权力
- 代表制
- 法制
- 法治国家
- 共和国
- 民主
- 国防

3. 高中三年级："当代世界变革中的公民身份"

高中三年级公民、法治与社会教育课要在前两年学习的基础上，认识民主国家与社会中的权利、公正、自由和平等正面临新的挑战，特别是科学技术的变革、公正与平等的新诉求、欧盟的构建和经济文化的全球化。主要学习内容是 4 个主题和 8 个定义。

4 个主题为：

- 公民身份与科学技术的变革
- 公民身份与公正与平等的新诉求
- 公民身份与欧盟的构建
- 公民身份与世界化的形式

8 个定义为：

- 自由
- 平等
- 主权
- 公正
- 普遍利益
- 安全
- 责任
- 伦理

第三节　教学方法

哈贝马斯说，“公民既不是炫耀其权利的人，也不是顺从于合法权利的人，而是参与反观社会过程的意识主体”。① 因而学校的公民教育不能是简单的说教，而是培养能够以批判的态度积极参与社会生活的自由与自主公民的一种学习过程。法国教育部关于公民、法治与社会教育的课程大纲规定，“学生可以依据其知识行使其公民资格，但这一知识是由学生在个人与集体的探寻中获得的②”。

自小学三年级开始的公民教育课中，每周要平均利用 1 课时在不同学科课程中解释有关公民教育的问题，用半课时进行专题讨论。在公民教育中，学生要学习做本市镇公民，学习做法国公民。

学习做本市、镇公民。学生开始熟悉本市镇的民主制度，参观市、镇政府，认识当选者（市、镇长）和市（镇）议会在学校事务和改善居民生活等方面的作用。

学习做法国公民。初步认识共和国总统、政府和议会的职能，民主生活的不同形式：投票、选举的责任，公共生活中的承诺。

在小学，公民教育并不独立进行，而是一个跨学科的领域，融合在法语、历史和地理、科学常识等基础课程之中。

公民教育课在初中仍不是一个独立设置的学科，而是与历史与地理共同设置，每周为 3 课时。公民教育课主要由历史与地理课教师承担，大体每周半课时。但整个教学组其他教师，特别是班主任教师都有责任，其他学科也应参与公民教育。

高中公民、法治与社会教育课具有与初中不同的教学方法，教师讲授之外更重视辩论。

在辩论中，学生是主角，处于责任态势之中。首先，学生根据课程

---

① Habermas in “Le Monde des Débats” de Décembre 1999, in L'Éducation Civique Juridique et Sociale, Points de repère pour le lycée CEPEC. p9.

② B. O. hors-série N°5 du 5 août 1999, Programmes de la classe de seconde générale et technologique applicables à la rentrée 1999: Principes généraux.

进展情况选择辩论题目。其次，进行辩论的组织，划分若干工作组，可能涉及新闻资料、历史文献、法律文献、网上或多媒体资料、调查或访谈、走访专家、整理资料等。然后，举行辩论会，要选举主持人，由报告人列举证据，开展正反方的辩论。教师负责监督辩论规则的执行情况，适当参与并作总结。最后，辩论的情况可以形成书面材料，在班级壁报或其他方式展示。

辩论的意义在于遵守规则，以理性论据形成共识，从而构成公民身份的实践学习。

时事讨论也是高中公民、法治与社会教育课的重要方法。地方的、全国的和国际的某个事件可以成为教师进行时事讨论的内容。对时事辩论的某个事件或一组事件的选择，通常要符合两个要求，一是能引起学生的兴趣，一是有助于阐发公民教育的范畴。时事事件一旦选定，就要广泛收集相关资料，然后将其置于历史背景之中分析，对不同观点进行梳理，求得一定的共识，从而实现公民教育的目的。

对于学生在高中公民、法治与社会教育课上的评估，主要看学生在各种活动中的积极程度，如在资料的准备、辩论的内容、撰写的文章等方面的情况。评价的标准主要有四个方面：

- 信息的收集与分析；
- （书面、口头、视听、数字化、多媒体……）产品质量；
- 辩论中的态度；
- 知识掌握。

总之，法国学校公民教育比较重视教学方法，强调这一教育首先不是知识的获得，而是行为实践的学习。

第四节　问题与趋势

教师受到辱骂和人身伤害，教师的汽车轮胎被扎破，教师受到致死的威胁；学生参与诈骗、吸毒、性犯罪……，这些不是影视作品中的镜头，而是法国学校中经常发生的暴力事件。

据法国教育部公布的数据，2002 年法国学校中发生的严重暴力事件超过了81 000起。而这一数字只是上报教育部的，并只涵盖了75%的中小学在6个月期间的严重暴力事件，如全面统计整个年度的各类暴力事件，其数量肯定会大大膨胀。

校园暴力事件的频频发生，不仅使正常的教学秩序受到严重的损害，更引起了家长们的担心，甚至不敢让子女在本区的学校上学。尽管十几年来政府采取了诸多措施防止学校暴力的发生，但是校园暴力事件还是未能得以有效遏制。

令人疑惑不解的是，教育问题日益尖锐的十年，恰好是法国教育发展较快和教育环境改善的十年：教育经费增长了近25%，小学教师数量增长了2%，中学教师数量增长了7.8%，小学生减少了423 000人，中学生减少了130 000人。在1975—2001年间，小学生生均经费增长了94%，中学生生均经费增长了74%。

人们开始思索和探讨教育问题的原因。一些人认为，自20世纪60年代以来，法国学校开始特别重视学生个性的培养，但对一些传统价值观念有所忽视，出现了“重自我表达，轻文化传承；重批判精神，轻尊重权威；重自发，轻感受；重创新，轻传统”的倾向。其实，不仅是学校，而且社会对日益增长的“社区主义”（communautarisme）过于宽容，对共和国的精神却不够重视，也导致青少年犯罪10年来增长了79%。

近些年来，法国教育部的部长们均在不同场合表示要重建权威，重施惩罚。教育部部长吕克·费里（Luc Ferry）于2003年年初，发表了《致所有热爱学校的人》的公开信，特别强调了教师权威，“应当置于教育系统中心的，不单单是学生或知识，而明显是学生与知识间的关系，就是说，一方面是传递的作用，即教师的作用，另一方面，是学习的必要，即学生的作用”[①]。负责学校教育的部长级代表格扎维埃·达尔科（Xavier Darcos）则指出，尊重权威，首先是尊重教师，不要混淆教育者与被教育者的地位；其次是尊重校规，因为学校是特殊的教育场所，校规是其完成教育使命的必要保证。[②]

① Luc Ferry, Lettre à tous ceux qui aiment l'école, CNDP, PARIS, 2003

② Luc Ferry, Lettre à tous ceux qui aiment l'école, CNDP, PARIS, 2003.

本来，自1882年费里所构建法国学校教育以来，传统学校基本上是家长式的管理，教师就像父亲或管家那样主宰着班级：权威而宽厚，时而粗暴但经常充满深情；尽管孩子众多，年龄和水平各异，甚至逃学缺课，但也不厌其烦；要求学生之间互相帮助。教师对学生的身体惩罚也是司空见惯的，他们相信法国的一句谚语："孩子的耳朵长在背上。"人们也相信学校道德状况对社会生活的影响作用，另有谚语曰："当鞭子统治着学校，秩序便统治着卡皮托利山丘（Capitole）[①]"。"在院中、走廊里、课堂上，均须循规蹈矩，纪律严明近似于军队，一些外部标志显示出要尊敬师长，公开奖赏，公开近似体罚的惩罚，谨慎对待学校建筑，这便是1945年之前学校生活的日常景象。"[②]

但是，随着现代教育思想的普及，儿童成为学校教育的中心，且不说体罚，连稍微严格的管理都成为教学上的大忌。加上社会所固有的症疾，使校园暴力不断蔓延，屡禁不止。

法国教育部已痛下决心，要与校园暴力行为进行坚决斗争，拟采取每年设置200个"中转班"（classes-relais）等严厉措施，将一些害群之马隔离起来，力图恢复校园的安宁。

2006年7月11日，法国教育部颁布了《关于知识与能力的共同基础》的法令[③]，重申了《学校未来的导向与纲要法》的基本精神，并在其附件中对共同基础做出详细规定。

法令指出，义务教育不能归结为共同基础，共同基础也不能替代课程大纲。但共同基础确是义务教育的基础，其特别意义是构建一种各学科和课程融会贯通的学校教育基础文化，它使学生在学校及以后的生活中得以面对复杂的实际情况，能够获得终身学习的能力，适应未来社会的变化。

共同基础划分为七种能力，前五种分别与当前学科相关，为：掌握

---

① 注：卡皮托利山丘，在意大利罗马，为朱比特（Jupiter）神殿所在地。引自于：Louis Legrand, Enseigner la morale aujourd'hui? PUF, 1991. p12.

② Louis Legrand, Enseigner la morale aujourd'hui? PUF, 1991. p11.

③ Ministère de l'Éducation nationale, de l'enseignement supérieur et de la recherche, Décret N° 2006 – 830 du 11 juillet 2006 relatif au socle commun de connaissances et de compétences et modifiant le code de l'éducation.

法语、实践一门外语、数学基础能力、科学与技术文化、掌握信息与通信的常规技术，后两种能力为社会与公民能力和自主与创新能力。

与道德和公民教育相关的是社会与公民能力的获得，是学生形成公民的价值、知识、实践、行为的过程，目标是有效参与社会与职业生活，在行使自身自由的同时具有尊重他人权利、拒绝暴力的全面意识。

学生要学会在社会中生活，并为其公民生活做准备。在态度方面，学生应当尊重自己、尊重他人（礼貌、宽容、拒绝偏见与成见）、尊重另一性别、尊重私人生活、具有和平解决冲突的意愿、具有无他人即虚无的意识、具有团结合作的意识、具有权利与义务的意识、具有参与公民活动的意愿。

正值2007年法国中小学开学之日，法国总统萨科齐发表了长达32页的《致教育者的一封信》[1]，表达了他对法国教育的看法与期望。

萨科齐把教育的问题在某种程度上归结为教育思想的失误，他认为，法国教育“曾长期忽视儿童的个性，用统一的模子塑造每个儿童，让所有人在同一时间、以同一方式学习同一种事物。知识被凌驾于一切之上。这一教育有其伟大之处。既严格又严肃，催人向上，战胜自我”。但他同时看到，“近几十年来，儿童个性成为教育的中心，而非知识是教育的中心”。他指出，过于强调个性，容易走向另一极端，“重要的是发展儿童的优秀品质，纠正其不足”。在萨科齐看来，“昔日的教育过于看重文化，不够尊重自然；而后来的教育又太过自然，没有足够的文化。因此动摇了教师和家长的权威，学业失败降到了不可接受的地步”。

关于道德问题，萨科齐特别谈到“尊重”的意义，他指出“尊重应当成为全部教育的基础”，“不仅是教师对学生的尊重、家长对儿童的尊重，也是学生对教师的尊重、儿童对家长的尊重，也是对他人的尊重和对自己的尊重。教育便是产生尊重”。萨科齐相信，“如果我们的社会没有足够的尊重，首先就是教育的问题”。

他接着说，“奖励优秀，惩罚错误，培育对真、善、美、伟大与深刻事物的欣赏，对假、恶、丑、渺小与平庸事物的厌恶，这便是教育者为儿童所承担的工作，这便是向儿童最好解释的爱，这便是对儿童的尊重”。

---

① Nicolas sarkozy, “Lettre aux éducateurs”. http://www.education.gouv.fr/.

为此，他希望重新建立“一种尊重的教育，一个尊重的学校”，希望儿童“学会礼貌、思想开放、宽容等尊重的形式”。他还希望“学生在入校时脱帽，在教师入教室时起立，因为这是尊重的一种标志”。他甚至希望“让每个学生学会相互尊重，尊重不是自己的观点，尊重自己并不赞同的信念，尊重与自己格格不入的信仰。使其懂得差异、矛盾、批评远未成为其自由的障碍，相反却是丰富个人的源泉”。

当然，法国与西方国家在公民与道德教育上出现的问题，绝不仅仅是教育问题。从更深层次和更大范围上看，有着深刻的政治原因。1945—1973 年间，是法国经济高速发展的时期，也是人民生活水平大幅提高的时期，有人将这一时期称之为“三十年荣景”。但自 20 世纪 80 年代中期以来，西方社会的不平等现象逐渐突出，不宽容的气氛有所抬头，富裕社会出现“新贫民”。一些移民和少数族裔开始寻求原始身份，要求自身文化得到确认，要求“雪清耻辱” （la revendication du stigmate）。尽管法国同其他欧洲国家一样普遍采取了“社会融合”政策①，但是效果并不明显。社会问题不能妥善解决，单纯的教育方法就必然显得苍白无力。

另外，教育的世俗化虽已成为法国基础教育沿袭至今的一项原则，但也不时受到冲击。1989 年 9 月 18 日，一所初级中学的校长阻止了三个佩戴伊斯兰面纱的女生入校。这一“面纱事件”在法国社会上引起了一场轩然大波。由于法国人口中伊斯兰裔的移民比例较大，尊重民族文化和教育世俗化两种社会舆论针锋相对。但法国政府丝毫没有让步，最终经议会于2004 年3 月15 日通过了的一项关于坚持教育世俗化的法律。这一法律规定，“在公立小学、初中和高中，禁止学生公然佩戴宗教标志”。根据这项法律，公立学校内不准学生佩戴各类具有明显宗教色彩的饰物，如伊斯兰教的面纱、犹太教的六角星、基督教的十字架等。这一法律的意义是重申了世俗化的教育原则，强调学校的任务是传授共和国的价值观，如人类具有平等的尊严，男女平等，包括选自己生活方式的个人自由，但绝不允许有任何宗教色彩的言行干涉学校教育。即便如

---

① Jacqueline Costa-Lascoux, Le Droit à l'École, L'expérience de l'éducation civique, Droit et Société 19 - 1991, pp223 - 241.

此，在不同文化背景下的宗教冲突随时都可能发生，并有可能波及学校。

欧盟的扩展和强化，已经体现在法国的公民教育课程之中，要求法国儿童学会成为法国公民的同时成为欧洲公民。即使欧盟已经成为国家联盟的典范，各民族国家的利益毕竟不能等同于欧盟的整体利益，如何处理法国公民与欧洲公民的关系，也是法国公民教育中的一个难题。

第五章 变革中的职业教育

在法国，职业教育是为培养熟练技术工人或职员的职业性教育，它的实用特点较强。职业教育通常自义务教育结束时开始实施，教学与培训过程大体同高中阶段教育相吻合。法国职业教育的历史较长，早期的职业教育从初中即开始，而近些年来又有向高等教育延伸的趋势。因此本章以高中阶段为核心，兼顾其承前继后的特点，考查法国职业教育发展与改革的问题和经验。

第一节　历史的旧貌

法国职业教育是伴随着法国工业化进程而兴起和发展起来的。为了适应大工业发展的需要，一些大型企业首先在工厂内创办生产学校，这些学校成为法国职业学校的雏形。

法国最早的职业学校可以追溯到 1803 年的工艺与职业学校[①]。1881 年 7 月，法国开始以国家的名义兴办职业学校，称之为国立高级初等职业学校。1887 年 1 月 26 日的法律又规定成立工商职业学校，其学生每周在车间劳动 20 小时以上。1914 年，法国共有该类学校 69 所。但是直

① Le gouvernement françaß Décret du 6 ventôse an XI, 25 février 1803.

至第一次世界大战前，法国各类职业学校仅培养了约2.5万学生。可见这些学校所能培养的青年技术工人的数量是微乎其微的，大多数青年就业时都无相应的职业培训。

1911年，法国设立职业能力证书。1919年7月25日，法国颁布了“阿斯蒂埃法”（loi Astier），规定了职业培训的强制性。法律要求各市镇都应开设职业培训班，不足18岁的在职青年都有义务参加职业培训。培训课是免费的，并在工作时间进行，每周至少4小时，每年亦不得少于100小时。法律还规定雇主有义务允许其学徒工参加学习。学习结业之后，授职业能力证书。

1939年之后，法国模仿德国的职业学校，开始在企业的支持下建立职业培训中心。[①]

50年代初，法国职业教育的内部关系才基本理顺。职业行会管理的职业培训班负责培养手工艺者，教育部门管理的学徒中心负责培养技术工人。

1971年7月16日，法国颁布了职业继续教育法。该法的主旨不是进行职业技术教育改革，而是适应法国第六个五年计划的工业化目标，提高职业技术教育的社会地位。法律指出，学校教育所传授的基础知识和普通文化应当包括科学与技术，从而不仅能使人获得职业资格，还应使人在职业生涯中能够不断提高。因此，所有初中阶段的学生都要接受经济、社会和技术的启蒙教育。法律还明确提出在普通教育文凭和技术教育文凭之间建立等值关系，以便使技术教育文凭的持有者符合于公共职务要求。

1975年的阿比改革，简化了各类学校的设置，进一步理顺了普通教育和技术教育的关系。法律规定，在中等教育的第一阶段设统一初中，即不区分专业与学科，所有学生接受单一的普通教育。但是实际上，统一初中并非彻底的普通教育，在初中三年级和四年级设立了职前水平班和学徒预备班，作为职业教育的最初阶段。然而，中等教育的专业分流毕竟推迟了两年，即由原来的初中开始延至初中中期。在高中阶段，设

---

① Haut Conseil de l'Éducation, L'enseignement professionnel, Bilan des résultats de l'École-2009. p6.

普通高中、技术高中和职业高中三类。普通高中和技术高中属于三年学制的长期教育，具有同等价值，而职业高中为学制二年的短期教育，比前两者略逊一筹。

由于历史原因，法国职业技术教育以学校教育为主，学校与生产企业之间还有着相当大的鸿沟。法国社会对技术教育，特别是职业教育十分鄙视。职业学校通常被认为是接收不具接受普通教育能力的学生的场所。

法国高中录取虽无正式考试，但普通高中和技术高中总是通过审查学生档案来选拔比较优秀的学生。正是这种淘汰式的高中分流机制，导致了职业高中的生源质量差，就业出路不佳，社会地位低下。以法国教育部1989年的调查为例，89%的准备"职业能力证书"的学生至少曾经留级一年。

随着社会文化水平的提高，社会的就业标准也相应上升，造成职业教育文凭进一步贬值。从表5－1中可以看到，获得职业能力证书的35岁以下青年成为工程师、技术员或技术工人的机遇的变迁。

表5－1 职业能力证书持有者的就业机遇

	1962年（百分比）	1968年（百分比）	1972年（百分比）
工程师	0.3	0.4	0.2
技术员	8.7	8	7.9
工　长	3.7	3	4
技术工人	63.6	60.4	56.9
熟练工人	20.9	24.8	27.5
体力工人	2.8	3.4	3.5

资料来源：Bernard Charlot，L'Ecole en mutation，Payot，Paris，1987.

如果从职业学校学生的家庭出身来看，社会的不平等现象更为明显。具体情况如表5－2。

表5－2　法国高中学生家庭出身状况

	1976年		1980年	
	工人	自由职业者和高级管理人员	工人	自由职业者和高级管理人员
初中职业班	38.3	9	35.7	11.4
职前水平班	53.5	0.6	54	0.6
职业能力证书一年级	53	1.1	52.3	1.3
职业学习证书一年级	43.3	2.5	44.4	3.2
全部高中一年级	25.9	15.6	27.3	17.7
普通高中（文科）	19.5	24.6	26.5	18.1
普通高中（理科）			16.2	29.9
技术高中	35.4	7.7	35.2	9.2

资料来源：Bernard Charlot，L'Ecole en mutation，Payot，Paris，1987.

职业教育在生源和就业上与普通教育和技术教育存在着明显的差距，不仅造成教育系统的失衡，也带来了诸多的社会问题，如学校暴力事件频发，大量青年失业等。一些学者对这一不合理现象进行了猛烈的抨击，法国政府也采取了许多措施改革职业教育。

第二节　艰难的变革

虽然法国职业教育是工业发展的产物，但教育与经济的关系并未真正解决。关于教育同劳动力市场的适应问题在20世纪60—70年代中期的争论尤为激烈。大多数企业要求学校培养的学生必须符合企业对人才的直接需求。而大部分教师则否定那种狭隘的适应观，认为教育的基本目标不是培养直接的劳动力。这一被称为“聋子对话”的争论当然毫无结果，职业教育还是按照企业的直接要求培养学生，劳动力市场也有充分容量，职业学校毕业生基本都能就业。

但是，1975 年之后的经济危机，给法国职业教育与劳动力市场的关系以极大的冲击。技术进步的加速，市场竞争的国际化，产业结构的变革，带来劳动力市场需求的变化，职业学校毕业生的就业问题日益突出。大量青年失业的严酷现实迫使企业，特别是大企业认识到基础普通文化的重要，教师也不再否认教育的职业性。当然，教育部门遭受了最大的责难，人们指责学校未能给学生必要的职业能力，应当对青年的失业负责。

在这样的背景中，法国开始对职业教育进行艰难的改革。

第一步，开辟联系各类教育的通道。

通过设立过渡班，允许普通高中和技术高中的学生向职业高中过渡，也允许职业高中的学生向技术高中过渡和技术高中的学生向普通高中过渡。这样可以减少和避免错误选择专业的遗憾，也为各类教育的对等准备了条件。

第二步，取消早期职业培训。

在中等职业教育中，职业能力证书是历史最长、影响最大的基本文凭。职业能力证书的培训可以始于义务教育结束之前，先从具体而实际的知识入手，再逐渐学习普通教育直接讲授的抽象知识，同时进行某项专门职业技能的培训。或者从初中三年级开始，以学校学习和企业实践的交替制学习方式用三年完成学业；或者在初中毕业后，以学校学习为主，两年获得文凭。

职业能力证书覆盖着 200 多种专业，但职业高中教育所涉及的专业并不多。除了少数热门专业，如义齿制作、美容等专业，多数专业招生状况都不好。

三年学制的职业能力证书培训，因为过早地进入职业培训，学生的基础文化知识比较缺乏，不仅难以直接就业，更影响将来的职业生涯。因此，进入此类培训的法国青年越来越少，学生人数由 1980 年的 429 310 人锐减到 2001 年的 3064 人（见图 5 – 1）。

由于接受三年制的职业能力证书培训的学生人数仍在继续减少，使得这类培训处于消亡之中。与此同时，初中的职前水平班和学徒预备班学生人数也在急剧下降，造成这类职业培训班的名存实亡。

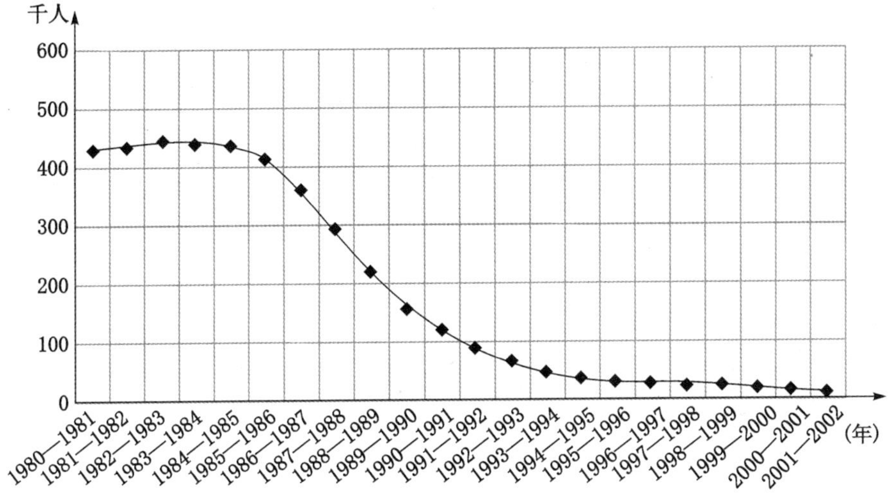

图 5－1　三年制职业能力证书学生人数的变化

资料来源：Ministère de l'éducation nationale de la recherche et de la technologie, Repères & références statistiques sur les enseignements et la formation, 2002.

第三步，增设职业文凭。

法国于 1967 年设立了职业学习证书，接收初中毕业学生，学制为两年。最初设置时规定的培训目标也是普通技术工人，只不过它比职业能力证书培训的范围更广，它不是限于某一具体职业的技能，而是涉及比较广泛的职业领域，并且更多在第三产业。

20 世纪 80 年代以来的改革，对职业学习证书的培训重新规定了发展方向：

继续压缩专业领域，将 1982 年的 76 个专业减少至 1997 年的 34 个。其中会计、文秘、销售、电气、社会卫生保健、旅店餐饮这六大专业招收了 58% 的学生（2001 届）[①]。

与职业能力证书的培训不同，职业学习证书的培训领域不是针对某一职业或工作岗位，甚至不是一个经济领域，而是针对相对广泛的职业知识，以实现对适应、主动、负责和自主等特性的要求。其课程主要为职业技术教育和普通文化教育两大块。

① Le système éducatif en France, Les notices de la documentation Française, Paris, 2003. p93.

职业学习证书培训具有较大的灵活性，学生在接受职业学习证书培训的同时，可以接受相同领域的职业能力证书培训。获得此证书后既可就业，也可以继续学习。

正是由于完成职业学习证书之后能够继续学习，使那些以为进入“死胡同”的青年又看到了生机。1996 年，有 54% 的获得职业学习证书的毕业生直接注册职业高中会考文凭，23% 的学生进入高中二年级适应班，准备技术高中会考。20 世纪 90 年代以来，接受职业学习证书培训的人数增长迅速，稳定在 45 万人以上。

在改革职业学习证书的基础上，法国于 1985 年设立了职业高中会考文凭。此文凭接受职业能力证书和职业学习证书持有者，学制为两年。增设此文凭的主要目的是：

• 为青年迎接 21 世纪的经济挑战。因为现有类型的职业培训难以适应新的生产领域，特别是新的信息技术发展的要求。

• 提高劳动力市场中高中会考毕业青年就业的比例。因为短期高中毕业生曾是技术工人的主要来源，同时短期的大学毕业生就业的数量增长较快，而高中会考毕业生都以升学为目标，很少直接就业，劳动力市场恰好缺乏这一层次的青年。

• 打通职业学校与学徒培训中心的屏障。因为学徒培训中心的出路只有就业，而在劳动力市场紧缩时，青年就面临失业。这种培训被称为“死胡同”。

新的职业高中会考文凭的培养目标是高级技术工人和职员，学习方式十分灵活，不仅可以在学校，还可以在学徒培训中心，甚至可以履行培训合同或接受继续培训。技术高中会考文凭的教学由四个部分构成：第一部分是职业和科学技术课，每周 16 至 18 课时；第二部分是普通教育课，其中法语占 3 至 4 课时，外语占 2 至 3 课时，现代世界知识占 2 课时；第三和第四部分为体育 3 课时，艺术教育 2 课时，另有 3 至 6 课时为自习。在两年学习期间，学生要在企业接受 16 至 20 周的实习培训。

职业高中会考文凭获得者的基本方向是直接就业，也允许继续接受短期高等技术教育。由于此文凭教学与就业市场联系密切，因此学生毕业后就能很快参加工作。现有 50 余个专业的职业会考文凭，2001 年招生最多的专业是文秘、会计、经贸、电气设备安装、自动机械系统维修这五大专业。

自 1985 年设立职业高中会考文凭后的第一批招生以来，其学生数量增长很快，第一年为 1300 人，1990 年便增长至 93 716 人，2001 年达到165 114人。（见图 5 - 2）

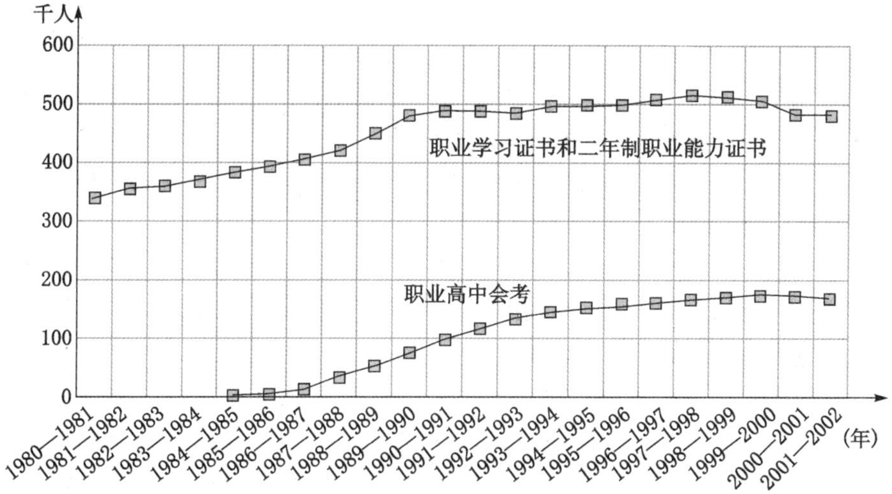

图 5 - 2　法国新型职业文凭学生人数变化

资料来源：Ministère de l'Éducation nationale de la recherche et de la technologie, Repères & références statistiques sur les enseignements et la formation, 2002.

第四步，向高等职业教育延伸。

在西方国家中，由于就业困难的加剧，青年们越来越多地期望进入高等教育。这种选择既符合青年争取就业成功的切身利益，又适应工业社会发展的需要，因为科学技术的进步要求社会人口素质的提高。法国也顺应这一国际潮流，在普通高等教育机构中开辟了各种类型的短期或长期的职业技术教育，现简单列举如下：

高级技术员证书，学制为两年，主要接收高中毕业会考毕业生，培训机构为设在技术高中内的高级技术员班。

大学技术文凭，设立于 1966 年，学制为两年，主要接收高中毕业会考毕业生，培训机构为设在大学内的大学技术学院。

大学科技学习文凭，学制为两年，主要接收高中毕业会考毕业生。

管理科学硕士、科学技术硕士和应用信息管理硕士，学制为四年，相当于大学本科。

高等专业学习文凭，接收本科毕业学生，学制为一年。

工程师—硕士文凭（Ingénieur—Maître），接收本科毕业学生，学制为一年，培训机构为设在大学内的大学专业学院。

因为法国大学的主要培养目标为教师和研究人员，除了法学院和医学院的培养目标具有职业特点外，大学毕业生必须通过相应的专门职业考试才能获得从事某一职业的资格证书。而新设立的以职业为特点的高等教育文凭，通过基本理论教学和企业实习培训，赋予学生担任高级技术和管理工作的素质，使他们能够适应现代职业变革的需求，因此比较受企业欢迎，就业状况较好。

尽管二十余年来的法国职业教育改革取得了很大成绩，但是不容忽视的是职业教育的社会地位仍然很低。社会仍然把职业教育视为被排斥的穷途末路，或是处置学生学业失败的场所。

与中等职业教育的状况相反，法国高等职业技术教育社会声誉较好。例如，大学技术学院创建30余年来，作为设于大学内的两年学制的短期高等技术人员教育模式，取得了十分成功的经验。其基本特点是，严格筛选的入学机制，良好的高等专业技术培训，具有升学与就业的双重保险。中等职业教育同高等职业教育的不同社会形象的巨大反差，造成法国职业教育系统的极不平衡。

虽然20世纪80年代以来法国尝试了一些职业教育改革，如增设职业高中会考文凭，扩大短期高等教育规模等取得一定效果，但是似乎无法扭转人们对职业高中早已形成的概念，法国职业教育至今还未受到社会的重视。

第三节　特色与不足

一、法国教育的特色

其实，法国社会轻视职业教育并非特例，世界上绝大多数国家或多或少都存在着轻视职业教育的现象。但是，法国职业教育发展毕竟经历了百余年的历史，也形成了自身的优势和特色，值得重视的应当有以下几点：

1. 中央宏观管理，地方统筹规划

职业教育管理在法国体现出明显的中央集权特点，职业教育文凭和证书的制定与颁发，职业教育教师的录用、培训与工资，职业教育质量的监控，职业教育结果和经费使用状况的通报均属于中央政府的职权。而中央政府的具体责任者则分属国民教育部、劳动部、农业部、卫计委、交通部等部门。

地区政府则需要在与国家的协调中负责制定地区职业教育发展规划，要对中期职业教育的供给进行统筹安排，对未来职业教育的某些领域的开设和关闭进行规划，调节社会和企业对职业教育的需求。

表 5－3　职业教育的管理权限

国　家	地　区	企　业
制定证书参照系	制定地区职业教育发展规划	参与文凭的制定
确定考试规则	保障职业高中的建设、维修和设备	接受学生的企业实习
颁发文凭	签订创建职业培训中心的合约	参与文凭的颁发
提供各种培训		通过支付学习税参与职业技术教育
教师的录用、培训与工资		
培训质量监控		
通报教育结果和经费使用状况		

资料来源：Maryannick Malicot, Bernard Porcher, La formation professionnelle initiale du second degré, éducation & formations n°75, 2007－10.

2. 学校教育为主，企业充分参与

虽然法国职业教育是在政府教育部门管辖之下的学校教育系统，但由于职业教育与职业界的天然联系，就必然要在职业教育和职业界之间建立一种联系机制。

这种机制体现在法国将职业能力证书升级为国家正式承认的文凭的同时，建立了国民教育部与企业界协商委员会，即由 1948 年的一项法令设立的全国职业咨询委员会，后于1972年改为“职业咨询委员会(Commissions Professionnelles Consultatives —CPC)”。

职业咨询委员会的专业委员会目前为24个，其中分属教育部17个、农业部1个、劳动部5个、青年与体育部1个，代表着基本的经济领域活动。职业咨询委员会的重要作用是对各种职业技术文凭的设置、变动与撤销提供必要的咨询，或者说，没有职业咨询委员会的审查，任何职业技术文凭的设置、变动与撤销都不可能实现。职业咨询委员会每年审查的职业文凭数量介于50～60个之间，并且每5年对所有文凭进行复审。

职业咨询委员会的文凭审查工作大体要经历4个步骤：

- 时机选择：是否需要设置某一新文凭？对某一文凭如何调整？是否应撤销某一文凭？
- 设置职业参考：描述文凭所对应的职业活动和在不同类型企业的不同特点及其未来变革。
- 设置文凭标准：制定课程内容和考试内容。
- 确定考核方式：制定考试规则和评分标准。

如果说法国的职业教育属于学校教育类型，即整个培训过程基本在正规学校教育中完成，那么这只是反映了它的基本特征。它不同于德国的双元制职业教育，培训、认证、就业融为一体。也不同于英国的复合式职业教育，培训、认证和就业完全分开。法国职业教育，虽然基本在学校，但始终有企业的密切参与，无论是文凭的设置，还是课程内容以及考试方式，企业的作用都是相当重要的。

3. 设置特殊税种，支持职业教育

在教育经费方面，法国国家对职业教育的投入占相当大的比例，2005年达到63.6%，主要用于教师工资和学生的奖学金。地方政府的投入比例为21.2%，用于职业学校的管理和技术人员的工资以及职业学校的基本建设和维修。职业高中的生均经费为10 430欧元，学徒中心的生均经费为6760欧元。①

---

① Jeljoul M. et Viard V., Le coût de l'éducation en 2005, Note d'Information, 06.28, MEN-DEPP, novembre 2006.

法国在工业发展的同时，通过立法强制企业承担实施职业教育的义务，既促进了职业教育机构的发展，又保证了企业对人才的需求。在教育经费方面，法律规定企业完成各项缴税义务后必须承担至少两项支出，一是要求企业按上一年职工工资总额 1.5% 的比例提取继续教育经费，用于本企业职工的在职职业培训；一是按上一年职工工资总额 0.5% 的比例缴纳“学习税”（taxe d'apprentissage），用于支持职业技术教育的发展。

企业将学习税的一小部分上缴国库，大部分直接支持职业技术教育机构，或交给工商会和培训管理机构，用于企业指定学校的职业培训。

2007 年，职业高中获得学习税款 4923.5 万欧元，占学习税总量的 4.3%，生均获得经费 115 欧元[①]。这笔经费大大支持了职业教育的发展。

4. 密切校企联系，实行交替培训

作为以学校教育为主的法国职业教育，注重与企业的密切联系。从 1979 年开始，无论是想获得职业能力证书还是职业学习证书的学生，都必须参加企业实习，以便培养学生的实践能力。1985 年建立了学校与企业的联系机制。1986 年建立了“教育与经济高级委员会”（Haut Comité Education-Economie），2000 年改建为“教育、经济与就业高级委员会”（Haut Comité Education-Economie-Emploi），负责协调国民教育系统与经济界的经常联系。在 1986 年，当职业高中会考文凭建立之初，就规定了该文凭的培训包含 12～24 周企业实习的教学内容。1992 年 7 月 17 日制定的法律，将企业实习作为所有职业技术教育必须实行的一个原则。

对于一些手工业，实践是培训的中心环节。为此，法国职业教育体系中至今仍保留着学徒培训这一古老方式。通常，这种培训在学徒培训中心（centre de formation des apprentis —CFA）实施，采取在培训中心学习理论知识，在企业进行劳动实践的交替制的培训方式。2005 年，法国有 1211 个学徒培训中心[②]。

---

① Ministère de l'Éducation nationale de la recherche et de la technologie, Repères & références statistiques sur les enseignements et la formation, 2009. p149.

② Carine Lhoste, Fanny Thomas, Une variété de structures et d'offres de formations dans le professionnel, éducation & formations n°75, 2007－10. p38.

学徒不同于职业学校的学生，他们具有工薪者的身份，其工资标准有明文规定，并由国家负担其社会保险。学徒在培训中心的学习是免费的，接受学徒实习的企业可以缩减其学习税。过去，学徒培训中心毕业的学徒只能获得职业能力证书，1987 年之后则可以通过学习获得各种职业教育文凭。1980 年，在学徒培训中心接受培训的学徒约 10 万人，占同龄人的 12.5%。2007 年，学徒人数达到 425 162 人。[①]

5. 注重基础文化，设置统一考试

无论是受法兰西的文化传统的影响，还是由于现行职业教育属于国民教育系统的缘故，法国职业教育一直比较注重基础文化知识的培养，以便使学生在未来职业生涯中都有更大的适应能力。法国企业对能力的理解是可以在不同劳动场合展示的基础知识。有时企业宁可录用一个普通高中的毕业生，也不要专业对口的职业高中学生[②]。

表 5-4　法国各种职业教育课时结构

	职业能力证书	职业学习证书	职业高中会考
普通教育	约 850 小时	900~970 小时	880~970 小时
职业技术教育	900~1020 小时	915~1160 小时	625~740 小时
学校总课时	1750~1880 小时	1810~2094 小时	1515~1675 小时
企业实习时间	420~560 小时	105~280 小时	560~630 小时
总课时	2300 小时	2020~2300 小时	2150~2220 小时

资料来源：Jeljoul M. et Viard V., Le coût de l'éducation en 2005, Note d'Information, 06.28, MEN-DEPP, novembre 2006.

但是，法国职业文凭的考核方式也不完全是学校所采用的类型，而是兼顾了职业能力的要求，并允许职业学校的在校学生、学徒培训中心的学徒、接受继续教育的成人或完全独立的个人参加全国统一的国家职业文凭考试。国家对某一职业文凭考试都明文规定了考试科目、性质和考分系数。表 5-5 清楚显示了职业学习证书电气专业的考试规则：

---

① Le système éducatif en France, Les notices de la documentation Française, Paris, 2009. p149.

② Eric Verdier, Le dispositif français de formation professionnelle à l'épreuve des modèles allemand et britanique, rapport de recherche, décembre 2000.

表5－5　职业学习证书电气专业的考试规则

	考分系数	考试时间
职业能力考试		
技术交流（笔试）	4	4小时
现实表现（培训过程中考查）	11	11.5小时
普通文化考试		
法语（笔试）	4	2小时
数学—物理（笔试）	4	2小时
历史—地理（笔试）	1	1小时
外语（笔试）	1	1小时
体育（培训过程中考查）	1	

资料来源：Le système éducatif en France, Les notices de la documentation Française, Paris, 2003. p98.

职业文凭考试在学区层次上进行，也有可能跨学区进行。考试的评审委员会通常由企业经理、工人与技术人员和教师共同组成，委员会主席则必须由企业人员担任。考试一般含笔试、口试和实践能力的考查，有时评委会成员会就学生的实习报告进行专门提问。主管督察在考试前的几个月会要求学校教师拟出考试试题，然后经职业委员会审核通过。评审委员会根据评阅后的考卷，对考生做出是否授予文凭的决定。

法国社会一直很认可匿名评阅考卷，这样可以避免评卷者的主观误差。但职业培训不同于普通教育，对职业能力的考查则必须面对考生本人，因此更要求评审委员会成员的客观公正。

为了避免传统考试“全有或全无”的特点，法国近年来提升了过程考查的分量，比如将职业高中毕业会考的7门必考科目缩减为4门，其他3门变为“培训过程考查”，并允许单科考试，单科补考，最后累加后授予文凭。

二、法国教育的不足

由于历史原因，法国职业技术教育以学校教育为主，学校与生产企业之间还有着相当大的鸿沟。法国社会对技术教育，特别是职业教育十分鄙视。职业学校通常被认为是接收不具接受普通教育能力的学生的场所。而淘汰式的高中分流机制，导致了职业高中的生源质量差，就业出路不佳，社会地位低下。主要问题反映在：

1. 学生素质普遍较差

在职业高中一年级，留级一年以上的学生高达69%，其中20%留级两年以上。职业高中的学生纪律松弛，缺课现象十分普遍。根据法国官方统计，法国中学2008年4月的月平均旷课4.5天的学生比例为9.6%，而职业高中的比例高达19.3%。职业高中的暴力事件更为频繁，2007—2008年法国职业高中每千名学生严重暴力行为的发生率为15.1%，而在普通与技术高中的这一数字为4%。[①]（见表5－6）

表5－6　法国中学学生旷课状况（%）

	初中	普通与技术高中	职业高中	合计
2007年9月	1.3	1.8	6.9	2.8
2007年10月	2.6	4.4	15.3	6.4
2007年11月	2.5	8.3	19.6	9.3
2007年12月	2.6	6.2	15.0	7.3
2008年1月	3.1	5.8	15.2	7.2
2008年2月	2.0	4.8	11.3	5.5
2008年3月	2.7	7.4	16.6	8.2
2008年4月	2.6	9.0	19.3	9.6

资料来源：Ministère de l'éducation nationale de la recherche et de la technologie, Repères & références statistiques sur les enseignements et la formation, 2009. p59.

2. 无文凭学生比例极高

在法国社会，人们特别看重文凭。文凭，标志着一个人的质量，也是社会等级和身份的指标。不同层次、不同学科、不同学校的文凭都具

① Ministère de l'Éducation nationale de la recherche et de la technologie, Repères & références statistiques sur les enseignements et la formation, 2009. p57.

有不同的含金量。当一个人走出校门，文凭就是其职业生活历程的通行证。最初的学校文凭，往往可以决定人的一生。2007 年，法国 18% 的 20～24 岁的青年，即大约 13 万人在离开学校时没有中等教育毕业文凭。其中 4.1 万是职业高中一年级学生，3.3 万是职业高中二年级学生。[①]

3. 某些专业生源不足

尽管法国职业教育在整体上社会声誉不高，职业学校的毕业生就业状况也不佳，但是他们还是尽可能选择服务业的专业，致使传统的生产加工领域的学生减少。1995 年，在注册职业能力证书的学生中，选择生产领域专业的比例达到 64%，而在 2005 年降至 49%。（参见图 5－3 和表 5－7）

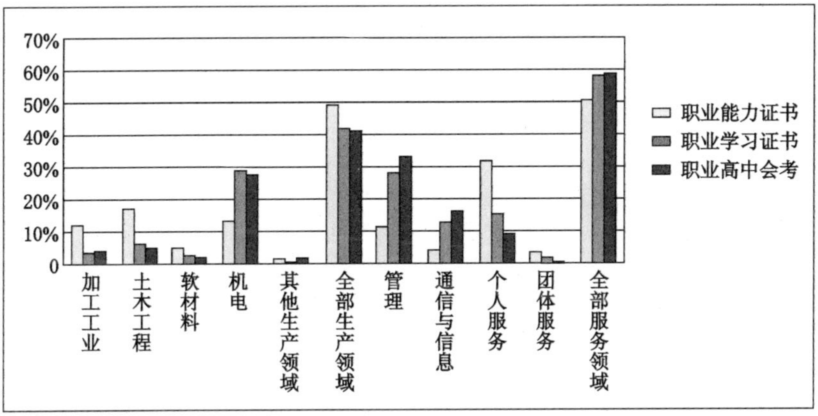

图 5－3 法国职业教育学生在主要行业中的比例

资料来源：MEN-DEPP

表 5－7 法国职业教育学生的专业分布

专业领域	2005 年				2005 年（%）				1995 年（%）			
	合计	职业能力证书	职业学习证书	职业高中会考	合计	职业能力证书	职业学习证书	职业高中会考	合计	职业能力证书	职业学习证书	职业高中会考
加工工业	36 448	11 729	15 540	8060	5	12	4	4	4	15	3	4
其中：农业食品、餐饮	13 512	9117	2 222	1 251	2	9	1	1	1	10	0	0

① Haut Conseil de l'Éducation, L'enseignement professionnel, Bilan des résultats de l'École-2009. p10.

（续表）

专业领域	2005 年				2005 年（%）				1995 年（%）			
	合计	职业能力证书	职业学习证书	职业高中会考	合计	职业能力证书	职业学习证书	职业高中会考	合计	职业能力证书	职业学习证书	职业高中会考
能源、空调设备	14 132	498	9371	4167	2	1	2	2	2	1	2	2
土木工程	53 279	16 475	27 167	9512	7	17	6	5	7	20	5	5
其中：建筑	18 194	7509	8214	2451	3	8	2	1	2	9	1	1
木材加工与家具	22 638	7145	11 115	4290	3	7	3	2	3	9	2	2
软材料	21 071	4947	11 524	4339	3	5	3	2	3	10	3	2
机械与电气	191 275	12 875	124 160	53 009	26	13	29	28	29	18	31	29
其中：机械与电子	32 890	249	19 453	13 095	5	0	5	7	5	0	5	9
机械工程	21 863	343	15 139	6220	3	0	4	3	5	3	5	4
动力与机器自动化	31 009	2591	21 073	7923	4	3	5	4	4	3	4	3
金属结构	20 518	5666	10 944	3708	3	6	3	2	3	8	3	2
电子	83 396	3727	57 551	21 729	12	4	13	11	12	4	13	10
其他生产领域	6711	1563	1452	3696	1	2	0	2	1	1	0	2
全部生产领域	308 784	47 589	179 843	78 616	43	49	42	41	45	64	43	41
贸易与管理	194 538	11 024	120 034	63 262	27	11	28	33	27	4	28	35
其中：					—	—	—	—	12	—	18	—
商业、销售	107 587	9929	57 328	40 225	15	10	13	21	9	3	9	13
会计、管理	81 300		53 933	27 367	11	—	13	14	4	—	—	20
交流与信息	89 369	4017	54 432	30 856	12	4	13	16	14	4	14	19
其中：文秘	79 695		52 230	27 465	11	—	12	14	13	—	14	19
人员服务	118 392	30 612	65 582	17 427	16	32	15	9	12	26	13	5
其中：	47 087		44 520		7	—	10	—	5	0	7	—
酒店、旅游	36 738	7340	21 062	7530	5	8	5	4	5	8	5	4
理发、美容、保健	21 463	19 818		928	3	21	—	0	2	15	—	—
团体服务	12 870	3361	7890	1283	2	2	2	1	2	2	2	1
全部服务领域	415 169	49 014	247 938	112 828	57	51	58	59	55	36	57	59
总　计	723 953	96 603	427 781	191 444	100	100	100	100	100	100	100	100

资料来源：MEN-DEPP-Système d'information SCOLARITE et enquête n° 16.

4. 传统观念制约

在法国社会，体力劳动与职业经常被轻视，人们认为职业学习不是智力教育，而只是通向劳动市场的必经之路。有人考察，在法国 577 个议员中，只有 7 人毕业于职业学校[①]。职业生涯的路径令青年一代尽可

① Haut Conseil de l'Éducation, L'enseignement professionnel, Bilan des résultats de l'École-2009. p11.

能选择就业前景更好的普通教育。

第四节　期待的新颜

职业教育存在的这些问题，越来越引起法国社会关注。法国前总理若斯潘曾呼吁，给予职业教育以相同的社会尊重，“观念中的深刻变革是十分必要的”。近些年来，法国教育部也在不断采取多种方式，试图对职业教育进行彻底的改革。

1997 年 12 月底，法国国民教育部部长阿莱格尔和负责学校教育的部长级代表鲁瓦雅共同宣布进行一次主题为“高中应当教授哪些知识”的大型咨询调查。实施这项调查的组织委员会于 1998 年 5 月 11 日向上级主管部门提交了一份报告，提出了关于高中课程改革的 49 条建议。这些建议有多处涉及职业教育的改革。

报告认为应当“提高职业教育的地位，使其与普通和技术教育具有同等的价值，这是教育政策的绝对优先点”。报告还专门强调了职业高中的职能与变革，指出“职业高中完全是职业活动和就业的预备场所，包含着学历培训和继续培训，它是各类职业及其文化的储备处。它也是具备各种职业能力、经验和文化的人们相互接触和交流的地方”。“职业高中可以使学生获得所有高中学生应掌握的共同文化，获得所选职业的实际能力。学生的专业方向在学习过程中逐步确定。职业高中也可以为成人获得新的职业能力。”

1998 年 4 月 9 日，教育部部长委托雷恩学区总长威廉·马鲁瓦（William Marois）主持了关于职业技术教育的圆桌会议。之后，马鲁瓦又于 1998 年 7 月 9 日向教育部提交了圆桌会议报告——《职业教育改革的工作纲要》①。

纲要首先提出了职业教育改革的八项指导原则：

- 与经济界代表结成伙伴关系，职业教育文凭的规范与建立均需企业界参与，以适应经济发展需求，使文凭持有者具备职业界认可

① Rapport Marois, Table ronde sur l’enseignement professionnel.

的素质。

- 职业教育包含着职业领域中的培训，以利于职业能力、技能和知识的形成。
- 职业教育的基本目标是就业，但不排除文凭持有者继续学习。
- 职业教育文凭应当允许在良好条件下直接就业，但同时要利于今后一生中的继续培训。就是说，要做到普通文化知识与职业能力知识之间的平衡。
- 实行培训过程与认证方式的分离，即允许通过学校教育、学徒培训、继续培训或资格考核的方式获得文凭。
- 继续实行全国性的文凭，以构成标准参照点，保证地域间和行业间的流动。
- 职业教育要突出个别化培训，如交替式教学、实际操作、同企业建立合作计划、个人实践等。
- 地区政府应发挥更大的协调与组织作用。

从以上八项原则出发，纲要提出50条具体建议，主要内容是：

第一，改变职业教育的形象。一方面，要强调职业教育在人才培养上的重要作用，提高职业教育的质量，突出其教学特点；另一方面，要发挥每一职业学校的教育优势，在有限的专业领域构建尖端学科，形成能够吸引企业、学生和家长的“培训极”（pôles de formation）。

第二，同企业建立伙伴关系。建立全国性的职业教育与经济领域的对话机制，在学校和企业中建立协作办公室，制定校企协作宪章，制定与中小企业加强联系的政策等。

第三，改革文凭结构。职业资格已由过去的教育与职业的直接对应的狭窄定义，变为培养能力和行为的广泛概念。职业教育应当重视职业培训与普通文化的平衡，改善职业教育与普通教育之间的过渡环节，保证技术高中会考文凭的后续学习，在大学改革中重视职业教育，允许就业后的重新学习。

第四，加强交替式培训。鼓励企业接收青年，完善企业培训制度，促进青年在企业中融合，保证学校教育与企业培训的连续性，加强交替培训教学的研究。

第五，加强职业技术专业人员的培训。多渠道招聘职业学校的教师，在教师培训中插入企业知识学习，安排教师在企业界实习。

1999年3月4日，法国教育部公布了一份关于高中改革的重要文件——《面向21世纪的高中》[①]。文件在阐述未来高中的整体改革设想的同时，对第三个千年中的职业高中提出了改革目标，主要内容有：

第一，职业教育的基本要求。职业教育必须做到“普通教育、职业培训和经济环境中的平衡”，要使学生在接受职业教育的同时，获得所有高中学生都应具备的文化知识，获得从事职业工作的必要能力。

第二，职业高中的发展方向。在规划地区职业教育发展的同时，促进“职业教育极”（pôles d’enseignement professionnel）的诞生。所谓“极”意味着尖端。职业高中应当根据自身条件，在某一专业领域突出发展，形成特色学校，如汽车专业学校、时装专业学校、旅馆专业学校等。

第三，职业高中文凭的重新规范。职业高中文凭具有双重意义：证明相应的普通文化水平和确认职业能力与技能。这种证明是在由各行业专家构成的职业咨询委员会的广泛参与中实现的。职业高中文凭可以通过学校教育、学徒培训、继续培训或资格考核等不同方式获得。

第四，职业教育机构的组织模式。职业高中将不单纯是中等教育机构，职业高中可以设立短期高等教育，招收职业高中会考毕业生，进行高级技术员的培训。

为了实实在在地改变过去职业教育的不良形象，在教育部部长倡导下，法国于1999年3月14日至4月4日间举办了“职业教育新形象”的电视专题节目，掀起了提高职业教育地位的运动。节目由毕业于职业高中的法国足球队教练雅凯主持。节目中，有招收职业学校毕业生的企业介绍情况，有从职业学校毕业不久的青年畅谈体会，有获得职业成功的职业学校老毕业生现身说法，还有全法职业大奖赛得主荣誉出场。

与此同时，各地教育部门组织各类展览、讲座，安排学生和家长同企业家会见等活动。法国就业指导信息中心还为此开设热线电话，为所有关心职教的人提供咨询。

人们试图通过这些活动，使社会更加了解职业教育，吸引更多的青年走职业教育的途径。据1997年3月的最新统计，法国毕业五年之后的工科职业高中会考文凭持有者的失业率为6%，低于普通高中会考文凭持有者的失业率（13%）。失业率这一指标为社会所高度关注，如果职

---

① Un lycée pour XXIème siècle, http://www.education.gouv.fr/sec/lycee21/voie.htm.

业教育能够达到和保持低失业率的指标，将会根本改变其过去不佳的社会形象。法国职业高中虽然基础设施较差，但政府近十几年来加大了投资力度，职业学校的面貌已有了根本改善。职业学校毕业生就业比例的提高，逐渐或正在纠正社会对职业教育的偏见。特别是增设的职业高中会考文凭，为通向高等教育架起了实际的桥梁，为青年进一步学习提供了可能，吸引着越来越多的青年接受职业教育。

诸多的问题，诸多的建议，诸多的期待，终于迎来了新型职业技术高中的诞生。

2001 年 6 月，卡尚高等师范学校教授德贡（Bernard Decomps）向当时的教育部部长雅克·朗和负责职业教育的部长级代表梅朗松提交了一份报告：《关于高中技术专业的一个新设想》[①]。在此报告中，德贡首次提出了“专业高中”（Lycée des métiers）的概念，教育部于 2001 年底发布政令[②]，批准设置专业高中。

专业高中的目标是适应终身教育的要求，促进技术教育和职业教育的沟通，提供优质的职业资格，实现职业化的可持续发展。专业高中与以往职业高中或技术高中最大的差异，是所实施的职业教育和技术教育定位于某一特定的专业，并允许继续进入高等教育。其特点可以概述如下：

第一，培训专业化。专业高中所实施的培训，可以是某一专业领域，如销售、建筑、汽车、餐饮等职业，也可以是一系列相关职业，如服装、纺织业、时装模特，或是整体性的职业，如海洋业、服装业。

第二，文凭多样化。专业高中可以颁发各种中等和高等职业技术文凭，同时提供继续教育，承认经验获得，并可开设学徒培训中心，实施交替制培训。

第三，学生多元化。高中生、大学生、学徒、合同青年、在职职工、期望获得职业认证的成人都可以是专业高中的学生。

第四，合作多边化。提倡专业高中与职业界和地方政府等各个方面保持密切联系，开展技术指导、了解职业变革和就业市场、企业实习、支持就业、地方发展、技术转让等多种合作。

---

① Bernard Decomps, Une nouvelle ambition pour la voie technologique au lycee, 14 juin 2001.

② C. n° 2001 – 261 du 17 – décembre – 2001, Bulletin Officiel du ministère de l'Éducation Nationale et du ministère de la Recherche, N°47 du 20 décembre 2001.

当然，创新不仅依赖于智慧，创新也需要勇气，创新可能要承担风险。创建新型的专业高中，犹如重新洗牌，执行新的游戏规则一样，旧的学校将不复存在，新的学校要开始新的抉择。一所新型的专业高中，能否顺利组建、立足和发展，关键在于能否以适应经济发展和劳动市场的崭新面貌展现于学生与家长面前。如果一所学校所选择的专业，不能保证在当地或全国有充分、持久的市场，就很难获得成功。

2009 年，法国又实施了更具魄力的职业高中改革[①]。其目标是使职业高中毕业生的无文凭率降至为零。为此，职业高中会考文凭将成为职业教育的基本文凭，并且过去两年职业学习证书和两年职业高中会考的学制，将缩减为连续的三年学制。同时，在不同教育路径增设了过渡通道（passerelles），允许普通与技术高中的一年级学生转向职业高中会考的一年级学习，允许职业高中会考的一年级或二年级的学生转向技术高中的一年级学习，也允许职业高中会考的一年级的学生转向职业能力证书的结业年级学习，职业能力证书的毕业生也有可能学习职业高中会考的二年级课程。为了保证每个学生的学习质量，普遍增设了每周 2.5 小时的辅导课。

法国职业教育新路径

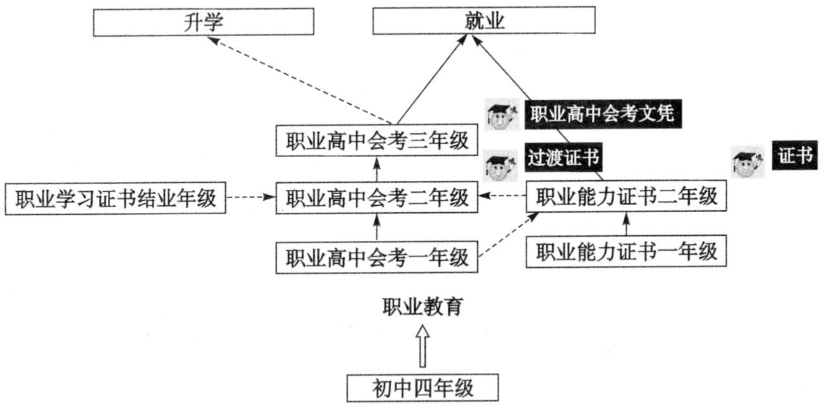

如何改变职业教育的形象，是法国社会十分关注的问题，也期待着职业教育能够在未来展示自己新的风采。

---

① Bulletin officiel spécial n°9 du 15 octobre 2009, Rénovation de la voie professionnelle à compter de la rentrée 2009-Diplôme intermédiaire（C. A. P. , B. E. P. ）.

第六章 促进教育平等与公正

法国哲学家西蒙娜·韦伊这样理解平等，她说，“平等是人类灵魂的必然需求。它由公众的、普遍的、确实的承认构成，并由制度和习俗真切表示，等量的尊重和努力属于全人类，因为对人类的尊重就应如此并不分等级”。

《世界人权宣言》第二十六条规定：“人人都有受教育的权利，教育应当免费，至少在初级和基础阶段应当如此。初等教育应属义务性质。技术和职业教育应当普遍设立。高等教育应当根据成绩而对一切人平等开放。”从1945年宣言发布之日起，人们对教育平等便充满了期待。

但是，实现教育平等的理想需要从认识教育领域中的不平等开始，而法国社会学家开创了教育不平等理论研究的先河。

第一节　教育不平等的理论与测量方法

自从人猿相揖别，人类就有不尽的相互争斗、相互残杀，也就有不平等。特别是出现阶级以来，社会不平等就表现为统治阶级与被统治阶级的不平等。但是，这种不平等长期以来被认为是自然秩序的结果或神的旨意，只是在法国大革命之后，教育平等的思想才开始进入政治改革的范畴。

法国《人与公民权利宣言》宣称，国家保证教育的平等。法国大革命期间，诸多的体现教育平等理念的教育改革计划纷纷出台，如塔列朗（Talleyrand）计划提出，“应当承认人人平等。然而，在事实上不平等的环境中，权利的平等极少体现。如果教育不能不懈地努力减少严重的不平等，那么，不平等决不会自然消亡”①。

学校，就其本义来说，应当是传授知识的场所。但是，学校在它诞生之时便打上了阶级的烙印；在民主社会中，学校一方面是形成人力资本、促进社会流动的重要因素，另一方面也在参与和制造社会的不平等。

传统社会学认为，学校具有社会统一和社会分工的双重功能，既要向儿童灌输社会道德价值观念，又要为他们的劳动分工定位。② 1802 年，拿破仑建立公立中学（Lycée），便是为其精英教育服务的。公立中学通过严格的拉丁语教学来选拔精英。一位历史学家曾经在 1896 年指出，“如果说拉丁语的学习有什么用的话，便是它本身的无用”③。

法国的布尔迪约（P. Bourdieu）和帕斯龙（J. C. Passeron）是这样揭示学校如何实现社会结构再生产的：

在不同的社会阶级中，存在着不同的“语言码”（codes linguistiques）。每一社会阶层中，都有其独特的文化或文化形式。“可以学校方式赢利的语言资本”在社会不同阶级中的分配先天就不平等，然而学校文化却完全服从于专横文化，崇尚所谓典雅、悠然自如、潇洒，轻视艰苦、朴素。社会各阶级往往由于与学校文化的距离不同和由于获取这种文化的方式不同而有所差别。接近于学校文化的阶级可以耳濡目染地向儿童传授各种知识，并向儿童提供各种必备的学习条件，从而使其子女凭借其“文化资本”优势很容易地在学校里出类拔萃。而对于平民阶级的孩子，因为家庭中对教育制度知之甚少，学习用具也残缺不全，经常处于学习的劣势，甚至受到被淘汰的威胁。因此说，学校成功的不平等就是典型

---

① Vincent Troger, Jean-Claude Ruano-Borbalan, Histoire du système éducatif. Paris: PUF, 2005. p94.

② Durkheim E. , Education et sociologie. Paris: PUF, 1975.

③ Vincent Troger, Jean-Claude Ruano-Borbalan, Histoire du système éducatif. Paris: PUF, 2005. p97.

的“文化主义”的不平等。这种文化的不平等恰好体现了社会的不平等，换句话说，不平等的学校教育再生产了不平等的社会结构。

博德洛（C. Baudelot）和埃斯塔布莱（R. Establet）也是教育再生产理论的赞同者，他们写道，“学校机器忠于职守地致力于资本主义生产关系的再生产，即为着统治阶级的利益，最终实现阶级社会的分离”①。但是他们却从另外的角度来论证其理论。他们认真地考察了法国20世纪60年代的学校教育制度，提出了法国仍然存在着双轨制教育的观点。从表面上看，法国学校实现了统一，即取消了形式上的阶级、种族、性别的限制，实行了全民的免费义务教育。但实际上，两种轨制教育的对立是十分明显的：“初等—职业”教育一轨面向平民子女，主要培训具有一般性技能的简单劳动者；“中等—高等”教育一轨则基本服务于上层阶级子女，为统治阶级培养高级技术与管理人才。这两种教育轨制的对立反映了资本主义脑力劳动与体力劳动之间的分离，强化了社会阶级的矛盾，继续把每个人“按照社会劳动分工划分成对立的社会地位，一方面是被剥削者，另一方面是剥削者”②。

当然，教育再生产理论也受到质疑，布东（Boudon）认为，学校仅仅是通过毕业文凭为学生提供就业的机遇，学校对社会结构的作用还很有限，社会的不平等的根本原因在于社会分层的不平等。③

还有一种“过滤理论”，认为学校的功能不是造就职业能力，而是根据道德与行为的质量对每个人进行“过滤”和排序。劳动力市场则根据学校的排序接纳求职者，排在后面的，即文凭较低者，便被排斥。④

实际上，这种过滤贯穿于整个教育过程。

首先是学校的选择。西方国家的义务教育法规一般都是依据学生的家庭住址严格限定学生入学的分区范围。但是历史形成的优质学校往往集中于富裕城区，其房价远远高于平民区，因此优质学校的学生通常出身于富裕家庭。

---

① Baudlot C. et Establet R. , L'école capitaliste en France, Maspero, 1971.

② Baudlot C. et Establet R. , L'école capitaliste en France, Maspero, 1971.

③ Boudon R. , L'inégalité des chances. La mobilité sociale dans les sociétés industrielles, Paris, A. Colin, 1973.

④ Marie Duru-Bellat et Agnès Van Zanten, Sociologie de l'école, Colin/VUEF, Paris, 2002.

其次是班级的分配。在任何国家，都要根据一定的规则将学生划分成班级。常见的划分标准是学生的学习水平，相同或相近水平的学生被编排在同一班级。而学习水平总是或多或少地与学生的家庭出身相关联，诸多统计数据表明，出身优越的学生更多在优秀班级，出身不好的学生更多在较差班级。

再次是课程的设置。课程的多元化为学生提供了更多的选择，但理论性课程的未来导向通常是科学研究和行政管理，而应用性课程的导向是从事普通职业。在这里，学生的分布同样具有鲜明的出身差异。

然后是教师的态度。教师应当不让一个学生掉队，但在教学实践中，教师往往偏爱优秀学生，实行的是精英主义教育。如果说存在着“课堂上的皮革马利翁效应”，一般来说也是能发生在比较优秀的学生上。进一步说，课堂上体现的经常是“马太效应”，好的越好，差的越差。

最后是环境的差异。优质学校或优秀班级，通常有较好的学习环境，设备优良、秩序井然；而差的学校或班级，经常充斥着无序与暴力。可想而知，一个本来文化贫瘠的平民出身的子女，在一个恶劣学习环境中几乎无法健康成长。

从本质上说，学校或教育并不是不平等的根源，但是学校又确实或多或少地参与和制造着不平等。为了减少不平等并最终消除不平等，就必须减少和消除教育不平等。

为了减少和消除教育不平等，需要对教育不平等的状况进行测量。

1904 年，保罗·拉皮（Paul Lapie）试图通过测量初等义务教育的结果，来验证是否“平民学校恰当地发挥着平均主义的作用”。拉比对 1872—1893 年结束小学学习的人的职业状况进行了细致研究，发现只有少数平民子女获得初等教育证书，并由此改变了社会等级。这样的结果令这位共和国学校的拥护者颇感失望，他遗憾地指出，“学校有时可以斩断经济等级所封锁社会网络的链环，但其作用实在有限”。①

1936 年，教育部部长让·泽在开放中等教育的同时，开始对初等教育学生的社会出身开展调查，其调查结果成为法国第一份关于公立中学

① Francoise Oeuvrard, Quelques repères historiques, Education & formations n°74, avril 2007.

第六年级（法国初中共四个年级，顺序为第六年级、第五年级、第四年级、第三年级；高中三个年级为，第二年级、第一年级和毕业年级）学生家庭出身情况的统计表。（见表 6－1）

表 6－1　1936 年法国公立中学第六年级学生的家庭出身

学生家庭出身	学生人数	比例（%）
公务员	8613	30
工商业主	7097	24. 6
食利者	1682	5. 8
农　民	487	1. 7
工　人	769	2. 7
手工艺者	1251	4. 3
职　员	5850	20. 3
自由职业者	3057	10. 6
总　计	28 806	100

资料来源：A. Girard, Deux études sur la démocratisation de l'enseignement. I , L'origine sociale des élèves des classes de sixième. II. Résultats d'une enquête dans l'Académie de Bordeaux, INED, Population, no 1, janvier-mars 1962, in Francoise Oeuvrard, Quelques repères historiques, Education & formations n°74, avril 2007.

1944 年，法国国家人口研究所对 95 000 个小学生进行调查，试图找出学生家庭出身与学习成绩的关联。1962 年，法国国家人口研究所公布了其在小学五年级（毕业年级）的调查结果：87% 的高层管理人员和自由职业者的子女能够升入初中，而升入初中的工人子女只有 21%，农民子女只有 16%。[①]

1972 年，国民教育部设立专门统计机构，对 3 万名初中一年级学生进行纵向调查。

随着高等教育的大众化发展，人们把教育不平等的关注点放到高中毕业会考文凭获得者的家庭出身上。统计数据表明，1985—1995 年间，

① Francoise Oeuvrard, Quelques repères historiques, Education & formations n°74, avril 2007.

高中毕业会考文凭获得者在同代人口中的比例增长了一倍多，由29%增长到63%。但是，教育不平等的现象依然严峻。2004年，18岁的高层管理人员子女占同龄人口的比例为15%，但在当年高中毕业会考文凭获得者的总数中占20%。而占同龄人口比例约三分之一的工人子女，高中毕业会考文凭获得者的比例仅仅为18%。(见图6-1)

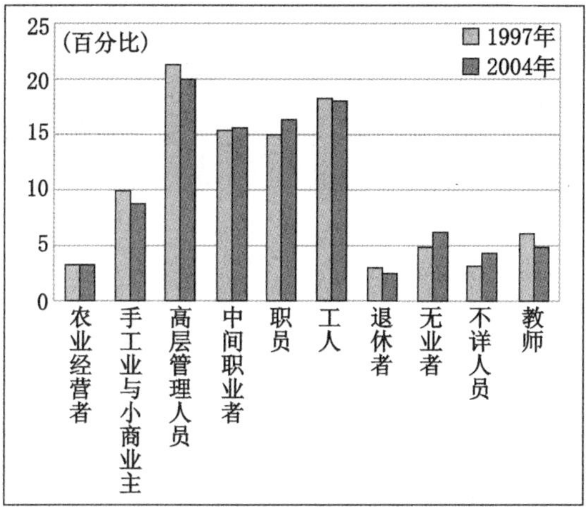

图6-1　1997年与2004年法国高中毕业会考文凭获得者的家庭出身

资料来源：Olivia Sautory, La démocratisation de l'enseignement supérieur: évolution comparée des caractéristiques sociodémographiques des bacheliers et des étudiants, Education & formations n°74, avril 2007.

高等教育发展的同时，也体现出不同社会出身的学生之间及其在学科分布上的差距。图6-2中的横轴勾画了精英教育的走向，高层管理人员和教师的子女，就业出路更好的科学专业系列集中分布在这一轴线的左侧。而工人的子女在处于横轴的右侧，职业教育的专业系列的位置更远离横轴线。横轴的终结处表示全部高中毕业会考文凭获得者占同龄人口的68%，而纵轴则表示农业系列高中毕业会考文凭获得者的比例达到17%。

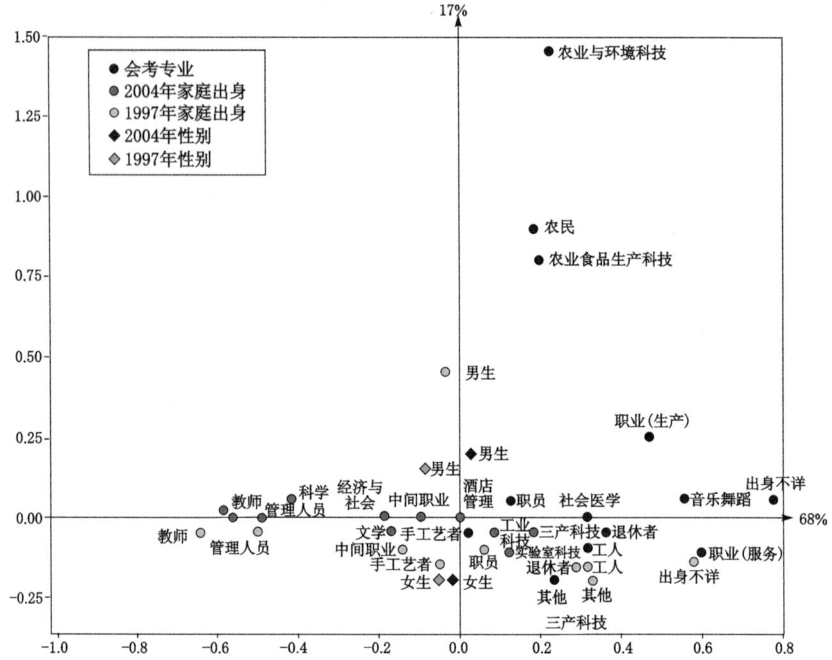

图 6－2　法国高中毕业会考文凭获得者家庭出身与专业相关性分析

资料来源：Olivia Sautory, La démocratisation de l'enseignement supérieur：évolution comparée des caractéristiques sociodémographiques des bacheliers et des étudiants, Education & formations n°74, avril 2007.

2004 年，43% 的管理人员子女获得了科学系列的高中毕业会考文凭，而当年科学系列高中毕业会考文凭的获得者只占全部高中毕业会考文凭获得者的 26%。类似的数据也体现在教师子女身上，其 46% 具有科学系列的高中毕业会考文凭，占全部科学系列高中毕业会考文凭获得者的 8.5%。

而工人、农民和退休者的子女更多地选择了技术或职业教育文凭。26% 的工人子女选择的是工业科学技术或社会医学等社会地位较低系列的高中毕业会考。实际上，这两个系列的高中毕业会考文凭获得者的比例只占全部高中毕业会考文凭获得者的 19%。

法国虽然早已是经济发达国家，本土国土面积只有 55 万多平方千米，人口也不算多，2014 年为 6698 万，但法国本土的 22 个大区及其 96

个省之间仍然存在经济、文化和教育上的差别。法国政府也已经注意到教育差别的存在，从 1993 年起出版《学校地理》（Géographie de l'école），至 2005 年已出版了 9 期。这个系列的出版物着重对教育的不均衡进行分析，用 30 个指标分析教育的经济与社会的环境、学校教育的条件、物质与人力资源、教育的路径、教育的结果，比较从幼儿教育到高等教育在各个地区和各个省之间的差异。

例如，图 6－3 显示了法国各省之间 2 岁儿童入学率的差异。法国不仅普及了义务教育，学前教育也相当普及，3～5 岁儿童的入学率接近 100%，能够体现差异的便是提前至 2 岁的儿童。

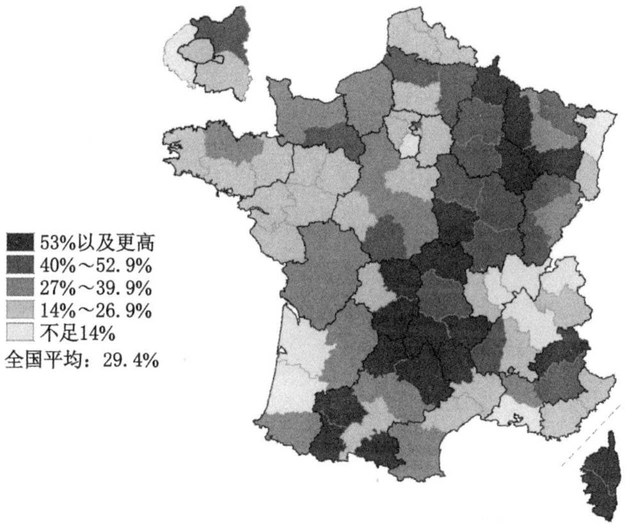

图 6－3 2003 年法国各省 2 岁儿童的入学率

资料来源：Géographie de l'École-n° 9 mai 2005.

而图 6－4 所反映的是法国高中毕业生的比例在各地区之间的差异，图 6－5 反映的是教师与学生比例在各省之间的差异。通过诸如此类的比较，可以帮助决策者认识教育发展的不平衡，以期对教育系统进行宏观调节，减少教育的不平等。

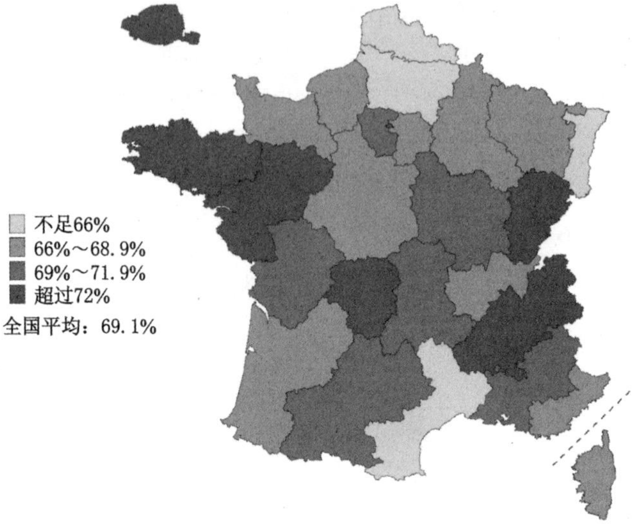

图6－4　2003年法国各地区高中毕业生获得会考文凭的比例

资料来源：Géographie de l'École-n° 9 mai 2005.

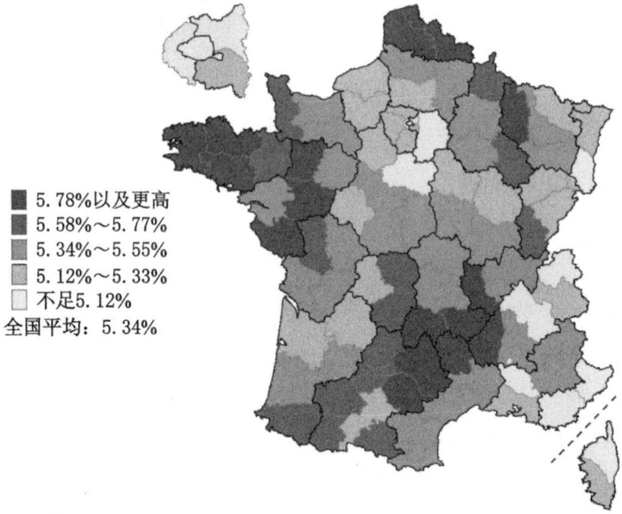

图6－5　2004年法国各省百名学生的教师职位数量

资料来源：Géographie de l'École-n° 9 mai 2005.

第二节　教育优先区

20世纪70年代末期，法国在经历经济危机之后，社会矛盾凸现出来，失业和不平等等问题困扰着法国社会。在教育上，由于中等教育的迅速普及，特别是1975年统一初中的实施，学生学业失败问题日益严重。学习困难的学生与正常学习的学生之间的差距越来越大，而这些学习困难的学生具有明显的社会特征，如多子女家庭、单亲家庭、平民家庭、移民家庭等。学业失败是导致如失业等社会失败的重要原因，间接的结果是加剧整个社会的不安。1981年，法国左派政党第一次开始执政，解决社会不平等问题便是政府不可回避的一项重大难题。

一、一个创举

为了克服学业失败和缩小教育不平等，法国教育部部长萨瓦里（Alain Savary）于1981年提出了“教育优先区”（zones d’éducation prioritaire —ZEP）的政策，就是在学业失败率较高的城区或乡村划分一定的地理区域，实施特殊的教育政策。萨瓦里认为，“教育系统的民主化，并同社会不平等做斗争，应当给予最需要的人更多帮助和更大关心”①。因此，在教育优先区域内，要以“给予最匮乏者更多，特别是更好”②的思想为宗旨，采取强化早期教育、实施个别教学、扩大校外活动、保护儿童健康、加强教师进修等措施，并为区域内各级中小学追加专门经费，为其教师增加补贴，以保证教育质量有所提高。所有在教育优先区任教的教师都可享受每年6900法郎的“特殊工作补贴”，初级中学校长和副校长从1999年起可享受向上浮动一级工资的待遇。

在每个教育优先区内，也建立相应的管理与协调机制。通常，教育优先区以一个初中为核心，与本招生区的若干小学结合成一个整体。其

① Alain Savary, discours du 13 juillet 1983. http：//www. educationprioritaire. education. fr/.

② Le rapport d’activité 2000－2001 du ministère de l’Éducation nationale. p71.

负责人可能是一个国民教育督导员，也可能是初中的校长，并由一位专职或兼职教师作为助理。经过分析与研究，每个教育优先区要制定重点发展目标和规划，即“成功契约”。这个契约经省级行政机构批准之后，便可获得相应的经费支持。

在 1982 年开学时，法国设立了 363 个教育优先区，涉及 8.3% 的小学生和 10.3% 的初中生，7.4% 的职业高中学生和 0.8% 的普通与技术高中学生。

二、曲折发展

本来，教育优先区的设想在 1981 年就已提出，教育部 1981 年 7 月 1 日的通令明确指出其目的在于“通过在学业失败率最高的区域和社会环境中教育行动的有选择的强化，对社会不平等加以纠正”。[①] 但是，这一政策却未得到积极响应。学校负责人和教师普遍不欢迎校外人士对学校事务的介入，地方行政部门也担心在本地设置教育优先区会给所辖学校带来不良影响，一些社会人士还认为教育优先区可能打破学生之间和学校之间平等对待的原则。教育部不得已在当年年底再度发布通令，以准备时间不足为由，暂停教育优先区的实施。[②]

也许，这就是一个不祥之兆。尽管教育优先区的政策在 1982 年得以实施，后来的发展却一波三折。最初的倡导者萨瓦里部长（1981 年 6 月—1984 年 7 月）离任后，新任教育部部长舍维内芒（1984 年 7 月—1986 年 3 月）对教育优先区的支持仅仅停留在口头上，其兴奋点在复兴共和国学校。在莫诺里任教育部部长时期（1986 年 3 月—1988 年 4 月），教育优先区政策被完全放弃。直至 1990 年若斯潘担任教育部部长时，教育优先区政策又被重新提起，并列于“教育指导法”之中。

在新的教育优先区政策中，“首要目标是明显改善学生，特别是处境最不利的学生的学业成绩”[③]，并规定了三大目标：

---

① Circulaire N°81 – 238 du 1er juillet 1981.

② Circulaire N°81 – 536 du 28 décembre 1981.

③ Circulaire n°90 – 028 du 1er février 1990.

改善教学条件；

改善优先区的形象；

改善教师地位。

新的目标似乎并未取得实质进展，教育优先区的发展又步入消沉之中。

1997 年，法国教育部又发动了第二轮的教育优先区政策的实施，并确定了十项目标：

- 保证每个学生平等地学习知识；
- 保证掌握阅读与语言；
- 发展文化体育活动以及形象教育；
- 鼓励早期教育；
- 辅导最困难的学生，防止学业失败；
- 开展公民与道德教育；
- 加强学校与家长的联系；
- 向社区开放学校，创建有效的合作条件；
- 制定有效工具评估学业进步；
- 改善教师辅导工作，创建更好的指导条件。

伴随新的目标，教育部决定重新划定教育优先区。为了促进教育优先区的进一步发展，负责基础教育的部长级代表鲁瓦雅于 1998 年 7 月提出促进教育优先区向“教育优先网”转化。

2000 年，法国的教育优先区和教育优先网为 916 个，覆盖了 7329 所小学，1061 所初中，45 所为普通与技术高中和 124 所技术高中，涉及 170 万名学生，其中 17.9% 的小学生和 21.1% 的初中生[①]。

2006 年初，教育部发动了第三次教育优先区的实施，但名称有所不同，称之为“有志于成功网”（réseaux ambition réussite—RAR）。

2006 年开学时，249 个“有志于成功网”被创建，包括 249 所初中和 1715 所小学。其中，初中接纳了 12.6 万学生，为公立初中学生的 1/20。[②]

---

① http：//www.educationprioritaire.education.fr/.

② http：//www.educationprioritaire.education.fr/.

三、成效不大

教育优先区政策实施 20 多年来，应当说取得了一定成功，但主要体现在教育条件和设施上的改善。比如教育优先区初中教师与学生的比例平均为 1∶21.2，而非教育优先区的这一比例为 1∶23.2，教育优先区的生均经费通常高于非教育优先区的 10% ~15%[1]。

但是在解决学业失败上，教育优先区的成效甚微。根据法国教育部评估与发展司的 2002 年 9 月的评估结果[2]，教育优先区内学生的学习成绩与非教育优先区仍有相当差距。教育优先区小学三年级的数学平均合格率为 60.7%，法语为 58.8%，而非教育优先区学生的数学平均合格率为 67.7%，法语为 69.4%。其中数学成绩的差距已比较明显，法语的差距就更大了，超过 10%。

在初中一年级，数学的平均合格率为 53.6%，法语为 56.1%，而非教育优先区学生的数学为 67.4%，法语为 68%。这就是说，教育优先区内与外的初中学生成绩的差距不仅未能缩小，反而在进一步拉大，都超过 10%（见图 6 -6）。

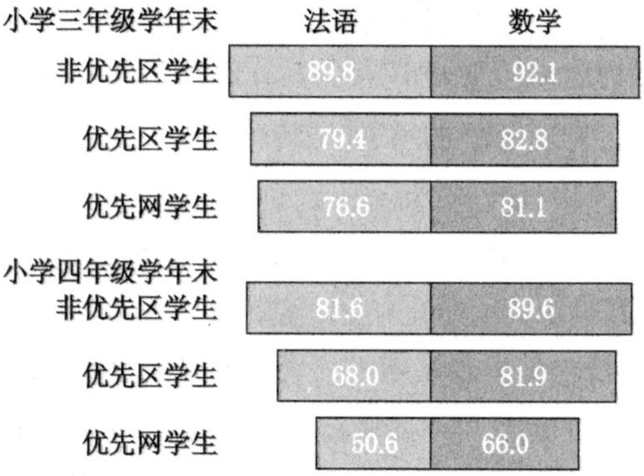

图 6 -6　2009 年法国教育优先区内外学生基础能力比较（单位:%）

资料来源：Ministère de l'Éducation nationale, l'état de l'École n° 19, édition 2009.

---

① Le rapport d'activité 2000 - 2001 du Ministère de l'Éducation nationale. p71.

② Le Monde de l'éducation, N°313, avril 2003. p30.

尽管处于教育优先区学生的成绩普遍不如非优先区的学生，但官方做了如下解释：

“10%的教育优先区的学生为20%的优秀学生之组成部分；在20%的最差学生中，只有约40%的学生在教育优先区；约半数的教育优先区的学生，处于60%的中间水平学生之中。”①

但是，社会各界的评价却与官方大相径庭。有人认为，教育优先区的标签，加剧了“弱者集中的效果”，“处境不利人群的‘集中化’，更减少了其成功的机遇”。另一方面，教育优先区的设立又使条件优越一些的家庭，从教育优先区中的学校撤离。这样，实际的结果是社会分离现象进一步加剧。

法国教育部评估与发展司的一份统计表清楚显示，教育优先区内学生家长58%为工人或无业者，而在教育优先区外为35%。教育优先区内学生家长的文化水平也普遍较低，持有高等教育文凭的只有20%，而在教育优先区外学生家长的高等教育文凭持有率为40.5%。（见表6-2）特别是教育优先区内学生家长的移民比例较大，他们经常讲的是自己的母语，而不是法语。可想而知，在这样的家庭氛围中获得良好的语言训练是很难的，因而也难以在学校获得好的法语成绩。

表6-2　1995年教育优先区内初中学生的家庭背景

		教育优先区内	教育优先区外
社会出身	农业生产者、手工业者、商人	7.0%	11.0%
	管理人员、中间职业人员、企业主	15.0%	37.0%
	职　员	20.0%	17.0%
	工人、无业者	58.0%	35.0%
家长最高文凭	初等教育	41.5%	16.5%
	职业高中证书	38.5%	43.0%
	高等教育文凭	20.0%	40.5%

① Le rapport d'activité 2000-2001 du Ministère de l'Éducation nationale. p72.

（续表）

		教育优先区内	教育优先区外
子女数量	1 或 2	24.0%	43.0%
	3 或 4	35.0%	38.0%
	5 及以上	41.0%	19.0%
移民	父母均不是移民	65.0%	87.0%
	父母均为移民	27.0%	7.0%
父母语言	总讲法语	67.0%	88.0%
	总是或经常讲其他语言	15.0%	3.0%

资料来源：MEN-DEP，panel d'élèves entrés en classe de 6e en 1995.

法国初中的主要问题是统一招生所形成的学生成分参差不齐，但在一些教育优先区的学校，学生成分竟出奇地一致，但却是另一种一致，正如有一所学校的校长所言“我们，100% 是穷人，95% 是移民，0% 是老板，0% 是中产阶级、自由职业者、教师、商人”①。因此，有人讽刺道，若去教育优先区，“沿着垃圾车的方向一直走，学校就在后面的死胡同里”。

本来，教育优先区的目的在于缩小教育不平等，但意想不到的是，竟又陷入了不平等加剧的泥潭。

四、仍需坚持

法国教育优先区的发展正处于进与退的两难选择之间。进，似乎前途渺茫。谁都知道，教育平等不仅在于教育起点的平等和教育机会的平等，更重要的是教育结果的平等。但是直至目前，任何国家都未能实现真正的教育结果的平等。退，也没有出路。正如当时负责基础教育的部长级代表鲁瓦雅于 1998 年 6 月 4 日在鲁昂召开的“教育优先区全国研讨

① Le Monde de l'éducation，N°313，avril 2003. p31.

会”上所指出的，“在一个社会陷于其内部的无知、偏狭、暴力、贫穷、孤独的威胁之中，是教师和工作在教育优先区的人护卫着社会的新防线。一旦这一防线崩溃，一切都可能逆转。所有这些，都取决于学校。”①

现实的做法也许只能是坚持、坚持、再坚持。一方面要在政策上做一些调整。如果说法国1982年设置教育优先区时，涉及8%的小学生和10%的初中生，教育优先区在20年后的覆盖面扩大了许多，1999年时涉及小学生15.2%，2001年时涉及初中生17.3%。从道理上讲，教育优先区的划分是应该动态的，如果一些学校的学生成绩指标有较大的改善，就应当撤出教育优先区，相反一些学校的状况不好则应吸收进入教育优先区。但实行起来却颇为困难，原因就在于享受特殊工作补贴的教师都不愿减少自己的收入。例如在里尔学区，教育优先区增加了25个，享受补贴的教师由300人增至2700人。②

另一方面要调动教师的积极性。有的学者认为，为了使教育优先区政策获得成功，教育优先区中学校教师的作用至关重要，他们要有四个方面的特殊能力：

道义上的：要相信自己能够成功，要相信其学生有能力学习并会取得成功；

教育上的：实行一种结构合理的教育学，既要开放又要严格；

机制上的：能够在20～25个学生的小班中教学，并能够管理小组活动；

社会上的：善于社会沟通，特别是与移民家庭的沟通。③

2005年12月13日，法国教育部部长吉尔·德罗比（Gilles de Robien）发表了关于“优先教育”的讲话，提出了继续“优先教育”的新思路。

德罗比指出“优先教育”这一政策并未达到理想的结果，原因是给予的太少，给予的太泛。特别是没有给到“人”，而是撒胡椒面似的分

---

① Assises nationales des ZEP, Rouen, les 4 et 5 juin 1998.

② Le Monde de l'éducation, N°313, avril 2003. p37.

③ Quelle éducation prioritaire aujourd'hui et demain ? VEI enjeux hors-série n° 2 – décembre 2000. www. inrp. fr/.

散到未能清晰界定的各个区域。他指出，未来的优先教育将根据学生家庭的社会状况，学业滞后的比例，初中一年级学生的评估成绩，非法语为母语学生的数量，首先确定 200 ~ 250 所学习最困难学生最集中的初中。他将这些学校命名为“有志于成功”的初中，并从 2006 年开学时起，为这些学校补充 1000 名教师和 3000 名教学辅导人员，保证每所学校至少有一名医护人员，设置 200 个骚乱学生矫正班。

德罗比部长强调，仅有这些措施还不够，应当赋予这些学校真正的目标，需要激发一种努力学习的新的精神，要使学生具有自信心、归属感、自豪感。要动员文化机构、体育机构、大学与科研机构参与这些学校的工作，促进学校文化环境的改善。这些初中还要确定自己的教学计划和发展目标并同地方教育主管部门签订 4 ~ 5 年的合同，由国家督学监督其实施。

法国教育部部长最后指出，实现机会平等是共和国所要求的，我行动的绝对优先点，就是让全法国的儿童都会阅读和写作，这是自由的关键。

经济的法则是追求效益的最大化，效益低或无效益的领域可以不去问津。教育虽然必须考虑成本与效益，但更多地要关注公平，例如对贫困地区和弱势人口的教育，甚至对一些成本极大、效益极低的教育活动，如针对残疾人的特殊教育，也必须坚持不懈。教育优先区，可以说是法国在促进教育平等方面迈出的重要一步，但却是艰难的一步。实施教育优先区的政策，要消耗相当大的经济资源和教育资源，并且很可能这一政策不足以缩小教育不平等。在教育优先区这里，不存在效率优先还是公平优先的问题。如果不去纠正早已存在的不平等，而侈谈效率，恐怕社会仅存的一点点公正也要丧失殆尽。那么不仅是平民百姓要揭竿而起，统治者自己的统治也无法维持了。

亚里士多德说过，“以同等的方式对待不平等的事物，是更糟糕的不平等”。仅仅提供相同的起点，或以同一方式对待明显差异的学生，绝不能获得教育平等的结果。平等，是人类向往已久的梦想。教育平等则是 20 世纪 60 年代以来教育民主化进程中的新理念。无论是人类的普遍平等，还是教育平等，似乎距离我们都十分遥远，但只有努力，并持之以恒，才有可能贴近目标。正是在这个意义上，我们才特别看重法国教育优先区“给予最匮乏者更多，特别是更好”的理念，并祝愿其在探求教育平等的路上会顺利一些。

第三节　学校分区图

为了实践教育平等的政治理念，法国政府自 1963 年开始编制学校分区图（la carte scolaire），以限定公共教育服务的区域，同时满足家庭的教育需求。

何为“学校分区图”，其政治意义如何，何时才能取消？需要对其进行历史和现实的分析与研究。

一、政治基础：为了社会平等

促进社会平等是法国诸多政治改革的核心理念。法国大革命曾设想使初等教育脱离教会的控制，全国实现统一和免费的制度，只是急风暴雨式的革命无时间也无能力实现这一目标。1833 年的“基佐法”奠定了每个城镇建立一所小学的格局。1881 年和 1882 年的“费里法”保证了免费初等义务教育的普及。20 世纪 40 年代开始实施的家庭补贴制度进一步完善了初等教育系统。但是，中等教育依然明显划分着平民学校和资产阶级子女的学校。

早在 1918 年，法国“新教育运动”就倡导“统一学校”，主张建立一种平民能够介入的选拔社会精英的“共同基础”。1947 年的“朗之万—瓦隆计划”循此思路，提出 18 年义务教育的设想，以最大限度地减少经济、社会或地理因素对儿童的不利影响。虽然这一计划未能实施，但成为后来改革经常参照的“经典”。1959 年的贝尔端（Berthoin）改革便部分地实践了“朗之万—瓦隆计划”，把义务教育延长至 16 岁，基本可以保证全部青少年都能接受完整的初中教育。

1962 年 12 月 12 日，戴高乐总统向蓬皮杜总理指定三大目标，其第三目标要求：国民教育“应当致力于逐步消除社会阶级差异，使所有法国青年都能享有平等的机遇，并通过适当的导向与选择向大众开放”。[1]

为了实践教育平等的政治理念，法国政府自 1963 年开始编制学校分区图（la carte scolaire），以限定公共教育服务的区域，同时满足家庭的教育需求。学校分区图根据学校的不同层次和接收学生的能力，确定招生的地理区域。据此规划图，每个 5000～10 000 人口的居民点应当设一所初中，其服务半径为 10 千米～15 千米，全国约有 4000 个这样规模的居民点。在人口密度大的城市，还要划分单一学校和多个学校的不同区域。每年各地教育行政部门都要根据学校居民区适龄儿童的数量和学校的招生能力确定学校分区，每所校分区的范围可能具体到每个门牌号的住所。

法国义务教育既是免费的又是强制性的，凡 6～16 周岁的儿童均需接受此教育，家庭的义务便是送子女到公立或私立学校就读，也允许在家庭接受教育。如果是在家中接受义务教育，须向市镇政府和教育行政主管事先申报，并且每年都须报告进展情况，以便政府对学生教育和健康水平进行监控。任何幼儿学校不得允许超过 6 岁的儿童继续留校，相反，对于已经准备好接受小学学习的儿童，可以适当提早入学。适应教育大众化的需求，法国初中建设在 1960 年代经历了大发展时期，曾有“一天建一所初中”之说[2]。随着学校发展条件逐步成熟，1975 年法国当时的教育部部长阿比（Haby）实行了“统一初中”（collège unique）的改革。改革的核心原则是允许社会所有阶层的人都能够在社会平等的条件下接受统一的教育。新的初中替代了原来不同类型的初中，将所有青年都置在同一类型的学校之内，并且随机分配班级，不再按照学习成绩划分不同类型的学习系列。

学校分区（sectorisation scolaire）的基本原则是就近入学。在学校招生之前，家长会得到学校分区及规定学校的相关信息。当家长准备让儿童入学时，先须在市、镇政府注册，并须出示以下证件：

- 户籍证（livret de famille）、身份证或出生证；
- 居住证明；

---

① Agnès van Zanten et Jean-Pierre Obin, *La Carte scolaire*, Puf, Paris, 2008. p12.

② Agnès van Zanten et Jean-Pierre Obin, *La Carte scolaire*, Puf, Paris, 2008. p16.

- 儿童疫苗记录。

然后家长再到市、镇政府规定的学校注册时，家长须提供以下证明：

- 市、镇政府签发的学校注册许可证；
- 户籍证、身份证或出生证；
- 儿童疫苗记录。[①]

而注册初中基本上可以自动完成。在小学毕业之前，每个学生会收到有关初中注册的申请资料，家长和学生可以在教师的咨询与帮助下选择学生的就读模式（住宿、午餐、走读）和第一外语的语种。当被告知接收其子女的学校时，家长便可以到该校为其子女正式注册了。

在巴黎等大城市，有一些艺术、体育等特长学校，其录取时要进行测试，然后由学区委员会根据成绩和学校招生名额决定录取名单。

高中学校的注册稍微复杂一些，因为高中教育已不属于义务教育，学生需要在普通教育、技术教育和职业教育的不同方向上分流。这便是所谓的“定向”，一般的定向程序是这样的：

在初中四年级的第二学期，学生和家庭须表示关于定向的要求。

班级委员会首先审查学生和家庭的定向要求并提出意见。

如果这一意见与学生和家庭的要求不一致，校长须在做出决定之前与家长展开对话。

如果异议继续存在，家长可以在三天之内要求由学校校长、教师、学生家长、教育与定向人员组成并由学区督学主持的上诉委员会进行复议。

如果最终未能达成一致，家长可以选择让子女留级。

学生的申请志愿将送达相关高中，高中校长负责审查学生的资料。之后，学区督学（省级教育行政主管）将根据学生志愿和学校容量决定所辖各学校录取学生的名单。

如果家长希望到分区以外的学校注册，须有适当的理由和相应的证明材料，如学习小语种外语，须提供申请，如父母在某校工作，需该校校长的证明等。如果此项申请被拒绝，学生仍可在规定分区的学校入

① http：//www.education.gouv.fr/cid37/inscription.html.

学。例外的小学入学要求须经相关市、镇政府批准，例外的中学入学要求须经相关省级教育行政部门批准。

学校分区制度实施以来，不断受到挑战，特别是在新自由主义影响下，要求自由择校的呼声不断高涨。新自由主义认为，自由择校不仅是家长权利的诉求，更是促进教育平等的有效途径。

针对这一问题，萨科齐总统在上任不久便表示“希望逐步取消学校分区图，是为了有较少的分离”，“希望改革统一初中，是为了每个学生能够找到自己的位置，是为了考虑智力的节律、感受、特性和形式的差异，使每个学生获得最大的成功”，“希望残疾儿童能够像其他儿童那样接受教育，不仅是使残疾儿童获得幸福，也要让其他儿童从差异中丰富自己”。但他同时强调，“我们共和国学校的模式，就是容纳所有家庭出身、所有社会阶级、所有信仰，要求每个人在宗教、哲学和政治信仰上保持中立并相互尊重。”①

二、教育现实：学生分化严重

从本质上说，学校或教育并不是不平等的根源，但是学校又确实或多或少地参与和制造着不平等。法国小学入学率已达百分之百，并且95%以上的小学生能够进入初中。从数量上看，法国初等教育可以说已经完全普及。但是令人担忧的是小学生的留级率多年来居高不下，三分之一以上的小学生不能按期完成五年学业进入初中。这就是长期困扰初等教育的学业失败问题。

1996年5月2日，法国国民教育部公布了小学三年级学生的全国评估考试结果。结果显示：在小学三年级学生中，有15%的学生不能辨认常见词汇，不能理解简单课文，17%的学生不会加法运算，也不懂整数概念；在初中一年级学生中，9%的学生不会阅读，23.5%的学生不会计算，6%的学生在学习上存在极大困难。

1998年6月，法国国民教育部的一份报告证实：“根据各年情况，刚刚进入小学三年级的学生中有21%～42%的不能掌握阅读或运算，或

① Nicolas sarkozy, “Lettre aux éducateurs”. http://www.education.gouv.fr/.

不能掌握两个方面最低水平的能力。他们在进入初中时的比例为21%～35%。”①

法国教育高级委员会（Haut Conseil de l'Éducation）在其2007年关于小学的评估报告中做出这样结论：

60%的小学毕业生能获得及格或令人满意的成绩。

25%的学生的成绩较差。

15%的学生学习困难或极为困难。②

如果一个学生在阅读或书写上存在困难，在其他学科中的困难也会随之而来。特别是学习的困难往往给学生带来心理的创伤，他们可能在感到自己不行的同时把自己归为“另类”，导致自我封闭，从而远离学生群体。小学阶段的学业失败给以后的中等教育带来严重的困难。一些研究证明，五年按时完成学业的小学生在未来的中学阶段会有比留级生高五倍的机遇获得成功。而小学阶段学习是否能够顺利完成，又很大程度上取决于小学一年级的学习情况。

从整体上看，法国学生在法语学习的方面相对少些，在数学方面比较严重：近四分之一的初一学生不具备整数比较、四则运算等基本能力，而具备这些基本能力的学生仅占43%。

对于小学三年级出现的这些问题，曾任评估与预测司司长的德洛先生认为，这应属自然，因为这时正在学习过程中，学生可以在以后的二、三年中通过补习来解决。问题严峻的是，有5%～10%的儿童进入初中时存在极大的学习困难的情况。

令人担忧的是法国当前学生成绩竟然落后于1920年代初的水平。1995年，有人在档案资料中偶然发现了9000余份校学生试卷，通过认真比较发现，在语言掌握上“今天的学生，在听写上的出错率，平均比1920年代的学生高出大约2.5倍”。③

更令人担忧的是，学业失败问题的背后隐藏着严重的社会问题。一方面，学习落后的学生中不同家庭出身的比例差别甚大。例如，在1980

---

① Ministère de l'Éducation nationale, Améliorer l'efficacité de l'école primaire, rapport de l'Inspection générale de l'Éducation nationale remis à Ségolène Royal en juillet 1998.

② Haut Conseil de l'Éducation, Bilan des résultats de l'École-2007.

③ Ministère de l'Éducation nationale, Les Dossiers d'éducation et formations, n°62, février 1996.

年对小学一年级留级生的统计中，农业工人和普通工人的子女占29.9%，企业主、高级职员和自由职业者的子女仅有6.1%。其他统计还表明，在正常读完小学的儿童中，高级职员的子女的比例高出农业工人子女比例的两倍多。另一方面，学业失败在地理区域上的差别也十分明显。在偏远山村和贫困地区，学业失败的儿童的比例相当高，并且这些地区的一些相对优越的家庭也不断搬迁，那里学校的质量日益恶化。

三、并未终结的争论

学校区域图实施40余年来，在教育均衡发展上发挥了重大作用，但也暴露了严重的问题。即使是政府在学校经费和师资方面采取了严格的均衡政策，但因生源而形成的学校之间的差异则十分明显。通常是城市中心和文化区域内的学校因生源质量较好而声誉显著。而只有经济优越的家庭才有可能在这些房价较高的区域居住，因此造成享受教育资源的不平等。

从2002年起，法国政府对学校分区图政策开始松动，法国教育部部长吉尔·德罗比主张放宽学校分区控制，允许教育优先区内所有获得优秀成绩的初中毕业生可以例外地选择学校。

后任教育部部长达尔科（Xavier Darcos）相信，家长的自由择校有利于消解社会分离。因此他于2007年6月进一步放宽政策，允许学生去本区之外的学校就读，只要不超出学校的接受能力。针对可能的超额问题，要求优先招收以下学生：

- 残疾学生；
- 获得过优秀奖学金的学生；
- 社会资助生；
- 需要接受特别医疗，其医院临近所申请的学校的学生；
- 接受特别学科教育的学生；
- 有兄弟或姐妹所要求学校就读的学生；
- 其居所更靠近所要求学校的学生。

新的政策尊重了家长选择学校的权利，但将引起学校之间的竞争，也可能扩大学校之间的差异。

根据教育部的规定，学区总长负责审查每个申请分区以外的学校请求，唯一限制是接受学校的招生能力。地方政府应用一种“AFFEL.net”软件系统来筛选申请，主要依据是报名的学校、家庭住址、家庭状况、是否是获得过奖学金的学生、是否残疾等指标，自动生成筛选结果。2007 年入学时，全国共有 13 500 份申请，其中巴黎地区 2500 份。申请初中学校的批准率为 77%，高中的批准率为 67%。

巴黎一位家长因其女儿两次申请进入若干著名高中被拒，无奈将女儿送入一所私立学校之后，将巴黎学区告上行政法院，法院最终判决家长胜诉，要求按志愿报名的高中将其女儿录取，并要求学区支付该家长 1500 欧元的诉讼费。①

许多家长对于即将取消学校分区图欢呼雀跃，他们可以为子女自由地选择学校了。一些学者也支持取消学校分区图，他们认为，学校分区图会导致社会的贫民区的形成，因为“只有富裕阶层的子女才有规避学校分区图的能力”②。

但也有另外学者持不同意见。法国国家科学研究中心研究员臧丹（Agnès van Zanten）指出，“学校分区完全自由的国家，或者说无任何调控的国家，学校不平等在整体上最为严重。……然而，在我们的民主之中，强制的学校分区图的约束越来越不被接受”③。她还看到，“学校分区的取消会给予优越家庭更多选择学校的机会”。结果可能是，“坏公民，但却是好家长离开（规定的分区学校）”，“好公民，但可能是坏家长留下”。④

---

① Marie-Estelle Pech, Carte scolaire: le système d'affectation mis en cause, 16/02/2010 http://www.lefigaro.fr/actualite-france/2010/02/17/01016-20100217ARTFIG00053-carte-scolaire-le-systeme-d-affectation-mis-en-cause-.php.

② Marc Dupuis, Carte scolaire: la Cour des comptes pointe un risque de ghettoïsation LE MONDE | 05.11.09 | 12h02.

http://www.lemonde.fr/societe/article/2009/11/05/carte-scolaire-la-cour-des-comptes-pointe-un-risque-de-ghettoisation_1263096_3224.html.

③ École: à quoi servent les recherches ?, interview de Agnès van Zanten par Martine Fournier, parue dans *Sciences Humaines* n° 198, novembre 2008.

④ Agnès van Zanten et Jean-Pierre Obin, La carte scolaire, Puf, 2008. pp55 - 76.

社会学者迪贝（François Dubet）和迪吕·贝拉（Marie Duru-Bellat）认为，“取消学校分区图不足以提出更为公正的政策，取消学校分区图可能是比坏药方更糟的药方”[①]。

法国共产党则认为政府取消学校分区图的措施“令人愤慨”，严厉批评“菲永政府如此简单粗暴地终结了共和国的学校”。[②]

孰是孰非也许不会有定论，法国学校区域图也许最终被取消，但是法国公共教育的原则不会变。所谓教育的公共性，就是平等地对待所有学校和学生，保持教育资源供给的平等性。法国政府已经郑重承诺，就近入学仍是普遍的规则。即使平民的子女无法选择优质的学校，还可以在家庭附近的合乎规范的学校就读。尽管富人的子女如愿以偿地进入名牌学校，凭借的也不是金钱和权势。透明的规则和公正的程序才是人们真正的期待。

---

① http：//www. education. gouv. fr/cid5170/xavier-darcos-assouplit-la-carte-scolaire. html.

② Le Figaro du mardi 22 mai 2007.

第七章
教师管理与培训

第一节　曾经荣耀的教师

著名捷克大教育家夸美纽斯曾经说过，“教师是太阳之下最荣耀的职业”。法国教师应该说比较早地享受到了这种荣耀。

1833 年 6 月 28 日，法国的《基佐法》不仅规定了“所有市镇，或单独，或与邻近市镇共同建立初等学校”，同时要求各省建立一所师范学校，以培养小学所需的师资。

这一法律的建立，开创了法国公共教育的新格局：遍布全国的乡镇普遍建立了小学，这些小学通常与乡镇政府比邻，或者小学就与乡镇政府共用一座楼房，一半是学校，一半是政府。就是在今天，这种古老的建筑依然屡见不鲜。19 世纪中期以来，法国小学教师曾经拥有较高的地位。在乡村中，几乎只有小学教师都是“文化人”，掌管着全村文化活动，他（她）经常是镇长的秘书，撰写各类公告文书，主持地方选举等。许多乡镇还专门为教师配置了住房。据 1914 年的调查，小学教师中 15% 出身于小农家庭，17% 出身于小商业主，15% 出身于职员，18% 出身于小学教师家庭。直至 1973 年，能够成为小学教师，都是平民家庭子女改变社会地位的极好机遇。

但是，随着战后学龄人口和学校教育的突发性的膨胀，由师范学校培养教师的正常渠道已不能满足当时学校的需求，法国便采取应急措施，从社会上招收了大批小学代课教师。而初中教师的短缺，又吸引了一批较好的小学教师流向中等教育。于是导致中小学教师地位的急速下降。

法国中小学教师最不满意的当然是收入偏低，不仅与他们的劳动付出不相适应，而且与欧洲其他国家的教师工资相比也是低的。如果把德国教师工资的指数确定为100，法国教师工资指数为69，英国为71，瑞典为85，比利时为94，卢森堡为153，丹麦为197。

实际上，对于法国教师来说，他们的社会待遇较为优越，工资高于一般技术工人，职业终身制，又有较长的假期。但他们经常抱怨工作条件太差，课时太多，学生超额，差生难教，等等。有人这样描述学生的情况，“课本忘带，作业未完成，逃课，衣冠不整，嚼口香糖，俗不可耐”[①]。面对教学的困难，他们常患的一些病症也带有职业特点：头痛，喉炎，心跳不规律，高血压，消化不良。近些年来，困扰法国教师的是学校频频发生的暴力事件。例如：1995 年底，在圣·克劳德中学，一群学生在学校的资料中心放火，并还经常刺破教师汽车的轮胎或将汽车弄翻。在第戎、欧巴涅等地，一些教师和校长被学生家长或青年团伙殴打。1996 年 1 月下旬，第戎一所小学的一个五年级学生偷了同学的计算器，老师让他交出来，但他置之不理。老师决定带他去校长办公室，正好被其兄遇见。其兄立即带另外三个同伙冲进学校。校长先被撞倒，老师遭殴打。虽然警察闻讯赶来，制止了事件的扩大，但受伤的教师担心说：“我害怕，他们随时都可能再来。应当停止掩饰现实。尽管学校内部情况还算可以，但我们的学校依赖于社会环境。而我们周围的状况日趋恶化。”

面对缺乏安全保障的校园环境，一些学校的教师决定罢工，几所学校也临时关闭。科伦波一所初级中学的 40 名罢工教师说，“我们已忍无可忍，不管丢多少课，也要坚持到教育部部长听到我们的声音”。

1996 年 2 月 5 日，当时的教育部部长贝鲁在国民议会上严肃地指

① Jean-Pierre OBIN, Enseigner, un métier pour demain, mars 2002. p22.

出，“学校中的暴力，不仅仅是学校的问题，而是社会暴力的反映。几十年来，人们为已非圣地的开放型学校辩护，为了使社会能够介入学校。现在应当持相反的态度，为重建学校圣地而工作”。他呼吁地方政府为学校设立围墙，并提出防止暴力的三项措施：设立“暴力救助”热线电话；在师范学院开设郊区教育课；训导学校周围的社会青年。“暴力救助”热线电话设在教育部，由三个人值班，记录受暴力侵害的事例，负责对有关学校暴力问题的咨询。郊区教育课是专为师范学院的学生开设的，通过与治安状况不良地区的学校校长、教师、社会服务人员和警察的接触，了解学校中发生的暴力现象及解决办法，以应付将来可能的暴力事件。之后，法国教育部又多次通过颁布法令，采取各种措施制止校园暴力，但并未从根本上得以解决。

实际上，学校暴力事件绝非近些年才有。长期以来，盗窃、诈骗、损坏公物、谩骂和殴打教师现象在法国学校中时有发生。据估计，有2%～5%的学校存在暴力现象。当人们分析学校暴力事件蔓延的原因时，一位地区教育主管机关负责人说，一方面，从保证学校内言论自由的角度来说，法国教育系统与警察机关有着传统的隔阂，校长们不到万不得已时不会求助于警方；另一方面，教师常有害怕报复的心理障碍，能忍则忍，以免遭到更严重的侵害。教育界的专家认为，传统的学校只有传授知识的功能，而今天的学校还要担负青年就业的责任。如果学校没能很好地完成这两项任务，就要遭到社会的指责和青年们的抱怨。因此，要解决学校暴力问题，不仅需要得到社会各界的广泛谅解和支持，还要提高教育质量，减少失业。但是，达此目标谈何容易。

此外，法国教师内部还存在严格的等级制度，这种等级差异不仅体现在工资差别上，而且还规定着不同的授课课时。高级教师可以承担较少的课时和较高的工资，初级教师则必须完成较多的课时却不能得到同样的工资。1983 年勒格朗的初中改革方案之所以失败，重要的原因就是其中的教师监护制触及了现行的课时制，课时量少的教师要维护既得利益，课时量多的教师期望减少课时。课时制所体现的单纯任务的思想，导致法国教师不愿多做一份工作。

不仅如此，法国教师普遍认为教学就是单纯传授知识，而对学生思想品德不屑一顾。实际上，每一个教师都必然自觉或不自觉地对学生产生道德品质方面的影响。中国古代思想家韩愈说，教师的职责是“传道、授业、解惑”。教师就应当自觉地承担起传授知识和思想教育双重责任。在这方面，中国教师堪称典范。

第二节　高素质的培训

直至20世纪80年代末，法国中小学教师的培训主要由初等师范学校（école normale d'instituteurs）、国立职业师范学校（école normale nationale d'apprentissage）、地区教育中心（centres pédagogiques régionaux）和技术教育培训中心（centre de formation de l'enseignement technique）所承担。

但是80年代末由于教师地位的下降，教师的职业难以吸引优秀青年，开始出现了教师招聘的“危机”。1989年由鲁昂学区总长丹尼尔·邦塞尔（Daniel Bancel）主持的教师培训改革委员会向教育部部长提交了题为《创建教师培训的新动力》[①] 的报告，其结论部分融入了1989年颁布的《教育指导法》，启动了法国教师培训的重大改革。

“更好培训”和“更多招聘”为这次师范教育改革的主旨。根据《教育指导法》第17条规定，在当时28个学区各建立一所“教师培训大学学院”，以取代原有的各类教师培训机构。教师培训大学学院具有三项使命：准备参加中小学教师录用考试；进行教师的初始和继续培训；开展教育研究。这一改革的教育理念一方面是将不同层次不同类型的中小学教师培训集中于同一机构，使他们获得一种共同的教育文化；另一方面是促进教师的职业化，使之具有高等教育的特点。从而吸引更多的优秀青年加入教师行列。

教师培训大学学院招生的基础学历为高中毕业会考文凭加大学3年的学习，即获得法国学士文凭才可能被录取。招生方式为档案审查并可能辅以面试，录取名单最终由教师培训大学学院根据其主持的招生委员会的建议决定。只是1994年以来随着考生人数的增加，录取工作同时

① Daniel Bance, Creer une nouvelle dynamique de la formation des maîtres, Le 10 octobre 1989.

要考虑本校的招生能力。为鼓励学生报考师范学院，法国制定了相应的津贴制度，凡是报考师范学校的大学三年级学生和进入教师培训大学学院的一年级学生均可享受5万~7万法郎的补贴。随着师范预备生的增加，在不同地区和在不同学科上，补贴逐渐减少，甚至被取消。教师培训大学学院的学制为2年。第一年的教学基本是为各类中小学教师录用考试做准备。

对于报考幼儿学校和小学教师的学生，第一年的学习主要在教师培训大学学院，并由本院的教师授课。学习的内容涉及幼儿学校和小学的多种学科，如语言、数学、科学、历史与地理、音乐、艺术等。对于报考中学教师的学生，第一年的学习更是在大学进行，授课教师也基本由大学教师或研究员担任，主要学习与其报考专业相关的学科。此外，所有学生还要学习与教师职业相关的学科，如教育学、儿童心理学、教学管理、教育系统知识等。

第一年的教学中还包含一次感受性的实习，主要是让学员去实际观察不同学校和班级的状况。

教师培训大学学院的一年学习之后，所有学生都要参加教师资格考试。小学教师资格考试包含预选考试和录取考试。预选考试为法语和数学两门笔试，录取考试目前有4门，含笔试和口试以及教育学。将来外语也要成为必考科目。

中学证书教师资格考试一般也由预选考试和录取考试构成。预选考试为专业学科考试，录取考试为口试，包含一次演讲和会谈、考查考生的表达和交流能力、对学科及其演变的理解、对学校教育的认识，等等。

需要指出的是，法国教师的培训水平虽然提高了，但教师录取的标准并未降低，竞争依然十分激烈。小学教师的录取考试分为外部考试和内部考试。外部考试由学区组织，面向所有具备学士文凭或三年以上的高等教育文凭的考生；第一内部考试面向具有三年实践经验的在职（原师范学校毕业的）小学教师，第二内部考试面向具备学士文凭或三年以上的高等教育文凭的公职人员。自2002年，又增加了第三考试，报考资格为在报考时的前5年至少有4年的教育或培训工作经验，并具有三年以上的高等教育文凭。

以2004年的统计为例，报考小学教师资格外部考试的人数为91 579人，实际参加考试的人数为61 489人，录取人数为12 039人，录取率约为19.6%。对于在职小学教师来说，幸运的是可以参加内部录取考试，考试的成功率也较高，2004年为61.3%。（参见表7-1）

表7-1　法国小学教师录取状况（2004年）

录取考试	2004年职位数	注册数	参考人数	录取人数	候选名单人数	录取率（%）
外部考试	12 015	91 579	61 489	12 039	4550	19.6
第三考试	782	5303	3653	747	149	20.4
地区语言特别考试	143	596	435	136	10	31.3
外部考试合计	12 940	97 478	65 577	12 922	4709	19.7
第一内部考试	3089	6885	4852	2972	214	61.3
第二内部考试	250	2492	1384	248	118	17.9
合计	16 279	106 855	71 813	16 142	5041	22.5

资料来源：Direction de la programmation et du développement, notes d'Information 05-17.

中学教师资格考试有以下几种：

- 中学高级教师（Agrégation）
- 中等教育教师资格证书（CAPES）
- 体育教师资格证书（CAPEPS）
- 技术教育教师资格证书（CAPET）
- 职业教育教师资格证书（CAPLP）

中学教师的录取考试亦分为外部考试和内部考试。外部考试为全国性考试，除报考中学高级教师的考生须具备硕士文凭（大学四年），其他考试面向所有具备学士文凭或三年以上的高等教育文凭的考生。内部考试和第三考试的基本资格，同小学教师考试。

2004 年，报考中等教师资格考试的人数为 56 054 人，录取 15 126 人。以中等教育教师资格的录取状况为例，报考理科教师的考生人数为 10 973人，录取人数为 2296 人，录取率为 20. 9%，报考文科教师的考生人数为 15 536 人，录取人数为 297 人，录取率为 17. 4%。虽当年理科教师的空缺职位为 2296 个，实际录取了 2296 人，即足额录取，但文科教师的空缺职位为 2712 个，实际只录取了 2697 人。为了保证教师质量，国家采取的态度是宁缺毋滥的原则。

表 7－2　法国中等教育教师资格录取状况（2004 年）

外部考试									内部考试			
职位	考生人数				录取人数		录取率（%）					
学科	总数	第三考试	总数	第三考试	总数	第三考试	总数	第三考试	职位	考生人数	录取人数	录取率（%）
理科	2296	4	10 973	16	2296	4	20. 9	25. 0	243	2445	243	9. 9
数学	1003	—	4349	—	1003	—	23. 1	—	119	959	119	12. 4
物理、化学、电子	695	—	3 244	—	695	—	21. 4	—	34	665	34	5. 1
生命与地质科学	598	4	3380	16	598	4	17. 7	25. 0	90	821	90	11. 0
文科	2712	123	15 536	451	2697	108	17. 4	23. 9	403	3869	402	10. 4
资料	329	96	2504	323	317	84	12. 7	26. 0	52	813	52	6. 4
哲学	38	—	1353	—	38	—	2. 8	—	26	198	25	12. 6
古典文学	240	—	691	—	240	—	34. 7	—	8	76	8	10. 5
现代文学	1163	10	4065	65	1163	10	28. 6	15. 4	216	1348	216	16. 0
塔希提法语	1	—	32	—	1	—	3. 1	—	—	—	—	—
历史、地理	861	11	5699	39	861	11	15. 1	28. 2	76	1133	76	6. 7
经济与社会科学	80	6	1192	24	77	3	6. 5	12. 5	25	301	25	8. 3

资料来源：Direction de la programmation et du développement, notes d'Information 05－16.

教师培训学院第二年的教学主要是为通过中小学教师录用考试的学生进行职业培训。这时，考试录取的学生便被命名为实习教师并领取工资。小学实习教师要学习小学教学课程与教学方法，中学实习教师则是在深入学科知识学习的同时掌握学科教学法。两类实习教师都要深入学习教育和教学方面的理论，还要参加实践性的实习，实习教师要亲自授课，体会教师职业的特性。最后，所有实习教师要提交职业论文。

经教师培训大学学院的评审委员会和学区评审委员会通过，实习教师才可获得教师资格，并经学区或教育部分配到中小学任职。不同于西方多数国家，法国至今仍实行国家分配教师的政策。小学教师分配是省内性质的，分配的次序依据学区考试的结果确定；中学教师的分配则是全国性的。据估计，60%的刚从教师培训大学学院毕业的中学教师都被分配到艰苦岗位任职。[①]

当然，国家给教师的待遇也相对较高，保持了社会中等收入以上水平。例如：新任中学教师的年净收入（1997年标准）为103 086法郎，并且还可享受地区津贴和子女补贴，两年之后可达到116 970法郎，任职中期将达到139 344法郎，退休时一般可达185 509法郎，最高可达220 911法郎。这些工资都是由中央政府直接拨发至教师本人，绝无拖欠之虞。尽管社会舆论和教师队伍本身都感到教师的社会地位和待遇与之资格标准和工作性质不相一致，但国家公务员的地位，稳定的职业保证，较长的假期，相对好的收入，仍然具有吸引优秀青年加盟的魅力。

第三节　改革中的冲突与磨合

也许，任何改革者都难以避免或多或少的冲突与磨合，即使是政治决策上达到高度的一致，其中某项似乎微小的改革措施都可能触及这些人或那些人的利益，都可能造成内部机制或同外部关系的暂时失调。法国教师培训大学学院改革虽然目标宏伟，但其改革过程中的坎坎坷坷实在难以预料。

在改革之前，法国存在不同类型的师范教育与培训机构：

- 初等师范学校负责小学教师的培训；
- 国立职业师范学校负责职业高中教师的培训；
- 地区教育中心负责中学实习教师的职业培训和实习；

---

① Le système éducatif en France, Les notices de la documentation Française, Paris, 2003. p41.

- 技术教育教师培训中心负责技术高中教师的培训；
- 大学负责中学证书教师和高级教师的资格考试准备。

1991 年开始，除了高级教师的资格考试准备继续由大学和高等师范学校负责之外，全部中小学教师的培训都集中于教师培训大学学院。而这一重大的体制转变使法国原有的师范教育系统一时难以适应。

首先是原来的初等师范学校，曾经为 19 ~ 20 世纪的法国培养了大批师范人才，在人们心目中产生了不可磨灭的印象。诸多的师范学校附属小学，更是以教师的优秀、设施的精良而著名，也是接纳许多上层子女的地方。对于这些学校，所处的（市）镇政府都不乐于接收，一方面会增加地方经费开支，另一方面也迫于学生家长的强烈反对。而最受影响的是原师范学校的校长，通常都是地区督学，在地方具有很高的声望。而在教师培训大学学院组建之后，一般只能担任副院长，由主管变为副手，亦不可避免地要承担失落的痛苦。

国立职业师范学校因专业特点而由国家统一管理，面向全国招生，并且有自己的附属职业高中，作为师资培训的实习基地。这些学校划归地方之后，其特殊专业的招生难以在本地区实施，其附属职业高中也不得不由教师培训大学学院和地区政府共同管理，无论是管理费用还是管理效益都成为尚未解决的问题。

在各个学区都曾设地区教育中心，基本上由地区督学担任中心主任，负责本地区中学实习教师的职业培训和实习。尽管地区教育中心具备的管理人员和经费不多，但由于地区督学作为教育行政主管，在安排实习教师、任职教师的加课或休课上可以行使很大的权威。而新的教师培训大学学院同中小学的关系就不一定很融洽，特别是在安排实习教师上往往需要做更多的协调工作。

技术教育教师培训中心原来所属于卡尚高等师范学校，负责中心所在地区和周边地区各大学和师范学校中的技术高中教师的培训，招收的学生均为在国民教育系统工作 3 年以上的人员和获得大学短期技术文凭的毕业生。由于这种培训范围比较有限，该中心会相对容易地融入教师培训学院。

本来，大学具有负责中学证书教师和高级教师的资格考试准备的全部工作的长期传统，建立教师培训大学学院之后，除了高级教师的资格考试准备继续由大学和高等师范学校负责之外，其他全部中学教师的培训都应当转移到教师培训大学学院。但是教师培训大学学院无论从专业设置还是师资配备上都适应不了这一使命。因此，教师培训大学学院都与大学达成这样的协议：大学继续负责中学教师资格考试的学科培训，教师培训大学学院负责职业培训与实习、行政管理和培训经费管理。这样大学原有的一些机构就要撤销，其职能由教师培训大学学院行使，而正是在这些职能转变的过程中，难以避免有些冲突。特别是涉及在经费上，由于经费管理的法定分割不能总是完全到位，这方面的冲突有时十分激烈。此外，在教师培训大学学院的内部机构设置上，也是矛盾重重。

如果考虑到初等教育的特点，应当按照地理区域的思路设置相应的校区或培训中心，但这马上与通常以学科为特点的大学的地理分布相抵触。

如果从中等教育的特点出发，应当按照专业学科的思路，仿照大学设置各个专业系，如数学、语言、物理等，但是教师培训大学学院通常不具备这样规格的教师配置，也不适应小学教师的培训。

如果遵循师范教育的特点，则应当按照不同类型和专业的教师资格考试的要求设置各个培训组。中小学师资考试类型有：幼儿学校与小学教师、中学证书教师、技术中学证书教师、职业高中证书教师、体育证书教师、学校行政人员。如果按照全部考试类型设置培训机构，势必造成专业学科的相互交错，造成师资力量的极度分散。

事实上，各个教师培训大学学院都根据自身情况，设置了不同类型的培训组，或偏重于学科，或偏重于师资考试类型。为了避免培训组设置过细，若干教师培训大学学院经常组建更加广泛的联合组。近些年来，许多学院为了提高教育效益，都致力于向大学靠近，强化专业系的设置，密切与大学教师和研究员的合作。这些做法显然对中等教育师资培训更为有利，但无疑又与初等教育师资培训相悖，这种矛盾在法国现行师范教育格局中似乎难以调和。

当然，法国师范教育改革中的问题远不止这些。

1989 年创建教师培训大学学院的改革虽然旨在提高师范教育的质量，但是与法国通行的公共职业的公平进入原则相抵触。因为教师培训大学学院作为准备教师资格考试的专门机构，占据了进入师资考试的优势，即使算不上垄断，实际上也基本排斥了从其他方面进入教师队伍的可能性。同时，教师培训大学学院又限定招生名额，就把可能具备教师能力与资格的潜在人才拒之门外。

此外，教师培训大学学院的教学模式也引起了人们的批评。教师培训大学学院，顾名思义即是教师培训机构，但是在其第一年的教学中，几乎全部教学任务便是准备各种教师资格的考试。这不仅脱离了教师培训的目的，也造成极大的浪费，因为大多数师范学生将不能通过考试，而不得不重新选择其他专业。就是在教师培训大学学院的第二年，实习教师的实习安排经常也不是严格围绕着培训，而是依据教学的需要，替补一些临时空缺，并实际担任教师的职责。所谓实习培训，不过是在“自悟”教师门道，很少能得到经验丰富的教师的指导。

教师培训大学学院设置之后不久，便不断有批评见诸报端。在2002年9月3日的《世界报》中，有学者公开指责教师培训大学学院“无效、无用、寄生”[①]。2006年，社会党和绿党一些人士进一步要求“应当终止教师培训大学学院的恶劣行径。因为这个学院彻头彻尾地绑架了学校。未来的教师在那里接受的所谓培训不仅是无用的，而且是有害的”[②]。

尽管这些批评有些尖刻，但确实反映出教师培训大学学院的严重问题，也构成法国师范教育未来改革的难题。

第四节　教师职业化的未来趋势

我们不是预言家，也不是决策者，更无法预测他国教育改革的方向，我们只能根据已知的材料，判断法国师范教育改革的可能趋势。

---

① Fabrice Barthélémy et Antoine Calagué, En finir avec les IUFM, Le Monde, 3 septembre 2002.

② Point 11 de《Quelles réformes pour le primaire ?》, allocution prononcée le 6 juin 2006 devant l'association《Utopia》. http://fr.wikipedia.org/wiki/Institut_universitaire_de_formation_des_ma%C3%AEtres (2010-4-21).

一、教师的新使命

在知识经济时代和学习化社会中，法国社会对教师的期望越来越高，教师的使命不仅是传授知识，还要承担许多社会应当共同完成的任务：

- 不断提高教育质量。既要实行必要的筛选，又要保证机遇平等。
- 实现文化知识与专业技能的平衡。既要使学生继承优良传统文化，又要获得未来社会所需的专门职业资格。
- 促进学校教育面向社会生活。既要学习基础知识，又要与外部环境广泛接触。

如果从哲学理念上看，这些使命是无可争议的，但对于教师来说，在教育实践中时常会处于相互矛盾境地。比如在分流的问题上，是奠定宽厚的文化基础，还是专业或学科的细化，人们总是争论不休。再比如，一些人主张学习更多的传统文化，以便弘扬民族精华，另一些人强调掌握现代专业技能，使青年更能适应未来职业生活。关于教学方法，人们也是莫衷一是。传统派希望保持学校教育相对封闭的特点，要求学生勤奋刻苦；现代派则强调以学生为中心，鼓励学生在实际生活中积极探索。

1994 年，法国教育部的一份官方文件公布了“小学教师的能力特征参考”①，作为小学教师初始培训的基本目标和考试标准。实际上，这一能力特征参考对于规范法国小学教师资格具有普遍意义。

其基本原则如下：

小学教师为多学科教师，能够胜任小学开设的全部学科的教学。

其职业能力主要表现在四个方面。

- 多学科教学能力：掌握小学各学科的概念和定义、步骤和方法；具备各学科必要的教学和评估技能；具备组织学生获得学科知识的班级活动的能力；具备协调各学科的能力；能够把握信息和方法，以便获得各种教学所需的资源。
- 处理学习状况的能力：如根据国家目标和学生能力确定学习目

① Annexe III de la note de service 94 －271 du 16 novembre 1994 MEN DE B1.

标，组织学生的练习和强化知识获得，根据既定活动安排班级时间表，分析学生学习状况等。

- 管理班级的能力：行使教师权威，把握教学关系；置学生于主动学习的状态，让他们认真听讲和相互倾听；关注不同的学生因材施教；运用班级活动、小组活动和个人活动等不同教学方式，帮助学习困难的学生或残疾学生。
- 教育职责方面的能力：了解整个教育系统及其价值体系；明确小学在教育系统中的使命；清楚小学各阶段的连续性和协调性；知晓教育行政系统及其规章；认识小学与社会、经济和文化环境的关系。

1997年5月23日，法国教育部以“通报”的方式，确定了中学教师的使命。[①] 通报指出，在国民教育部的课程导向与大纲、学区导向和学校计划目标的框架中，教师有教学上的自主性，但教师的自主应遵循以下原则：

- 学生处于教师思想与行动的中心，教师应将学生视为能够学习与进步的人，并会使他们成为自身培训的活动者；
- 教师平等地对待学生；教师在尊重学生差异中认识和接受他们，并了解他们遇到的困难；
- 在教育共同体中，教师在与其他教师建立各类团组联系中行使其职责；
- 教师要意识到，他在承担一项复杂而多样、并在不断变革中的职业。他也知道在其整个职业生涯中要继续自身的培训，不断更新自己的知识，不断对自己的职业实践进行思考。

通报赋予初中、普通高中和技术高中或职业高中的教师，在教育系统中、在班级中、在学校中行使自己的职责。

第一，教师要在法律规定的公共教育服务使命的范围中活动，致力于教育系统的运行与变革。

第二，教师要在班级中行使自己的责任，了解自己的学科，能够构

---

① Circulaire n°97－123 du 23/05/1997 adressée aux recteurs d'académie, aux directeurs des IUFM.

建教学的氛围，能够引导班级的活动。

第三，教师要在学校中行使自己的职责，要关心学校的特色、资源和运行规则，要参与学校的计划及其实施。教师还要与学生家长和社会合作伙伴保持联系。

2008 年，法国教育高级委员会又进一步提出了教师职业应具备的 10 项能力，其主要之点如下[①]：

- 学科与文化能力
- 法语能力
- 教学设计能力
- 把握学生差异的能力
- 管理班级的能力
- 评估学生的能力
- 运用信息与通信技术的能力
- 小组工作和同学校其他同事合作的能力
- 审视其实践、创新和自我培训的能力
- 在教育公共服务中坚持职业伦理和责任的能力

以上几个法国中小学教师培训的纲领性文件，为法国教师职业化的未来进程提供了重要参考。

二、继续职业化进程

教师的职业化，意味着教师从事的是一种由教师自身负责的智力活动，这种活动既不是常规性的，也不是重复性的，它需要经过长期的专门培训才能够胜任。法国教育高级委员会在最近的一份报告中重申，“教育是一种职业，仅仅具备良好的学科知识不足以成为教师。……教会学习，带好班级，与家长建立信任关系，并不能靠偶然的天赋或个人的魅力”[②]。

---

① Haut conseil de l' éducation, Recommandations du Haut Conseil pour la formation des maitres. p17.

② Haut conseil de l' éducation, Recommandations du Haut Conseil pour la formation des maitres. p3.

然而，教师职业又不同于一般职业，从某种意义上讲，教师有异于理论家而类似于艺术家。教师首先是设计师，他要确定与班级学生的交流方式，他要根据面向自己的学生的情况采取适当的传授知识的方式。在教学过程中，教师始终处于创造的状态，他与班级学生的关系永远无法再现，即使在普遍应用新的教育技术时，教师仍然是知识的参照体，是教学的设计者。因此，教师的工作应当有较大的自主性和自由度。

另一方面，教师又从属于社会团体，教师要在密切结合的教师团体和学生班级中工作，教师要代表社会利益向青年一代传递社会公认的价值观念和道德规范。这样，教师也有必要自觉遵守社会公认的准则，接受公共权威机构的指导和监督。

正是从教师的这些特点出发，法国将教师培训学院融入大学，并继续发挥大学在师资培训上的作用，极大地促进了教师职业化的进程。但是，法国现行教师培训体制与欧洲大多数国家“同时性”教师培训①具有明显的不同，呈现出三阶段特征：大学三年的基础教育；一年的教师资格考试准备；一年的教师专业培训。其要害是教师培训的重心集中于教师资格的考试本身。这既无助于未来教师专业水平的提高，也不可能赋予其教学艺术。特别是教师资格考试的高淘汰率，不仅造成极大的教育资源浪费，也可能使一批有志于教育的青年望而却步。

2002 年 2 月，国民教育督导总局和国民教育与研究行政督导总局在《教师初始培训和继续培训》② 的联合报告中，对未来的教师培训提出了设想和建议。

报告指出，未来的初始教师培训应当赋予教师职业所需的全部必要知识，不仅具备本专业的知识，还要有与专业相关的普通文化知识和相关学科的知识，并能够在教学过程中不断更新知识。

报告强调，教师的职业培训应当特别注重职业实践，不仅仅是使培训中的教师能够再现所掌握的教学模式，而是要在获得职业知识的同时掌握不断变化的、能够适应各种情况的教学方法。

---

① EURYDICE, La profession enseignante en Europe: Profil, métier et enjeux, Rapport I: Formation initiale et transition vers la vie professionnelle. vol. 3, septembre 2002.

② Ministère de la jeunesse, de l'éducation nationale et de la recherche, La formation initiale et continue des maîtres, février 2003.

报告特别提出，教师的知识不能局限于教室的墙壁之内，教师要具备教育目标和课程大纲以及学生评价等方面的知识，教师应以批判的眼光掌握关于学校和教育系统乃至有关教育领域的人文科学方面的知识，教师还要接受关于学校和教育管理方面的培训，并对社会、经济等方面的环境有所了解。

关于教师继续教育，报告认为，培训应当是贯穿教师职业生涯的一条“红线”，其要点是：

教师继续教育应具有一定的强制性；

培训应更加个人化；

承认经验获得。

为了培养未来高质量的教师，国民教育督导总局和国民教育与研究行政督导总局的联合报告建议，将教师资格的录用考试提前至学士毕业之时。这样可以避免师范学院一年级学生对未来前途的担忧，又有利于强化两年的教师职业培训。

虽然这一报告的改革建议尚未付诸实施，但加强教师培训过程中的师范性教育和在师范学院入口上更严格筛选将是法国师范教育改革的一个重点。

2005 年 3 月 24 日，法国议会通过了《学校未来的导向与纲要法》①，并于 2005 年 4 月 23 日由共和国总统正式颁布。该法强调，高质量的学校首先依赖于高质量的教师。中小学教师的培训将完全由大学承担，教师培训大学学院将在未来 3 年逐步融入大学。中小学教师的培养将突出三大领域：学科文化的深入培训；面向不同学生的教学法培训，特别是针对残疾学生和困难学生的教学法的培训；作为教育公共服务的公职人员培训。教师培训大学学院的一年级学生仍要准备教师录用考试，但同时要参加中小学的实习和教学实践。教师录用考试的合格者才能进入教师培训大学学院的二年级学习，并成为实习教师，但其毕业后不应延续惯例再分配到困难学校任教。

---

① Loi n° 2005 – 380 du 23 avril 2005 d'orientation et de programme pour l'avenir de l'école, J. O n° 96 du 24 avril 2005. p7166.

三、统一教师的工作量

在法国，教师工作量均按法定的时间执行，不同类型的教师承担不同的课时量，这种课时量的规定被称为“教师服务时间”。

早在1802年，法国就实行中学教师要在两个班级任课的制度，每天每班授课2小时，每周5天，计20小时的课程。1852年，教师的法定课时开始出现差异，不同等级的教师承担不同量的课时，确切地说，是等级高的教师承担较少的课时，反之亦然。为了弥补教学量的不足，同时出现了年度超课时补贴的制度。1892年，男子高中高级教师的课时量进一步固定化，在巴黎为每周14小时，外省为15小时。一般证书教师的课时量则要增加1小时。女子高中和初中的教师，大体执行这一标准，每周为16课时。1932年，课时服务标准普遍化，全部高中和初中均为18或20小时。第二次世界大战后，高中高级教师的课时量确定为15小时，普通证书教师为18小时。60年代以后，小学教师升格进入中学的非证书教师，课时量则为21小时。这一格局维持至今未变。

在当前学习化社会中，教师的使命绝不是简单的授课。教师服务时间的规定与当前学校教育的需求越来越不适应。一般来说，教师服务时间只能表示教师参加班级授课的时间，而其他相关工作则难以量化。实际上，教师工作远不止课堂授课，还要备课，要批改作业，要进行课外辅导，要进行学习咨询，要参与必要的管理等。

而硬性规定教师的工作量，便强化了时间义务的概念，而淡化了教师的使命感。以前一些改革方案也曾经试图改变教师课时量的机械规定。在1983年，勒格朗在其初中改革方案中提出，所有中学教师均执行统一的课时量，即16小时的基本授课，加上3小时的辅助课和3小时的个别辅导。1998年高中课程改革方案也建议普通证书教师承担15小时的基本授课，高级教师承担14小时的基本授课，此外须分别承担4小时和3小时的其他教学活动。这些建议都企图缩小不同教师课时量的差异，并且也兼顾了教师其他活动的必要性。但是它们共同的一点，就是仍然拘泥于课时量，谁也不敢打破课时的传统规定，因为教师早已习惯了课时工作的职业性，而不愿多承担一份责任。他们的要求总是“少少益善”，承担尽可能少的课时量。这样就可能造成总课时量的不足，如果教学额外需要，必须由附加课时补充。而对于国家来说，附加课时就意味着增加经费。有人估算，增加中学的 1 小时附加课时，相当于增加25 000个职位，工资总量为 30 亿法郎，因此这也是此类改革难以成功的重要原因。

今后教师管理改革的基本点应当是尽可能地统一教师课时量，缩小不同教师的差异。进一步看，还要继续提高教师的待遇，增强教师的使命感，采取一定的奖励措施，鼓励教师在工作量之外的奉献。当然，对于习惯固定课时制度的法国教师来说，几乎是不可能的。

四、吸引更多优秀青年

法国一位政治家早在 140 年前曾经说过，“教师，即学校。要有好教师！其他…… 无其他可言。……你们的任务已经明确。你们只有一个任务，唯一的，但令人生畏的任务：选拔人才！一旦你们确认，对你们的录用是好的，你们便可对你们自己和对国家的未来高枕无忧”。[①] 在今天，教育已成为公认的国家经济发展和繁荣的最重要因素之一，教师的作用尤其不能忽视。但是，法国自 2000 年以来便开始进入教师退休的高峰期，2000 年当年的中学教师退休人数已达到万人，在 2004—2014 年间的退休人数超过 12 000 人，尤以 2007—2010 年间的退休人数为多。如果考虑到教师的亡故、病修、辞职、进修等因素，未来 10 年每年平均要录用 17 000 ~ 20 000 名新教师。[②] 如何实现教师队伍的新老交替已是教育领域中十分严肃的问题。

但能否吸引足够的优秀青年加入教师队伍，不仅取决于政府的政治意愿，更依赖于当前大学生和高中生的就业志愿。选择教师职业的理由，因个人的情况而呈现差异。可能出于对儿童的热爱，也可能出于职业地位的考虑，还可能是看中其工作稳定，或较长假期，或工资待遇。

① Jules Simon, L'école, 1865. Cite in Ministère de la jeunesse, de l'éducation nationale et de la recherche, La formation initiale et continue des maîtres, février 2003.

② Jean-Pierre OBIN, Enseigner, un métier pour demain, mars 2002. p42.

如图 7－1 所示，法国因“愿意教书”和“愿意照顾儿童”而选择此职业教师比例为 60%～70%，而由于工资、自由支配时间、假期等其他原因选择此职业教师的比例并不高。对于当代法国大学生来说，出于热爱教师职业的会大有人在，只要教师政策保持稳定，吸引优秀青年从事教师职业的前景应当是美好的。

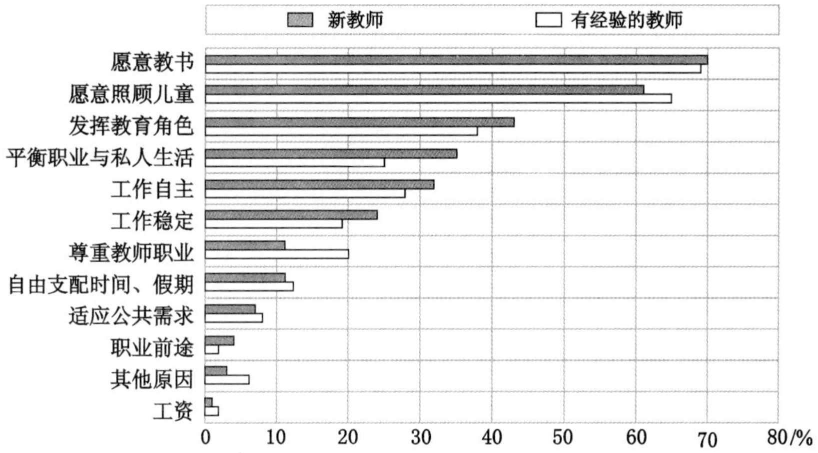

图 7－1　法国小学教师任教的主要原因（2000 年）

资料来源：OCDE，Analyse des politiques d'éducation，OCDE Paris，France，2006. p108.

附：2009 年法国公立教师统计表

	正式教师	非正式教师	合计
初等教育	321 443	296	321 739
平均年龄	40. 1	33. 9	40. 1
女性比例（%）	81. 3	77. 7	81. 3
部分时间制教师比例（%）	11. 7	13. 2	11. 7
中等教育	377 603	16 257	393 860
平均年龄	43. 2	39. 3	43. 1
女性比例（%）	57. 7	53. 4	57. 5
部分时间制教师比例（%）	9. 6	22. 0	10. 1

（续表）

	正式教师	非正式教师	合计
实习教师	20 995	7	21 002
平均年龄	26.7	33.7	26.7
女性比例（%）	75.7	85.7	75.7
部分时间制教师比例（%）	0.1	—	0.1
高等教育	56 416	5725	62 141
平均年龄	46.2	39.0	45.5
女性比例（%）	37.0	38.5	37.1
部分时间制教师比例（%）	1.9	2.6	1.9
全部公立教师总计	776 457	22 285	798 742
平均年龄	41.7	39.2	41.7
女性比例（%）	66.4	49.9	66.0
部分时间制教师比例（%）	9.6	16.9	9.8

资料来源：Ministère de l'Éducation nationale de la recherche et de la technologie, Repères & références statistiques sur les enseignements et la formation 2009.

第八章
私立学校的抗争

法国，作为欧洲教育历史比较久远的国家，长期以来实施私立教育；作为资产阶级革命最为彻底的共和国，公立教育在教育系统中占绝对主导地位。正是在这样背景下，我们来探讨法国私立教育的演变与发展，并力图认识其全貌。

第一节　二百年争斗，尚未见穷期

在法国，私立教育或者宗教教育在中世纪曾经是学校教育的唯一形式。除了培养神职人员的专门学校，西方教会为了推行其信仰，开设了大量免费学校，既宣传宗教信条，又传播一些语文和算术等基础知识。只是法国大革命之后，随着公共教育的诞生，才出现了公共教育同私立教育争斗的问题。

以争取资产阶级自由为目标的法国大革命，对私立教育也比较宽容。著名资产阶级革命家孔多塞（Condorcet）在支持教育多元化的同时，提出“有必要给家长保留为自己子女选择教育的真正自由，因为公共权力在教育上的独一影响对于自由和社会秩序的进步是危险的”。[1]

① Sabine Monchambert, l'Enseignement privé en France, PUF, 1993, Paris. p4.

1793 年 12 月 15 日的法令首次宣称“教育自由”。共和三年的宪法也确认：“公民有权建立私人的教育和训练机构。”

至此，无论是舆论还是法律似乎都为私立教育的存在和继续铺平了道路，但实际上公共教育同私立教育此消彼长的争斗才刚刚开始。

1833 年 6 月 28 日颁布的“基佐法”，实施初等教育改革，在要求“所有市镇，或单独，或与临近市镇共同建立初等学校”的同时，允许个人按照法律程序开办私立学校。

1850 年 3 月 15 日议会通过“法鲁法”，不仅保留了初等教育自由的原则，还将这一原则扩大到中等教育，从而大大增强了教会对教育的控制权。

1882 年关于教育“世俗化”的法律，要求公共初等教育禁止任何宗教课程，而代之以道德和公民教育。1886 年 10 月 30 日法律进一步规定，公立小学不得聘用神职人员担任教师。教育的世俗化给教会学校以严重的打击，1912 年法国仅存 27 所教会学校，而 1880 年时为 13 000 所。

第一次世界大战之后，形势有所逆转，私立教育又得以重新发展。不仅一些法令放宽了对私立学校的限制，1919 年的“阿斯杰法”（又译阿斯提埃法）（Loi Astier）更是允许私立学校参与职业技术教育的发展。

20 世纪 50 年代，法国资本主义制度已经十分巩固，私立学校的存在使共和主义者如鲠在喉，不吐不快。1959 年 12 月 31 日的“德伯雷法”（Loi Debré）便开始对私立学校大动干戈。该法为私立学校提供了四条出路：

- 联合契约：国家为教师支付工资，地方政府负责学校日常经费，条件是实施国家颁布的教学大纲，接受国家对教学与财务的监控；
- 简单契约：国家为教师支付工资，但学校日常经费由收取学费支撑。法律要求学校保持校舍符合卫生条件并执行与公立学校一致的标准，如师生比例和教师职称等，国家对其教学与财务实行监控；
- 保持现状：私立学校也可以不签契约，但如果作为一种营利学校存在，必须要遵守商业性法规；

- 并入公立学校：执行与公立学校完全一致的标准，私立学校特征不复存在。

除极少数私立学校保持原有地位或并入公立学校，95%的私立学校均与国家签订契约。实际上，国家通过契约形式，对私立学校进行一种“赎买”，为私立学校支付了教学所需的基本费用，获得了私立学校实施国民教育的承诺，从而实现了国家与私立教育的妥协，即国家教育目标与私人办学自由的妥协。

国家与私立教育的这种妥协并非一劳永逸，既然它是在一定历史条件下形成的，那么就可能在新的形势中激化矛盾。1982 年，社会党新任教育部部长萨瓦里（Savary）试图将全部私立学校融入公立学校，从而引发了关于私立学校地位的全部大辩论。主张公共经费的公共性的人指出，“公立学校，公共经费；私立学校，私人经费”。而支持私立学校的人则针锋相对地回击，“私立学校，公共服务；公共服务，公共经费”。由于当时的总统密特朗顾及社会的舆论，未能采纳萨瓦里的法案，萨瓦里也因此引咎辞职。

1993 年，右派势力又点燃了战火，要求更改“法鲁法”，允许地方政府无限度地资助私立学校。左派则迅速应战，像 1984 年右派反对取消私立学校那样在全国范围内展开了大规模的抗议游行和集会。1994 年 1 月 13 日，国家宪法委员会宣布了关于新法规的禁令，又一次关于公立学校与私立学校的争斗无果而终。

然而，公共教育和私立教育的斗争并未止息，只不过两派都不愿首先点燃炸药桶。也许未来的争斗会在稍微平和的气氛中继续。

第二节　建校有自由，条件颇苛刻

因为学校关系到青少年一代的培养，关系到人的精神世界，建立私立教育机构就不会有像开设经济领域的企业那样大的自由度。法国虽然早已确立了开设私立学校的自由原则，但在法律上有严格的要求。由于无法叙述相关法律的细节，下面我们只能概述一下私立学校的开办条件和申办程序。

一、开办条件

办学者条件：含一般条件和知识条件及物质条件。

关于一般条件，法律允许个人和团体开设学校，但是无论是个人还是法人都必须符合国籍、道德和年龄等条件。

首先必须是具有法国国籍的人才能担任学校领导者。如果是外籍人，可以在开办中等教育、高等教育和技术教育机构上享有例外。但是他们必须符合侨民应有的条件，并在获得劳动许可之外，须经学区国民教育委员会审定之后获得学区长的准许。审批标准是要求申请者具备法语能力、具备相应的学历资格和在申请之日前 10 年从事相关的职业。当然，对于其他欧盟成员国的申请者，可以根据相互间自由流动的原则，享有更为简单的申办标准。

其次，禁止任何被法律判刑人员和被认为有碍公共道德的人开办私立学校。那些被剥夺公民和家庭权利的人也在禁止办学之列。

最后，对办学者的年龄也有限制，年满 21 岁者方可开办初等学校，年满 25 岁者可以开办其他层次的教育机构。

关于知识条件，根据不同层次的教育，法律规定开办初等教育机构者须有高中毕业会考文凭。对于中等教育机构的开办者，法律不仅要求学历资格，还要有职业经验。除了须有高中毕业会考文凭之外，还要有在中学中担任 5 年教师或管理工作的经验证明，这一证明须由所在学校校长提出并经国民教育委员会核准。

相反，在高等教育中却无明确规定开办者的条件，只是在医学和药学学科，要求办学者具备从事医学和药学职业所具备的资格。另外，法律规定在私立学校以学院命名时，其教授席位数量则必须达到教授席位数量最少的国家学院的规模。

关于物质条件，法律要求私立学校具备两类物质条件：办学场所要符合教学要求；遵守有关卫生的普遍规章。

实际上，关于私立教育的法律并未列举需具备的物质条件，而是赋予行政管理部门和地方政府认真审查每一个申请者是否具备相应的条件。法律只规定一项必备要求，即在申请办学时提供未来学校校园的规划图。从另外的角度看，即使关于私立教育的法律对办学条件要求极少，其他关于安全、卫生、公共等部门的法律、法规也都可能更多地介入，特别是政府管理部门对办学条件的审查更趋于严格。任何非法开办的学校，都将被关闭，甚至不必经法律审判程序，行政部门足以具备取缔非法学校的权利。如果非法办学者的行为严重，可能被依法判刑入狱。

二、申办程序

在法国，所谓私立学校的申办过程，并不是一般意义的行政审批制度，而是在办学申请资料经相关行政部门审查有效，并在规定时间内无法律规定的反对理由，学校便可自动获得合法开办权利。从法律的角度看，个人享有最大的办学自由的权利，同时行政部门为了使这种自由不被滥用并危及社会，也行使最大保证权力。

根据法律要求，办学申报单上要注明申办人状况、学校性质、课程目标、学校处所等。同时要具备申办者公民状况证明、文凭证明以及学校规划图等附件。相应的行政权力部门负责接受申报：（市）镇长负责初等教育和技术教育，学区督学负责中等教育和高等教育；如果高等教育机构将设置在省府所在地，则由学区长负责。一旦所有资料齐备，相关行政负责人便签发申报单收据。这些行政部门只负责审查申报资料，而无任何评价权力。

同时，申报材料也要报送其他行政权力部门。关于高等教育、中等教育和技术教育机构的申办要报送省长和检察官，其中关于高等教育机构的还要报送高等教育部部长。

之后便进入申报公布阶段。私立学校的申报应当在其拟创建学校的市镇政府和国民教育部的所属部门公布，期限为一个月。

在申报公布阶段，行政管理部门具有否决权。当然为了保障举办私立学校的自由，行使这种否决权并非是无限制的。

根据法律，具有初等私立学校的否决权的行政权力者为（市）镇长和学区督学，省长只是被简单告知否决的程序。（市）镇长具有自申报公布之日起计算的 8 天的否决期，其否决的理由只能是校园状况有碍当地良好社会风尚和卫生环境，而不得以其他任何理由来进行否决。例如，不能以公立教育与私立教育的争论为由反对开办私立学校，也不能称当地公立学校数量已经足够，限制新办私立学校。学区督学具有自申报公布之日起计算的一个月的否决期，其否决权除其管理权限之内的，也可涉及检察官的诉讼。否决的理由除了校园状况有碍当地良好社会风尚和卫生环境，也可追溯办学申办者本人的过去。此外，如果办学者曾为当地公立学校的教师，学区督学可以以有碍公共秩序为由行使否决权。

关于中等教育私立学校的申办，否决权在学区督学、检察官和省长，其否决期也是自申报公布之日起计算的一个月，否决的理由也与前者类似。

高等私立学校申办的否决权属于学区长和检察官，否决期为自申报公布之日起计算的 10 天。检察官在此的否决权，仅限于在教师中有被判定无资格者和课程有碍公共秩序或道德的情况下的否决。学区长的否决理由与初等教育和中等教育类似。

此外，1919 年关于技术教育的法律赋予（市）镇长对举办私立技术学校的否决权，否决期为 10 天。

如果出现对申办开设初等和中等教育私立学校的否决，那么最终的裁决权属于学区国民教育委员会，但是裁决会议的日期必须在提出否决之日起的一个月之内。裁决的形式类似法庭的审判，学区国民教育委员会最后决定行政机关对申报学校的否定是否有效。

至于对申办开设高等教育私立学校的否决的裁决权，则完全属于法律机构，法院应遵照民事法规则对这类否决进行裁决。

总之，我们可以看到，在法国申办私立学校虽有自由，但在申办条件上并非宽松，也没有把教育作为市场而允许任何人来投资办学，更没有给外国人以办学的国民待遇。但从另一方面看，法律有对否定申办私立学校的资格加以限定，防止权力部门在这里滥用职权，从这个意义上，确实也保证了开办私立学校的自由。

第三节　办学更自主，监管亦严格

通常私立学校比公立学校有更大的自由度和灵活性。在法国，私立学校的自由或自主性体现在学校性质的选择、教师的聘任、学生的录取和教学方法的选择上。但是由于相关法律、法规的介入，国家的监管和控制，这些自由都不得不大打折扣。

第一，学校性质。

法国任何关于办学自由的法律都未强行规定私立学校办学者选择其法律地位，但实际上，办学者都不能对此回避，他们总要在协会、企业或基金会三者中进行选择。

协会是由 2 个以上的自然人或法人构成的、进行以不营利为目的的经常性共同活动的协约组织。协会属于公益团体，在遵守劳动法规的同时，可以接受政府的资助和社会的捐赠。多数私立学校都选择协会这样的法律地位。企业则是一种营利机构，要按照民法和商法运行，并要依税法纳税，因此极少选择这一法律身份。而基金会是在募集大量资金的前提下建立的，并服务于普遍利益，也被极少的私立学校所能接受。

第二，教师聘任。

私立学校聘任教师首先要符合劳动法和社会保障法的规定，同时也要符合有关教育的法律对私立学校教师的资格、年龄和数量的规定。例如，1886 年的法律要求私立小学的教师必须满 18 岁，并具有公立学校要求的资格。

第三，学生录取。

一般来说，私立学校可以完全自由地确定学生的录取条件，不仅可以限定性别、宗教和语言，如办成女校、天主教学校或少数民族语言学校，甚至可以打破年龄限制，只要学校认为合理。但是对于同国家签订契约的学校，则要服从契约的规定。

第四，教学方法。

本来法律赋予了私立学校选择教学方法的自由，甚至教学内容的自由，前提是不得与公共道德、宪法和法律相抵触。但在实际上教育系统组织的通则和国家对学历文凭的垄断大大限制了这种自由。

一方面，国家教育系统所规定的初等教育、中等教育、高等教育和技术教育等不同层次，就限定了私立学校必须服从这一框架体系。关于教学内容，最高法院和行政法院都曾裁决初等和中等私立学校的课程必须与国家学校的课程相一致，这样私立学校的教学自由事实上仅限于教学方法的选择和增设国家教学大纲以外的课程了。

另一方面，自拿破仑时期的 1808 年法律颁布以来，法国就实行国家垄断文凭的原则，私立学校的文凭不能以国家文凭的称谓命名，只能以描述学习内容和获取条件的方式表示其文凭。而国家文凭在法国总是具有更高的价值，这显然置私立学校于竞争的劣势地位。

不过，在高等教育中，现行的法律允许私立高等学校与公立高等学校签订合作协议,可以使私立学校的大学生通过一定的考试,获得国家文凭。

同时，国家也要对私立学校进行适当的监管。虽然国家的监管不干涉教学的自由，仅限于学校运行的条件上，但这种监管在某种意义上说也是十分严格的。如果学校领导者回避或拒绝国家的监控，便会受到法律的相应制裁，直至学校被关闭。

国家对私立学校的监管主要通过督导的途径实施。学区长和学区督学负责对本学区内除高等学校以外的各级私立学校的督导。国家督学可以受教育部部长的委托对私立学校执行例外督导。（市）镇长和省级政府代表也有权对私立小学实施督导。

根据教育部的规定，应当实行年度督导。督导工作首先体现于考察学校，行政部门要保证接纳学生的校舍建筑的良好状态，要保证学校的卫生条件，特别是饭厅和宿舍的卫生条件。其次，要核对注册学生与聘任教师的状况，审查教师是否合乎国家规定的资格，以保证受教育者的权益。另外，督导者有权旁听授课状况，也可以检查学生使用的课本和作业本。

当发现私立学校有违规行为时，督导权力部门则要将情况报告教育部，教育部部长根据情节提出惩罚意见。惩罚可以是惩戒性的，如果涉及学校管理的，被惩罚的责任人为校长，如果属于教学方面的，被惩罚者为教师。惩罚也可以是刑事的，将有刑事法庭依法判决，可能导致校长被禁止担任领导责任，也可能关闭学校。

随着教育环境的变化和学校消费主义的出现，法国于20世纪70年代初又颁布法律和法规，增加了国家对学校广告的控制权。法律规定，学校不得发布在学校教学性质、学习期限和培养目标上误导公众的广告。

需要指出的是，契约制私立中小学，必须依据法律规定的契约条款，执行国家颁布的教学大纲和接受政府部门的督导和财务审计。

由此看来，办学自由是相对的，任何国家总是要从维护社会的秩序和公众利益出发，对私立学校进行适当的监控。只不过法国作为中央集权国家，对私立学校监督和控制更为严格。

第四节　私校非私有，政府给资助

通常认为，私立学校的投资基本上来源于私人领域。实际上，区分公立学校与私立学校的基本界限是主办者，而不在于投资者或投资的比例。尽管法国在历史上对私立教育的资助有不同的法律规定，政府对私立学校的资助大体有三种形式：财政补贴、税收调节、资助学生。

第一，财政补贴。

本来法国无任何法律条款限制政府对私立学校的支持，只是在百余年前，公共教育的支持者和私立教育的支持者之间发生了严重对立，导致出现了禁止政府支持私立初等教育和允许支持中等教育、高等教育和技术教育的法律条文。

1888年7月19日行政法院在解释1886年的教育法时宣布，（市）镇政府对初等教育的补贴为非法，之后法国的法律法规都继续维持这一解释。对于中等教育，1850年3月15日的“法鲁法”关于“私立学校可以从（市）镇、省或国家获得场地与补贴，但补贴不得超过学校年度经费支出的10%”的条款依然有效。对于私立技术教育，1919年的“阿斯杰法”允许政府在学校运行和基本建设上予以资助。对于政府是否可以支持私立高等教育，法律无任何限制。

第二，税收调节。

法国能够在工业发展的同时，通过立法强制企业承担实施职业教育的义务，既促进了职业教育机构的发展，又保证了企业对人才的需求。在教育经费方面，法律规定企业完成各项缴税义务后必须承担“学习税”，就是按上一年职工工资0.5%的比例提取，用于支持职业技术教育的发展。这笔经费或上缴国家，或直接资助职业技术学校。1990年，法国教育部所属各类学校共获得34.1亿法郎的学习税收入，其中中等私立学校获得5.62亿法郎，高等私立学校获得6.88亿法郎[①]。

第三，资助学生。

法国政府对学生资助的原则是根据学生的物质需求状况来定，而不论学生就读的学校是公立的还是私立的，因此私立学校的学生同样可以获得政府的奖学金。虽然对学生的资助不是对私立学校的直接支持，但从保证学生来源的角度看，政府还是间接支持了私立学校。

前面我们只是介绍了法国政府对私立学校支持的一般原则，但是对于契约制的私立学校，支持力度要大得多。根据1959年的法律，对契约制私立学校的支持为两个方面：支付教师工资和负责全部或部分的学校日常经费。

一方面，契约制私立学校教师的工资全部由国家即中央政府负担。1992年，契约制私立学校的全部经费支出为286.18亿法郎，其中国家支付的工资为243.79亿法郎[②]，占到85%，可见教师工资为学校经费开支的绝大部分，也就是说法国私立学校的经费基本由国家负担。1996年国家支付了私立学校教师工资499.94亿法郎，占全国教师工资总额4057.78亿法郎的12.3%[③]。另据统计，2000年法国全国中小学生为1200万，其中私立学校学生近200万，而非契约制私立学校仅为1.6%，只接收了43 000个学生，其中小学生13 800个，中学生29 000个[④]。从这些数据推算，法国私立初等和中等学校教师的工资也基本上由国家负担。

另一方面，地方政府要负责联合契约的私立学校的日常经费。具体

① Sabine Monchambert, l'Enseignement privé en France, PUF, 1993, Paris. p45.

② Sabine Monchambert, l'Enseignement privé en France, PUF, 1993, Paris. p78.

③ Ministère de l'Éducation nationale, de la Recherche et de la Technologie, Le compte de l'éducation, 1997. p115.

④ Le Monde de l'éducation, N°292, MAI 2001. p35.

来说，市、镇政府负责小学经费，省级政府负责初中经费，学区负责高中经费。此外，国家也有责任对这些学校的大型设备，计算机系统的设置和更新提供支持。

正是法国政府对私立学校的大力支持，才使私立学校得以生存和发展，并提供良好的公益服务。当然，国家也因此获得了对私立学校的监控权，也使私立学校成为国家教育系统的有机组成部分。

第五节　面貌常更新，公众有选择

渊源于中世纪教会学校的法国私立学校，可以说有千年以上的历史。背负如此漫长的历史包袱，又不时地面临被公共教育吞噬的危险，法国私立学校何以能仍然在法国社会上立足？其基本原因就是能以常新的面貌吸引学生和家长。

首先，他们以办学相对自由的机制，同公立学校争夺生源。在公立学校，学生录取均严格执行分区划校的办法，无特例任何学生都不可能选择学校。尽管公立学校都标榜平等、公正，但无论家长还是教师都十分清楚，学校之间的绝对平等是不可能的，家长，特别是中产阶级的家长都尽可能在虚幻的学校平等中为子女寻求好的位置。行之有效的办法，便是进入“好的班级”。在法国初中和高中，除了执行通常的随机编班原则之外，外语选修志愿也是编班通行的一个原则。于是，相对于平民和移民子女倾向于选择西班牙或阿拉伯语的现实，那些聪明的中产阶级家长更愿意为子女选择德语，并以此方式进入相对好的班级。但是，这一方法也有不灵的时候，特别是一些学校的暴力行为成风之时，家长最后的办法便是“走为上”，寻求校园秩序相对安定的私立学校。

当然，家长要为此付出一定的费用，但法国私立学校的费用同英、美等国私立学校的费用相比要少得多。人们称法国契约制的私立学校为“假牌私立学校”或“准公立学校”，因为国家为这些私立学校支付了教师的全部工资和部分的日常经费。作为非营利的私立学校，向家长收取的只是数额很少的管理费用，这些费用对于一个中产阶级家庭来说，几乎可以忽略不计。这就是法国私立学校经久不衰的重要原因之一。

在法国一些地区，特别是在巴黎地区，私立学校的招生能力经常是供不应求，因此录取学生都很严格，越是著名的学校越是严格，即使学生无不良行为记录并有较好的成绩单，往往也要列入等待的名单。如果未能获得校长的录取准许，学生家长不得不痛苦地送孩子重返公立学校。

私立学校吸引学生家长的另一原因是其服务意识。有人批评公立学校是一种例行公事的机构，而不是一个服务部门。而在西方消费观念深入人心的今天，家长自然把自己也作为“学校消费者”，不买公立学校那些刻板面孔的账，去找可以满足自己需求的私立学校。

在私立学校，学生家长可以比较容易地介入校园生活，他们可以公开表达对学校管理的不满，对某个教师的意见。学校也能够根据家长的反映，处理管理不善的问题，选择优秀的教师或辞退不良的教师。而在公立学校，即使家长公认某个教师为“坏教师”，甚至校长有时也不得不承认这一现实，但谁也对他奈何不得，因为法国教师都是国家公务员，只要无犯罪，就不能将其辞退。实际上，私立学校的管理者和教师往往都有更强的责任心，谨小慎微，唯恐“得罪”了该校的消费者，进而失去来之不易的“市场”。

私立学校的最后一个优势，是其教学质量的保证。一般来说，私立学校的教师并不都具备国家承认的教师资格，但家长看重的并不全是这些。虽然教师资格是保证教学质量和科学知识水平的一个信度，但家长更欣赏教师循循善诱、诲人不倦的风格，更企盼教学的实际效果。在私立学校，通行的信条是勤奋、竞争，而无公立学校那种虚假的平等和民主。“望子成龙”不仅在中国，在法国也是如此，甚至通行于全世界。在这一点上，私立学校与学生家长的目标是一致的，就是尽全力使学生出人头地。

正是以上这些原因，法国公众对私立学校的态度在几十年间发生了重大变化。据调查，1946 年只有 23% 的法国人赞成国家资助私立学校，1951 年这一数字到 46%，1974 年便达到 77%。就是说，不到 30 年，原来少数人赞成变成了少数人反对。到了 20 世纪 90 年代，赞成国家资助私立学校的法国人已经成为绝大多数。家长把子女送到私立学校的主要目的已经不是宗教教育，而是把私立学校作为争取更好发展机遇的场所，因为私立学校的教学方法更为灵活。据调查，企业职员和工人的子女在私立学校的成功率较高，而农民子女的状况则相反①。公立学校的许多学生家长都表示，如果自己孩子学习出现困难，也会乐于把他们转送到私立学校。

在21世纪的学习化社会中，法国公立学校与私立学校的激烈争斗也许不会出现，但竞争不可避免。近些年来，法国私立学校学生入学人数稳中有升，1997年私立小学学生人数为总人数的12.99%，1999年为12.76%，2000年为12.82%；1997年初中生人数为总人数的18.16%，1999年为18.61%，2000年为18.86%；1997年高中学生人数为总人数的19.23%，1999年为18.73%，2000年为18.84%②。私立学校学生数量增长得缓慢，甚至有所反复，主要原因是私立学校的容量不够，许多私立学校不能满足学生入学的要求。因此，未来私立学校的扩建和新建的趋势是显而易见的。

① Le système éducatif, Cahier français N°285, mars-avril 1998. p17.

② Le Monde de l'éducation, N°292, mai 2001. p36.

第九章 奠定信息社会的基石

第一节 教育信息化发展概况

20 世纪 90 年代，法国社会的信息化程度似乎并不高。1995 年法国只有 1% 的家庭能够上网。据法国国家经济统计局 2002 年的调查显示，虽然 90% 以上的法国人认为国际互联网是现代化的工具、是向世界开放及进步的工具，但只有半数 15 岁及以上年龄的人口使用计算机。而年轻人、企业职员、高等学校毕业生、家境优越的人更多应用新的信息技术。企业职员占上网者的比例为 76%，而工人仅占 13%。并且区域特点明显，上网者更集中于巴黎。[①]

近年来，这种状况有所转变。法国教育高级委员会于 2009 年 4 月的一份报告披露，77% 的 12～17 岁儿童每天都上网，其中 90% 自称信息技术“娴熟”。法国人每天上网时间平均为 2 小时 17 分，接近于看电视的时间 3 小时零 7 分，大大超过了阅读的时间 38 分钟。[②] 另有报告称，2009 年，67% 的法国人家中配备上网设备，84% 的青少年和 93% 高级管

① http：//www. senat. fr/rap/o96 －383/o96 －3836. html.

② Haut conseil de l'éducation，Le numérique à l'école，avril 2010.

理人员经常上网，但只有66%的工人和18%的70岁以上老人上网。[1]

法国在学校教育中应用信息与通信技术的起步时间并不晚。1985年，法国实施了一项“人人学习计算机”的庞大计划，耗资20亿法郎，为中小学配置了12万台微机和万余套软件，但收效甚微。其原因是设备与软件不配套，缺少维修，教师培训不够，无明确教学目标，造成大部分设备闲置，教学利用率仅为20%。

1995年，法国教育部又制订了一项为期三年的多媒体教学发展计划，国家每年直接投入10亿法郎。加上地方政府的资助，投资总额将达到150亿法郎。

根据这一计划，至2000年，从幼儿园到大学的每个学生都要介入多媒体学习活动：幼儿园学习计算机绘图与操作；小学低年级学习电子信件通讯；小学高年级学习使用web网络服务器；初中学习在互联网上操作；大学生均建立个人网络地址。

汲取过去教训，这次计划突出了教师培训，教育部拟将目前的教师培训学院和教师进修学院合并，增设100个计算机专业教师，培训1000名年轻博士从事多媒体教学，并将新教学技术作为教师继续培训的最重要内容。

在技术方面，法国建立了一个教育信息专门网络——“Educanet”。这个网络可以为交流多媒体教学经验提供方便。法国电信公司还为学校上网费提供优惠价格：每10台微机每天联网10小时的年包干费为5800法郎，每个学生每年使用费折合为40法郎。为了促进多媒体等新技术的发展，法国政府将于1998年从新近上市的法国电信公司股票收入中提取10亿法郎，其中6亿法郎作为风险资本基金，鼓励企业进行新技术的开发。

据教育部1995年3月调查，法国中学计算机的占有量为355 850台，其中68%的使用期低于五年，平均每32个初中生使用一台，每12个普通与技术高中生使用一台，每8个职业高中生使用一台。16%的中学配置了至少一台调制解调器，30%的中学装置了至少一个光盘驱动器。另据调查，1996年6月法国已有60%的小学设置了计算机教室，

---

[1] Jean-Michel Fourgous, Réussir l'école numérique, 15 février 2010. p64.

1997年7月已有400所小学登记了互联网地址。

1997年8月，法国制订了“信息社会的政府行动计划”（Programme d'action gouvernemental pour une société de l'information —PAGSI），提出了教育系统在应用信息与通信技术上的两大使命：要使每个青年在学校毕业时能够掌握未来个人生活和职业生活所需要的信息与通信技术；利用丰富的多媒体资源开展教学活动。

2002年1月，由法国总理直接领导的“信息技术战略委员会”发表一份题为《学校与信息社会》的建议书，指出“学校是信息社会的基石”“构建信息社会的国家战略会赢得双倍的国际竞争力”。[①]

根据2000年统计，法国高中拥有250 000台计算机，平均每6个学生1台；初中拥有180 000台计算机，平均每14个学生1台；小学拥有215 000台计算机，平均每23个学生1台。2000年，法国全部高中都具备连接互联网的能力，初中的联网率为91%，2001年小学的联网率为50%。[②]

2003年，法国普通高中平均每6个学生1台计算机，职业高中平均每4个学生1台计算机，初中平均每12个学生1台计算机，小学平均每20个学生1台计算机。2003年，法国全部高中和初中都具备连接互联网的能力。[③]

2009年，法国中小学平均每百名学生的计算机占有率为12.5%。其中初中百名学生计算机占有率为13.6%，普通和技术高中为24.4%，职业高中为31%。[④]

---

① http：//www. csti. pm. gouv. fr.

② Inspection générale de l'Éducation nationale, l'école et les réseaux numériques, Rapport à monsieur le ministre de la jeunesse, de l'éducation nationale et de la rechercheà monsieur le ministre délégué à l'enseignement scolaire, juillet 2002 n° 2002 -035.

③ Ministère de la jeunesse, de l'Éducation nationale et de la recherche, 10 mesures pour relancer l'utilisation des technologies de l'information et de la communication à l'école, 13/05/03.

④ Jean-Michel Fourgous, Réussir l'école numérique, 15. 02. 2010. p66.

表9－1　法国学校信息与通信技术状况

	现有学校数	回答调查的学校数	计算机占有总量	每个学校的投影仪数量	每校数字互动黑板平均数	每台计算机的学生数	制订教育信息化计划的学校比例（%）	具有信息技术证书的教师平均数
初中	5250	3883	191 326	5. 1	0. 6	8. 1	76. 6	10. 4
普通与技术高中	1560	1120	155 170	14. 8	1. 1	5. 3	73	6. 5
职业高中	1072	667	61 836	8. 2	0. 8	3. 7	73. 3	6. 7

	现有学校数	回答调查的学校数	计算机占有总量	可接互联网的学校比例	每个学校的投影仪数量	每校数字互动黑板平均数	利用网络保护措施的学校比例（%）	利用过滤与控制上网的学校比例（%）	签订网络使用宪章的学校比例（%）
幼儿学校	17 713	6 226	87. 3	66. 8	0. 04	0. 01	45. 3	29. 6	28. 1
小学	33 636	13 951	96. 4	91. 4	0. 18	0. 04	63. 8	57. 2	50. 2

资料来源：Ministère de l'Éducation nationale，Repères et références statistiques-édition 2009.

第二节　中小学的教育信息化

法国的中小学比较普遍地在教育教学中应用互联网，明显促进了学生的积极主动学习。通过校园网，学生可以轻松地在电子版的词典和百科全书中搜寻资料，可以编辑班级或学校的报纸杂志，并可以在若干学校中相互交流。学生还可以通过电子信件向教师寻求帮助，同学之间也可以交流学习体会。

在各科教学中，信息与通信技术发挥着越来越大的作用。例如在理科教学中，通过网上搜寻有关图片与录像，补充了直接观察的不足，一些实验结果也可以通过网上进行交流。

近年来，法国在高中二年级和三年级，开展“有指导的个人作业”

(Les travaux personnels encadrés——TPE)，目的在于给学生真正的个人学习时间和空间，通过在全国性的选题目录中选择一个主题，如文学艺术与政治、传统与创新、中断与继续等，开展个人或小组的活动，完成一件研究性的作品。这个作品可以有多种形式，如：模型、诗歌、辩论、文件、科学实验、录像、网页等。不同学科的教师在尊重学生自主学习的前提下，给学生以指导和帮助。最后，教师对学生其产品的陈述作最终评估。开展有指导的个人作业，有助于学生在主动的学习与探究活动中激发好奇心、求知欲，培养批判精神，可以调动所学习的各学科知识，打破学科的界限，也有利于发展学生的学习能力和生活与职业能力，如组团工作、资料收集、论证、掌握信息技术、语言表达等。而完成这样一些工作，重要的技术支持就是互联网，学生通过互联网获取相关资料，然后分析整理加工，成为作业的基础。

2002 年 5 月，法国教育部开始构建中小学信息网，名曰“知识数字空间”（espace numérique des savoirs）。这一信息网汇集了大量基础知识，并允许以标准化和安全化的条件进入，即以教育为目的免费与自由地使用这些资源，并把它作为进入数字资源宝库的大门。学生和教师可以从中摘取文学名著的选段，地图、艺术作品、医学图像、报刊文章、电影片段、音乐等。

法国中小学利用信息与通信技术的另外一项创新是数字书包（Cartable numérique）[①]。数字书包首先是一种为学生和教师提供的数字“虚拟空间”，是可以在校内和校外获得的全部学习和教育资源和工具，是教育中应用信息与通信技术的重要形式。

1986 年，“苹果”公司向法国教育部提出在学校中设置“电子书包”的设想，但未见实际行动。1991 年，在教育部的支持下，马赛的两所高中和另一所初中为其三个班级的每个学生配置了手提电脑，并称之为“电子书包”。之后，又有一些学校构建了“电子书包”，并可通过互联网在学生家中实现个人学习环境的链接。1999 年，萨瓦大学将其工作平台申请了“电子书包”的标志。2000 年 8 月，Bordas 与 Nathan 出版

① Daniel Kaplan, electroniques, virtuels, numériques: l'élève, le prof et leur cartable, 19 février 2002.

社在“暑期大学”推出其包含若干软件、一部词典和两部电子教科书的“电子书包”这一品牌。随之“电子教科书”（i-m@ nuel），“数字书包”（Cartable numérique），“虚拟学校”（ établissement scolaire virtuel ）等概念应运而生。

电子教科书是纸质书本与互联网相结合的教科书，这一教学工具在保留不可替代的传统书本教科书的同时，为学生逐渐开放多媒体世界。电子教科书包含一本不少于100页的纸质教科书和一个专门互联的网站。纸质教科书涵盖了国家课程大纲规定的一年中应学习的基本知识。专门互联网站则提供了全面的和个性化的工作环境，复制了纸质教科书中的全部文字资料并补充了大量的多媒体教学资料，每个学生或教师都可以根据指定的密码进入网站。

数字书包为学生提供了个性数字空间和移动数字空间。这一基于班级与学校的数字空间，可以拓展到学校时间和空间之外，可以在整个数字空间进行交流。在法国朗德省的35所初中，从2001年起实施一项“人手一台手提电脑”计划。省政府斥资61万欧元用于购买数字教科书和支付每台手提电脑183欧元的补贴。2006年，这些学校还为每台电脑下载了外语互动电子教科书。①

近些年，传统的黑板也在发生变化。早期的实实在在的“黑”板已经绝迹，取而代之的是绿色的玻璃黑板，而如今“互动电子白板”（tableaux numériques interactifs，简称TNI或Tableaux Blancs Interactifs，简称TBI）悄然出现。互动电子白板，又称是电子交互白板，是一种新的科技电子教学系统。它是由硬件电子感应白板和软件白板操作系统集成。电子白板集传统的黑板、计算机、投影仪等多种功能于一身。在专门的应用程序的支持下，只需要感应笔或用手指就可以操作电子白板，替代粉笔和鼠标等很多的功能。在电子白板上书写的内容在计算机上同步显示，多媒体互动电子白板应用于小学课堂教学，构建了新型的现代化教学模式。2009年，27 000块互动数字白板被安置在法国中小学（包括特殊教育、幼儿学校），其中中学18 000块，小学8400块。②

① Haut Conseil de l'éducation, Le numérique à l'école, avril 2010. www. education. gouv. fr.

② Jean-Michel Fourgous, Réussir l'école numérique, 15 février 2010. p70.

第三节　高等教育中的信息化

法国高等教育在进入大众化阶段之后，经常面临着教育资源短缺的局面。而缓解这一矛盾的重要解决办法，就是大力发展信息与通信技术，促进教育方法的革新。自从 1997 年 8 月法国制订“信息社会的政府行动计划”以来，法国高等学校开始大规模地投入信息与通信技术的开发与应用。

在法国的高等教育拨款体制中，国家增加了四年合同中的信息与通信技术专项经费。2001 年，教育部向高等学校拨付了近 4600 万欧元，用于教育的信息与通信技术，其中 3050 万用于教学，1500 万用于购置设备。但是各类学校获得的信息与通信技术经费额度并不一致：例如综合大学每年的生均经费为 20 欧元，工程师学校则高达 105 欧元，政治学院为 26 欧元，教师培训学院为 28. 5 欧元。即使在同一大学，所获得的每年的生均经费额度也有差异，少的为 10 欧元，多的为 60 欧元。特别是大学中的计算机占有率并不高，平均每 26 个大学生才可拥有一台教学用的计算机，远远低于普通高中平均每 6 个学生 1 台计算机的比率。

为了应对竞争激烈的国际网络教育市场，法国教育部拨出专门经费分别于 2000 年、2001 年和 2002 年三次向全国高校招标筹建法国数字校园，以构建优质并具有国际竞争力的“开放式的远程培训”（formation ouverte et à distance—FOAD）。

至 2003 年 4 月，法国建立了 64 个数字校园（Campus numériques），82 所大学、22 所工程师学院和 29 所教师培训学院参与其中，并与 50 个企业和 48 个协会以及 27 个国家的 45 所大学建立了合作关系。涉及的学科有：

18 个科学与技术；

8 个信息工程；

15 个医学；

8 个法律、经济和管理；

9 个人文与社会科学；

12 个信息与交流；

7 个综合学科。

法国教育部认为，法国的数字校园应当是这样一种培训：

以学习者为中心，为其提供以数字为基础的创新服务；

可获得相关机构的认可，并与学校计划和个人需求相适应；

向企业界和国际开放。

2000—2002 年，法国投入高等教育的数字校园的费用总共为 16 600 万法郎，其中 2001 年为 6150 万法郎，合 937.6 万欧元，2002 年为 6650 万法郎，合 101.4 万欧元。其中 7% 用于“数字教学环境”，即为高等教育中的学生与教师提供一种新型的数字教学服务，如网上学习的便捷、资料的齐备等。2002 年初，在数字校园注册的法国大学生约有 5000 人。

但是，数字校园计划实施不利，随后转向实施“主题数字大学”（Universités Numériques Thématiques，U. N. T.）政策，偏重于教学内容的数字化。主题数字大学的两个目标是：

- 通过数字教学资源的整合，促进大学生的成功。
- 增强数字教学资源的清晰度，促进法国高等教育的国际影响。

自 2004 年至 2008 年，主题数字大学的主题有七项[①]：

- 卫生
- 工程技术科学
- 经济管理
- 环境与可持续发展
- 人文与社会科学
- 法学与政治学
- 基础科学

近年来，无线联网技术和个人进行创建与发布音频与视频的“播客”（podcast）技术迅猛发展。法国高等教育与研究部决定以利用这两类技术发展数字大学，目的是使每个大学生在数字学习环境中获得资源，轻松学习，并鼓励教师允许其课程通过播客进行传播。2009 年 7 月

---

① Henri ISAAC，L'université numérique，11 janvier 2008. http：//www. enseignementsup-recherche. gouv. fr/（2010 - 5 - 8）.

20日，高等教育与研究部部长佩克雷斯（Valérie Pécresse）宣布了一项大学数字发展计划，将用1600万欧元改善大学校园的无线网络，普及高等教育机构教学的播客，并强调："今天只有2%的大学生占有录音课程，2011年要达到10%的目标。"当然，大学数字技术的应用本身不是目的，它应当服务于教学，服务于学生，未来教育技术的目标将达到"100%的教学资料为了100%的大学生"。[①]

第四节 成人教育与信息技术

在法国，非正规教育或成人教育主要由国家远程教育中心承担。法国国家远程教育中心（Centre national d'enseignement à distance），创立于1939年，主要为不能正常去学校的儿童实施教育。1993年，中心迁至普瓦提埃附近的未来电影城（Futuroscope）。

远程教育中心在创立之初是为了弥补战争对教育的创伤，实施函授教育，有学生900人。1944年，法国从德国法西斯的占领中得以解放，该机构命名为"国家函授教育中心"，教育对象主要是患病儿童和曾经被监狱和集中营关押的人员。1953年，随着广播电视的普及，该机构更名为"国家函授与广播电视教育中心"。1959年至1979年，该机构经过重组后曾以"国家远程教育中心"命名，然后又恢复了"国家函授教育中心"的名称。直至1986年，该机构使用现在名称，并直属教育部管辖。

目前，国家远程教育中心有350 000名注册学员，其中三分之二是成人，超过半数的学员接受高等教育，36 000名学员接受职业继续教育。该中心设8个专门学院，有专职和兼职教师与培训人员8000多人，提供近3000种培训。号称"法国最大的教育机构""欧洲最大的大学""大众教育需求的灵通耳""国际远程教育的航标"。

远程教育中心可以提供完整的学校教育、补充学校教育、假期补

① Ministère de l'enseignement supérieur, de la recherche et de l'innovation. http://www.enseignementsup-recherche.gouv.fr/ (2010-5-8).

习、成人学校教育等不同类型的教育，教育层次可以是初等教育、中等教育和高等教育，也可以授予高等教育入学资格文凭，还可以进行参加教师资格或公务员等各种考试的准备。

2009年，法国启动了“农村数字学校”计划，拨出6700万欧元专款用于支持农村学校发展数字化教育。每个乡镇可以获得1000欧元用于购买数字教学资料，9000欧元用于配置交互电子白板、手提电脑等设备。6700个不足2000居民的乡镇可以获得这些资助。为落实此项计划，教育部专门安排相关培训，供应商要提供关于交互电子白板3个小时的培训，关于移动课堂6个小时的培训，教育部门要负责关于继续教育计划的6个小时的培训和12～18个小时的继续培训。①

第五节　教育信息化的主要战略与特点

一、国家宏观主导

不同于其他西方国家，法国教育信息技术发展一直由国家宏观主导。但当前国家规划更突出专家的咨询作用。例如，信息与远程通讯系统战略纲要（Schéma Stratégique des Systèmes d'Information et des Télécommunications —S3IT），便是一个庞大的教育信息与通信技术的发展规划，由诸多计划构成。它由800余专家学者于1998年5月至1999年底反复思考构思而成。主要涉及5个主题：

- 信息职业及其使命的变革。
- 教育中的信息系统。
- 人力资源管理的信息系统。
- 高等教育与研究的信息系统。
- 教师与学生的工作与学习的新环境。

---

① http：//www. education. gouv. fr/cid24218/developper-le-numerique-dans-les-ecoles-rurales. html（2010－5－9）.

二、国家开发信息资源

教育信息化的重大难点之一，便是如何实现各种文化、教育和知识资源在学校的共享与应用。如果任凭网络的便利，无偿使用各种知识资源，势必造成对知识和知识产权的侵犯。如果完全采取市场化的模式，多数学校和学生将无缘进入网络信息资源的知识宝库，从而加深加宽“数字鸿沟”。

法国充分利用国家和政府管理的优势，由教育部代表国家与全国各大新闻、出版、图书资料、影像、统计等公立与私立部门进行协商，要求在中小学使用其商业化的知识产品，并允许其继续保留其知识产权。教育部则向他们支付相关产品的使用权和复制权的费用。其中一部分知识资源可以是免费用于学校教育，一部分要支付其产权的包干费用，并还要支付未来新的知识资源费用。

三、设置信息与通信技术证书

为了中小学生掌握信息与通信技术，2000 年法国开始设置“信息与互联网证书”（Brevet Informatique et Internet—B2i），其目标是“规定信息与通信技术领域中的全部与中小学生相关的重要能力并证明其掌握状况”[①]。

信息与互联网证书划分为两个水平，“水平 1”为小学毕业生而设，“水平 2”则为初中毕业生而设。这一证书只是规定了相关学生必须掌握的基本信息与通信技术，但并不限定学生去学习更多的信息与通信技术。

信息与互联网“水平 1”证书，要求学生自主地、合理地应用学校中的信息与通信技术，阅读和整理资料，搜索有用信息并通过电子信件途径交流。“水平 1”证书规定学生具备 5 个方面的能力：

---

① Bulletin Officiel du ministère de l'Éducation nationale et du ministère de la Recherche, N°42 du 23 novembre 2000.

一是掌握基本操作，认识关于硬件与软件的基本词汇；使用鼠标和键盘；打开已存文件，存储所创建文件，打开和关闭文件夹。

二是初步形成面对信息的公民素质，如判别数据的真伪与可靠性；尊重知识产权。

三是会应用文字处理软件，查询现存文件；截取和修改文字；正确设置文字格式和大小写；应用文字校对工具等。

四是能够使用浏览器搜索信息，在多媒体资源中搜索信息，通过确认作者、来源、创建与修改时间辨别文件的可靠性。

五是能够应用电子信箱，如发送、接收、打印电子信件，掌握相关密码技术与规则，接收附加文件，对比互联网与电话、传真、邮寄不同交流方式的差异。

信息与互联网“水平 2”证书，要求学生在掌握“水平 1”证书能力的基础之上，应用惯常信息工具，制作、交流、整理其资料，在以下方面做到：

一是应用制表工具组织数据文件。能够解释学生所获取数据的结果，解释教师所设立的计算表；创建可作数据演算的简单计算表。

二是会创建文件。能够创建综合演示表；从图书馆资料或其他软件中组织一份具备文字、图表、图像的可用于交流的资料；创建一份具有超文本链接的资料。

三是能获取信息资料。能够应用浏览器；能够检索网址；下载文件。

四是会组织信息。能够在指定地点搜寻与存储信息；在其工作空间组织适当文件；删除无用信息；复制或移动相关文件。

五是能用电子信箱交流。能够通过电子信箱途径传递文件（文字、图像或语音）。

2003 年之后，法国教育部又增设了高中信息与互联网证书，这样法国中小学的信息与互联网证书分成三级，名称也有所调整[①]：

- 小学信息与互联网证书（B2i école）（原水平 1），
- 初中信息与互联网证书（B2i collège）（原水平 2），

---

① http：//www. education. gouv. fr/bo/2005/34/MENT0501853C. htm（2010 -5 -9）.

- 高中信息与互联网证书（B2i lycée-CFA）（水平 3）。

虽然三个信息与互联网证书的层级不同，但在以下五个方面有共同要求：

- 适当的信息学习环境，
- 负责任的态度，
- 创造、处理和开发数据，
- 获取信息、积累资料，
- 交流、沟通。

此外，教育部对大学生的教育技术能力也有要求，须通过“信息与互联网文凭”（水平 1）（certificat Informatique et Internet —C2i niveau 1），对于未来教师，即教师培训大学学院的学生还要求通过“信息与互联网文凭”（水平 2）（certificat Informatique et Internet —C2i niveau 2）。

四、制定教育中信息与通信技术的法制规范

1999 年 6 月 28 日，教育部向“国家工业产权署”申请了“教育认可”标志（Reconnu d'intérêt pédagogique— “RIP”）。这一标志的目的在于保证教育软件和多媒体资源的可靠性，以适应教育系统中应用信息与通信技术的需求。教育软件和多媒体资源必须通过教师和专家的鉴别，确认其符合教育学要求，并由多媒体委员会认证，才可以在学校教育中使用。凡是法语国家或欧盟成员国的作者和出版者均可向法国教育部申请此标志。

根据规定，“教育认可”标志必须具备这样三项标准：

教育学标准：符合国家每年公布的多媒体开发的优先项目标准；符合学校教育课程；保证其内容的科学性；保证使用语言的规范性；有助于改善教学；有助于学生独立学习；有助于学生和教师提高批判分析能力；等等。

技术标准：便于应用；便于资料检索；尽可能采用光驱支持；尽可能利用互联网交流；应用标准存储与打印；提供卸载装置；提供学校应用手册；等等。

法律标准：提供资料来源及作者姓名；保证以教育为目的而不是以

商业为目的；等等。

五、构建数字校园的法律框架

由于虚拟大学或数字校园是发展中的新生事物，虽无现成的法律条文可以进行全面规范数字校园的活动，但又不能在无法律规范的环境中发展，因此法国政府在构建高等教育数字校园之初便设计了法律框架。法国教育部认为，尊重知识生产活动、智力创造和培训市场中的法律，制定保护知识产权的契约合同是数字校园健康发展的重要保证。因此，法国在 2002 年 4 月数字校园建设之初便制定了一份法律框架文本草案。文本由 2 编 5 章构成，对合作者及合作者的性质，合作者的主要目标和对象，作者权利，原有著作的转让，转让者的义务与保证，开发、销售和商业化，大学内部互联网、局域网和多媒体使用章程等诸多方面进行了法律规范的尝试。

尽管这种法律框架不是真正意义上的法律，但它毕竟为参与数字校园的各方合作者提供了共同遵循的原则，同时又允许他们在实践过程中不断提出问题，和充实未来法律的内容，因而也不至于因噎废食，限制当前数字校园的发展。

第六节　教育信息化的发展趋势

当前世界上网人数已经超过 5 亿，并以每月近 400 万的速度增长。在线销售额在 2002 年达到 1700 亿欧元。电子商务每年的增长速度将超过 25%。但法国在信息与通信技术领域并未占据世界领先位置。根据信息技术同盟（UIT）的排名，信息与通信技术的普及与应用领先的 20 个国家中并无法国。只有 20% 的法国人能够接入互联网，而欧洲国家的平均数字为 36%。在宽带上网方面，法国也显得落后。在 2002 年初，法国宽带网用户不足 80 万，而其邻国德国的宽带网用户超过 200 万。与其他国家相比，法国人进入宽带网的比例为 2.6%，瑞典人为 12%，加拿大人为 20%，韩国人为 42%。

信息与通信技术诱人的经济效益，使得法国绝不会甘心落后。法国政府于2002年年底提出了发展信息与通信技术的一项宏伟计划“为了信息社会中的数字共和国”［Le plan RE/SO 2007（Pour une république numérique dans la société de l’information）］。法国总理拉法兰在介绍这一计划时指出：“信息与通信技术是各个领域中的希望乘载者。其效力是在缓中求快，举重若轻，变封闭为开放。”而数字共和国意味着人人参与、人人享有信息的社会。他说，“我们要构建的社会，是以智慧与创新为‘燃料’的社会”。

对于教育在信息社会中的作用，法国总理认为，学校是信息社会的基础，学校也当成为学习新技术的一个首要场所。掌握信息与互联网技术是向未来的职业生活过渡的必经之路。他提出要在2007年实现中学里每3个学生拥有一台计算机，在大学每2个学生拥有一台计算机，在有入学子女的家庭中，每个家庭拥有一台计算机的目标。

2003年5月13日，法国教育部拟定了在学校中应用信息与通信技术的10项措施。这标志着法国在教育中应用信息与通信技术将进入普及应用创新技术以适应广大教师、学生和家长需求的新阶段。为了给学校的使用者提供便于应用的信息设备、辅助材料和服务，法国将制定新的分权法，建立新的全国教育委员会（Conseil territorial de l’éducation），促进中央政府与地方政府的协调。

1. 当年拨款300万欧元，重点支持小学设备配置。

2. 借给残疾儿童信息设备，使之与班级保持数字联系。

3. 建立学校信息服务系统。

4. 建立“工作的数字空间”（Espace Numérique de travail），便于教师、学生与家长之间的交流。

5. 2003年拨款150万欧元，用于“知识数字空间”的构建。

6. 在国家教育资料中心创建教育内容数字中心。

7. 建立教育信息技术应用推广站，并与加拿大魁北克的相同机构合作，服务教师之间的交流。

8. 完善信息与通信技术的文凭与认证。

9. 建立学校信息与通信技术的国家安全机构，负责网站黑名单的建立并实施监控。

10. 在教师培训中，增加信息与通信技术教育，并设置相关证书。

然而，信息与通信技术在学校教育中的广泛应用，也引起了人们的担忧。不仅在技术层面上，其允许的阅读速度，尤其是图像的显示，不如传统书籍迅捷，而一旦死机，重新启动的时间往往较长，容易造成班级秩序的混乱。计算机设备的配置与更新昂贵，往往是阻碍信息与通信技术发展的重要原因，也是防止已经出现的“数字鸿沟”进一步加大的基本难点。有人指出，应当保证教育信息化的平等，避免“信息富有者(inforiches)”与“信息贫困者（infopauvres)”的两极分化。

在高等教育中，信息与通信技术和网上教育的广泛应用，诸多问题也随之而来。例如，在人事及待遇上，法国不仅缺乏负责信息与通信技术的教师与技术人员的编制，而且开展的培训也不够。许多教师应用信息与通信技术也无足够的工资补偿，因为现行的教学补贴数额太小，且限总量。相应的知识产权制度也不健全。在管理体制上，法国当前是中央集权和地方分权都发挥作用，如何促进中央和地方以及各个大学的协调，将是法国高等教育信息与通信技术发展的关键。

第十章
学业与职业指导

在教育系统中，义务教育之后的学生总要在普通教育、技术教育或职业教育之间进行选择。这一选择与未来职业总有一定相关性，并随着学校初始教育的结束，选择与未来职业也越来越密切。这一选择，可能是学生与家长的主动行为，也可能受到学校管理者的强制制约。

在法国中学阶段，学业与职业的指导被称之为“定向”（orientation）。初中毕业之后，学生必须在普通教育、技术教育或职业教育之间进行选择。而从社会价值观上看，普通教育明显优于职业教育。在普通教育、技术教育或职业教育三者之间的选择，往往意味着竞争，意味着淘汰。虽然法律规定，家长或学生有最终的选择权，但选择职业教育的家长或学生经常是迫不得已。

当然，法国学校教育中的学业指导与职业指导并不等于简单的分流或淘汰，因为它毕竟经历了至少半个世纪的变革和发展，已经基本形成了完备的体系。

第一节　定向目标及其演变

法国最早出现定向概念的官方文件见于 1922 年的一项法令，确定职业定向为“属于国家技术教育分管机构负责的，根据男女青年的身体、道德和才智状况对其安置的全部工作”①。

在法国，学业指导实际上有两种不同的含义。第一种含义是指，能够使学生或成人对更适合自己的个人计划和未来职业进行思考的全部教育与心理活动。第二种含义则是，对学生在不同学科或教育领域实施分流的整套规则与程序。两种不同含义的学业指导，导致教育政策上两种不同的导向：

一种政策偏重于对学生能力的检测，减少学业方向选择的失误，防止学生的辍学与流失。

另一种政策着眼于学生流量的规划与控制，试图在教育与就业之间寻求一种平衡。

两种政策在法国学校教育的学业指导中交替地发挥着作用，使学业指导在不同时期的实践中呈现不同的特点。

20 世纪 60 年代，法国学校教育中最初定向的起始点为小学五年级，即小学毕业年级。1959 年，法国政府在教育部部长贝尔端（Berthoin）的主持下开始了现代教育的改革，把义务教育延长 2 年，由 14 岁至 16 岁。凡 1953 年 1 月 1 日以后出生的儿童，均须接受总共 10 年的义务教育。这样，义务教育大体上便涵盖了全部初等教育和初中教育。1959 年改革的重要意义是取消了初等教育中的不同学科系列，使之成为教育系统中的基础部分。这样，初等教育毕业生的未来学业就面临五种选择：

- 传统型的长期教育
- 现代型的长期教育
- 现代型的短期教育
- 职业教育过渡班
- 学徒培训

长期教育的主要导向是升入大学；短期教育，即职业教育，未来方向是技术工人；职业教育过渡班和学徒培训为学习困难者所设，基本出路是就业，做普通工人。1959 年的规定虽然在初等教育结束后的前两年设置了“观察期”，以便于学生选择学业。但是，由于学校类型的设置

① Inspection generale de l'Éducation nationale, L'orientation vers le lycée professionnelle: La scolarisation au lycée professionnel, janvier 2002, n° 2002 - 003. note 30.

与学生的需求尚未理顺，定向的效果并不好，“99%的学生在其开始的地方继续学业”①。

法国这时的教育定向具有较强的“技术政治”（technocratique）色彩②，定向，即是强行在长期教育和短期教育上对学生进行分流，其实质是一种筛选。在定向机制中，教师的作用是评价学生的成绩，排列学生的顺序；政府则要根据社会的需要和不同学校的接受能力实施分流。

1963年的中等教育改革，试图解决教育体制和教育机构上的难题。一方面把初中4年划分为两个阶段：观察期和指导期，各为2年；另一方面，设立了一种称之为“中等教育初中”的新型初中，一所这样的初中便容纳长期教育和短期教育的各个专业系列，便于学生在本校就可以根据自己的需要改变学习系列。

在中等教育并行存在着四种学科系列：

系列Ⅰ：传统型和现代型的长期教育。传统型教育的特点是学习拉丁语，并从初中一年级开始学习第一外语，从初中三年级开始学习第二外语。现代型教育则只从初中一年级开始学习第一外语，从初中三年级开始学习第二外语。

系列Ⅱ：现代型的短期教育。其特点是在全部初中四年中只学习一门外语。

系列Ⅲ：过渡班与实践班则是为学习困难者而设。

系列Ⅳ：适应班，仅在部分学校开设，亦为学习困难者而设。

新型学校和不同类型系列并存使学校教育的定向的平台推迟至初中二年级结束。在初中二年级和四年级结束时，学生通常有三种预期：理想的是进入所申请的班级或学习系列；退而求其次的是留级，来年再一搏，以便进入理想的班级；糟糕的是被“定向”到非所愿的班级，经常是职业教育类的专业。

1973年之后，法国学校教育定向的强制性有所松动。定向的第一步骤是对话阶段：家长和学生表示自身的愿望；班级委员会提出设想。第

---

① Avanzini, G. La pédagogie au 20e siècle, Privat, Toulouse, 1983. p43.

② Maryse Hénoque et André Legrand, L'évaluation de l'orientation à la fin du collège et au lycée, Mars 2004. Haut conseil de l'évaluation de l'école. p15.

二步骤是选择阶段：家长做出选择；班级委员会发表定向意见。第三步骤是协调阶段：如果家长不能接受班级委员会的意见，可向学校定向指导委员会申诉，或让学生接受考试。

法国20世纪70—80年代的学校教育定向机制仍是基于国家教育规划的。法国的学校教育分区图（la carte scolaire），规定着经济发展所需求的教育发展规模，包括学校的设置与分布和学校的接收能力。因此，这一时期法国学校教育定向的特点是在国家的整体规划中允许个人有限的职业选择。

但是，法国的劳动力市场在经济危机的冲击下，呈现出严重萎缩的局面，教育与培训同人力需求的关系愈加难以平衡，教育内部不同培训方向的分流也愈加困难。分流的平台因此逐步向后推移，由小学毕业年级至初中三年级，最后到高中一年级。

进入20世纪90年代，法国的学校教育定向制度至少出现了两种变革。

第一，法国政府于1992年对高中的学习系列进行了较大改革，将原来20多种学科分类简化为7个专业：

普通教育类：文学、经济与社会科学、自然科学；

技术教育类：工业科学与技术（STI）、第三产业科学与技术（STT）、实验室科学与技术（STL）、社会医疗科学（SMS）。

新的专业分类有利于减轻学生分辨和选择划分过细的专业的困难，也有利于学生未来职业的转换。

第二，根据1989年7月10日教育指导法的核心思想，即“将学生置于教育系统的中心”，学校教育定向又强调引导学生选择适应自身能力，有利于个性发展的专业方向。

技术教育类的第三产业科学与技术于2005年改为管理科学与技术（STG），社会医疗科学于2007年改为卫生与社会医疗科学（ST 2S）。2010年，技术教育类的专业有七种：

- 卫生与社会医疗科学（ST 2S）
- 工业科学与技术（STI）
- 实验室科学与技术（STL）
- 管理科学与技术（STG）

- 农业与生物科学与技术（STAV）
- 酒店管理（HOT）
- 音乐与舞蹈技术（TMD）

另外，2011 年将增设设计与应用艺术科学与技术（STD 2A）专业。

从 2010 年开学起，初中毕业生的定向路径如下图 10－1 所示：

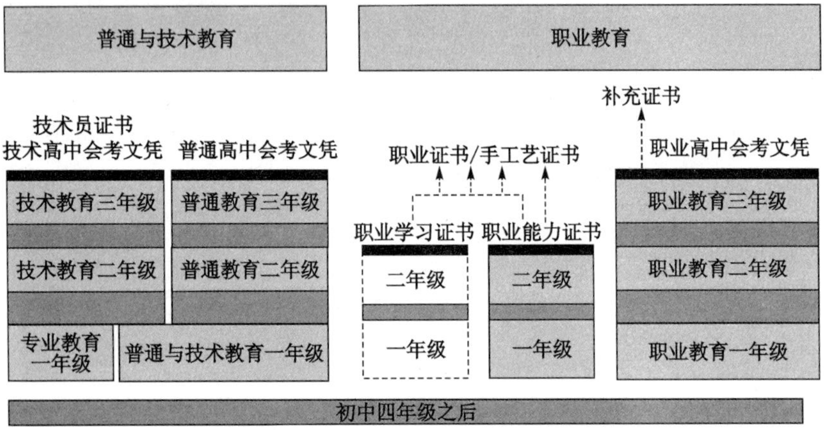

图 10－1　初中毕业生的定向分流图

第二节　定向，即分流

我们曾经说过法国有一种“过滤理论”，认为学校的功能不是造就职业能力，而是根据道德与行为的质量对每个人进行“过滤”和排序。劳动力市场则根据学校的排序接纳求职者，排在后面的，即文凭较低者，便被排斥。

定向，几乎是不折不扣地履行着这一功能，把优秀学生挑选出来送入名牌普通高中，把差生淘汰至职业高中。而在职业高中学习的学生实际上无任何机遇进入名牌大学，也就没有可能进入国家的统治精英行列。因此，为了鼓励学生，挂在中学教师嘴边的口头禅是“加把劲儿，否则你就被定向了”[①]。

① Antoine Prost, Education, société et politique, Le Seuil, Paris, 1992. p156.

1989 年 7 月 10 日颁布的教育指导法的第八条规定，“学业和职业方向的选择，属于家庭或已经成年的学生的责任”。

在小学的每个学习阶段中，教师委员会可能对某个学生提出留级一年的建议，并由校长向学生家长通报此建议。如果家长不同意此建议，可以在收到通知后的 15 天内向学区督学请求更正。但最终的决定权属于学区督学。

在初中的每个学习阶段结束时，班级委员会和校长可以在未经学生家长同意的情况下要求某个学生留级。如果学生和家长不同意此决定，校长可以进一步通报相关信息与观察结果，校长有权做出最终决定。只是初中二年级结束时，留级决定须经家长同意。

在初中四年级即毕业年级时的定向最为关键。其程序也更为细致：

第一学期[①]的 10—12 月，为学生的思考未来计划的阶段。

在第二学期的 1—2 月，学生须在“对话单”（fiche de dialogue）填写其临时意愿，然后交给所在初中。

3 月，班级委员会提出定向的临时意见。此意见作为学生和家长与班主任和心理咨询顾问对话的基础。

在第三学期的 4—5 月，学生须在对话单上填上正式志愿，同时填写高中申请表，注明其希望接受的教育类型和希望就读的高中。

6 月 15 日之后，班级委员会将向每个学生提出关于定向的建议。如果这一意见获得学生和家长同意，定向决定将由校长做出。当出现异议，家长与校长展开对话，然后做出决定。如果异议继续存在，家长可以在三天之内要求由学校校长、教师、学生家长、教育与定向人员组成并由学区督学主持的上诉委员会复议。如果最终未能达成一致，家长可以选择让子女留级。

自 7 月 1 日起，学生会收到高中安置通知。通知指明由学区总长或学区督学分配的具体高中。高中分配由电脑自动完成，主要依据的信息是：初中或上诉委员会的定向决定，学生的志愿排序，学生的成绩，学校的容量。

---

① 注：法国中小学的每个学年划分为三个学期，大体上从九月初开学至圣诞节前为第一学期，从一月初至复活节为第二学期，从复活节后至七月初为第三学期。

学生收到高中安置通知之后，才可到相关高中报到注册。

在普通和技术高中，定向要依据学生的总体水平，对未来学习专业的动机和成功机遇而定。在一年级结束时，定向决定由校长根据班级委员会的提议做出。如果学生和家长不同意此决定，校长可以进一步通报相关信息与观察结果，校长有权做出最终决定。

在高中二年级之后，学生可以依据自己愿望直接进入三年级。如果高中三年级即毕业年级的学生第一次未能通过高中毕业会考，有权留级。

在初中和高中，如果班级委员会的定向或留级决定与学生和家长的意愿相违，家长可以在收到相关决定的三天之内要求由学区督学主持的上诉委员会复议。该委员会在审查相关资料后，做出定向或留级的最终决定，并书面告知家长。

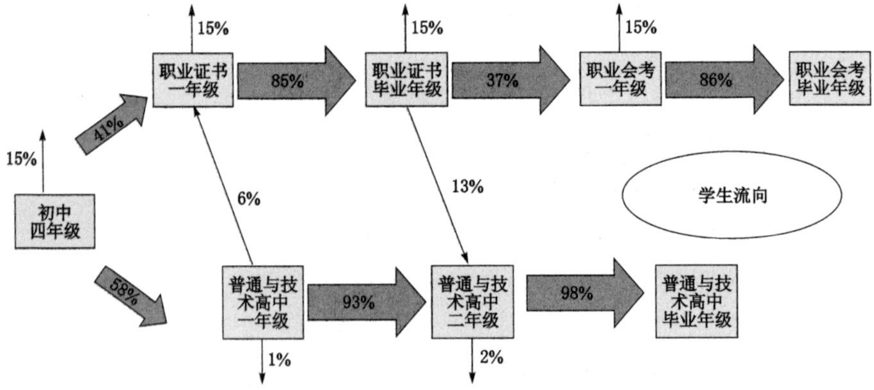

图 10－2　法国初中四年级学生流向示意图

资料来源：Bernared Toulemonde, Le système éducatif en France, Les notices de la documentation Française, Paris, 2003.

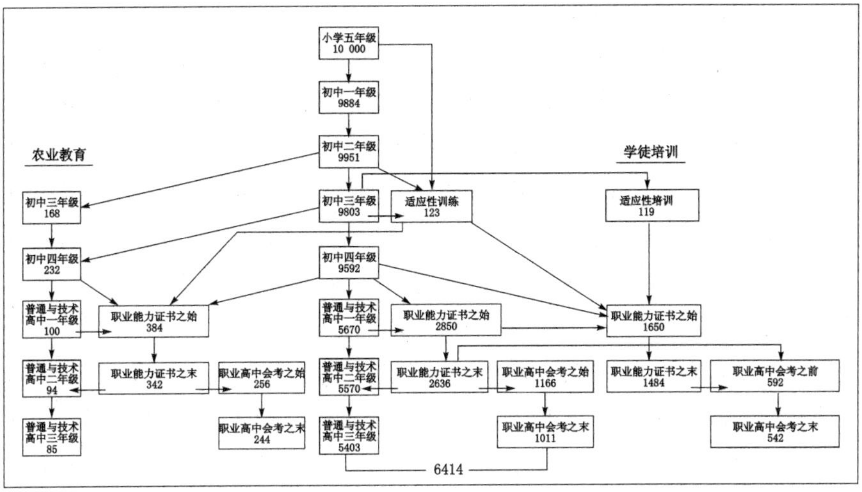

图 10－3 法国国民教育中每万名学生流向示意图

资料来源：Laure Ferrait，2006 －2015：une augmentation des effectifs du second degrée est prévue à partir de 2010. Education & formations n° 74，avril 2007. p92.

但是，程序的公正并不能保证结果的公正，定向的结果无论是在学生的年龄、学生的性别、学生的学习经历和社会出身等方面都呈现着较大差异。

第一，年龄差异。

对于高中阶段的教育，法国社会的价值取向是普通高中居首位，其次是技术高中，职业高中是迫不得已、无法选择的最后出路。学生家长可以有自己的愿望，也应当听取班级委员会的建议，但法国高中的录取权完全在于学校本身，或者说取决于高中校长。这里须具备两个重要前提：一是高中校长要承担本校教学质量好坏的责任，公正地对待所有申请入学的学生；二是初中所提供的学生成绩及其他学生资料必须真实。正是由于初中班级委员会的意见和高中校长的独立录取权，高中录取结果便出现这样的倾向：在同样学习成绩的情况下，学校更多地倾向于录取年龄小的学生。

1986 年的一份资料显示，初中毕业年级为正常年龄的 15 岁学生，进入长期教育系列即普通高中和技术高中的机遇比其他年龄的学生高出两倍，或者说，大于 15 岁的学生，进入长期教育系列即普通高中和技术高中的机遇比其他年龄的学生少三分之二[①]。

2001 年，96.5% 低于正常年龄一岁的学生进入普通高中或技术高中，而只有 2.2% 这样的学生进入职业高中。而高于正常年龄一岁的学生进入普通高中或技术高中的比例分别是 45.7% 和 46.7%。塞巴斯蒂安·胡（Sébastien Roux）和阿丽娜·达维庸（Aline Davaillon）指出这一问题的原因，即使学生在初中并未留级，班级委员会通常会认为大龄学生的家长要求进入普通教育高中的愿望不切实际。他们说，“年龄小的学生比年龄大的学生有更多的‘试误权’”[②]。

同样问题也反映在高中毕业会考的比例上。有关数据表明，大多数获得普通高中毕业会考文凭的学生为正常年龄，而大多数技术高中毕业会考文凭的获得者年龄大于正常学生 1～2 岁，职业高中毕业会考文凭的获得者年龄普遍大于正常学生 2 岁。在普通高中毕业会考文凭的学生中，也存在年龄差异：科学系列的学生年龄最低，平均为 18 岁零 5 个月；文学系列学生的平均年龄为 18 岁零 6 个月；经济与社会系列学生的平均年龄为 18 岁零 7 个月。[③]

第二，性别差异。

性别差异主要体现在同一性别的学生相对集中于某一类学校。埃诺克（Maryse Hénoque）和勒格朗（André Legrand）在一份报告中披露，第三产业的职业高中女生的比例为 71%，而工业领域的职业高中男生的比例为 86%[④]。

社会学者迪吕·贝拉发现，只有学习成绩真正好的女学生敢于申请普通高中，而学习平平者往往有些自卑，对自己的能力缺乏自信。[⑤] 班

① L'orientation en fin de troisième, M. E. N. SPRESE, note n° 86 – 39 du 29, septembre 1986.

② Le processus d'orientation en fin de troisième. Observation du comportement des acteurs et analyse des causalités, Education et formations, n° 60, juillet-septembre 2001. p45.

③ Daniel Bloch, Dominique Chamonard et C. Hoquaux, Les parcours scolaires et l'âge des bacheliers, Education et formations, 2001. p67.

④ Maryse Hénoque et André Legrand, L'évaluation de l'orientation à la fin du collège et au lycée, Mars 2004. Haut conseil de l'évaluation de l'ecole. p55.

⑤ Marie Duru-Bellat, La raison des filles: choix d'orientation ou stratégies de compromis, L'orientation scolaire et professionnelle, 1991. p261.

级委员会应当正视女生的实际情况，给予正确的鼓励与指导。但遗憾的是，班级委员会往往带有一种保守的惯性，不去纠正社会的偏差，而是顺应社会的舆论，从而造成学校定向中的性别差异和不平衡。

第三，学业差异。

定向，在某种意义上说，就是按学习成绩分流。而由于法国基础教育中没有升学考试，是否留级便成为衡量学习的一个重要指标。

据1986年的一项调查分析，只有不足四分之一的有过一次留级经历的初中四年级学生进入普通高中或技术高中。这一调查还分析了留级生家长的愿望和班级委员会的意向之间的差距。对于曾经在小学阶段留级而在初中无留级记录的学生家长，有78%选择了普通高中或技术高中，而只有61%的班级委员会的意向与家长愿望一致。甚至，基本相同的差距也体现在家长的最后选择（73%）和班级委员会的最后决定（60.5%）上。对于初中阶段留级的学生的学业选择，家长的愿望和最后选择同班级委员会的意向和最终决定也出现较大分歧，前者是47%和38%，后者是28%和29%[①]。在这里，一方面体现了学生留级给家长在选择学生未来学业方向上所留下的心理阴影，也反映了班级委员会依据留级来判定学生学习方向的强烈意愿。

定向，本来就应是学业选择或职业选择。但法国的学业定向经常是造成留级的原因。如前所述，如果进入所申请的班级或学习系列不能如愿以偿，退而求其次的便是留级，以求来年进入理想的学校或班级。从纵向看，法国中等教育中的留级现象有加重的趋势（见表10-1），例如在1975年至1985年间，初中二年级的留级率从6.5%升至16.4%，初中四年级的留级率从7.3%升至14.3%，高中一年级的留级率从11.4%升至17.8%，高中二年级的留级率从7%升至12.7%。在20世纪80年代，高中毕业年级的留级率几乎为五分之一。

---

① Maryse Hénoque et André Legrand, L'évaluation de l'orientation à la fin du collège et au lycée, mars 2004. Haut conseil de l'evaluation de l'ecole. p52.

表 10－1　1961—1985 年间法国中等教育中的留级率（%）

	1961 年	1975 年	1980 年	1985 年
初中一年级	7.6	9.5	10.7	12.5
初中二年级	9.0	6.5	12.1	16.4
初中三年级	9.1	7.0	8.2	9.4
初中四年级	9.3	7.3	9.6	14.3
高中一年级	9.3	11.4	14.1	17.8
高中二年级	20.4	7.0	10.4	12.7
高中三年级	22.2	16.3	19.0	19.9

资料来源：Antoine Prost, Education, société et politique, Le Seuil, Paris, 1992. p157.

法语中常用一种螃蟹的名称讥讽学习差的学生，为“笨蟹”（Cancre）。法国学校中似乎就存有“常以冷眼看螃蟹”这样一种心态，任凭学生留级、留级、再留级，最后被淘汰。对于一些留级学生，可以通过留级赢得一次追赶的机会，而对于更多留级学生，可能就是希望的破碎。正如迪贝（F. Dubet）所说：“对于学生，定向的概念并不模糊，定向就是反面的。”① 而安托万·普罗斯特更是一针见血地指出，“这些学生没有什么可丧失的，因为他们在充斥好斗行为的班级中丧失了一切”②。

第四，社会差异。

法国 20 世纪 60 年代以来的教育改革，无疑扩大了少年儿童的入学率，例如 1959 年 14 岁人口的入学率为 68.4%，16 岁为 43.5%，17 岁为 27.7%，1984 年则分别达到 97.7%、86.8% 和 75.9%。③

但是，“民主并未如约而至”④。如果从全部专业分析，1967 年出身

① Inspection generale de l'éducation nationale, L'orientation vers le lycée professionnel: la scolarisation au lycée professionnel, Janvier 2002, n° 2002－003. note 34.

② Antoine Prost, Education, société et politique, Le Seuil, Paris, 1992. p160.

③ Antoine Prost, Education, société et politique, Le Seuil, Paris, 1992. p88.

④ Antoine Prost, Education, société et politique, Le Seuil, Paris, 1992. p91.

于工人家庭的高中一年级学生的比例为27.1%，出身于自由职业与高级管理人员家庭的学生比例为15.5%，1980年两者的比例比1967年都略有增长，分别为30.2%和17.7%。因为技术专业的社会地位较低，所以工人的子女比较集中，1967年的比例为34.6%，1980年的比例为36.6%；而自由职业与高级管理人员的子女所占的比例较低，1967年的比例为8.1%，1980年的比例为10.6%。在普通专业中，工人与自由职业与高级管理人员的子女比例的差异表面上看似乎不大，1967年分别是22.1%和20.3%，1980年分别是23.0%和25.4%。但如果考虑到社会总人口的分布，即工人与自由职业与高级管理人员在社会总人口中的分布，可以想象人口比例极小的自由职业与高级管理人员的子女却获得了与人口比例较大的工人子女几乎相同的接受普通教育的比例。而在就业前景极好的C类专业上，社会差异十分明显，工人子女的比例不仅较低且无大变化，1973年为18.4%，1980年为18.1%，自由职业与高级管理人员的子女的比例却相对很大，1973年为24.0%，1976年为27.7%，1980年为29.9%，并可以看到有增长的趋势。（见表10－2）

表10－2　法国高中一年级学生的社会出身分布状况

		1967—1968年	1973—1974年	1976—1977年	1980—1981年
全部专业	工　人	27.1%	27.8%	28.6%	30.2%
	自由职业与高级管理人员	15.5%	15.4%	16.8%	17.7%
技术专业	工　人	34.6%	34.6%	35.4%	36.6%
	自由职业与高级管理人员	8.1%	8.3%	9.3%	10.6%
普通专业	工　人	22.1%	21.8%	20.7%	23.0%
	自由职业与高级管理人员	20.3%	21.5%	24.6%	25.4%
C类专业	工　人		18.4%	19.1%	18.1%
	自由职业与高级管理人员		24.0%	27.7%	29.9%

资料来源：Antoine Prost, Education, société et politique, Le Seuil, Paris, 1992. p93.

以上结果固然与学生的成绩密切相关。但在法国学校的评价实践中有一种惯性，总是习惯把家庭出身与学习成绩联系在一起。班级委员会的一种倾向就是尽量动员家庭出身优越的子女遵从学校的意见，[①] 选择普通教育专业。虽然班级委员会有学生和家长代表参与，但教师的意见仍占主导地位，于是定向的结果便是这样：一个法语和数学平均成绩为10~20分的初中二年级学生，如果是工人子女，其正常升入初中三年级的机遇为50%，而如果是高级管理人员的子女，其机遇便达到75%。[②]

这种情况在21世纪仍在继续。2004年，在18岁的青年中，占15%高级管理人员的子女获得高中毕业会考文凭的比例达到20%，而近三分之一的工人子女，获得这一文凭的比例只有18%。（见图10－4）

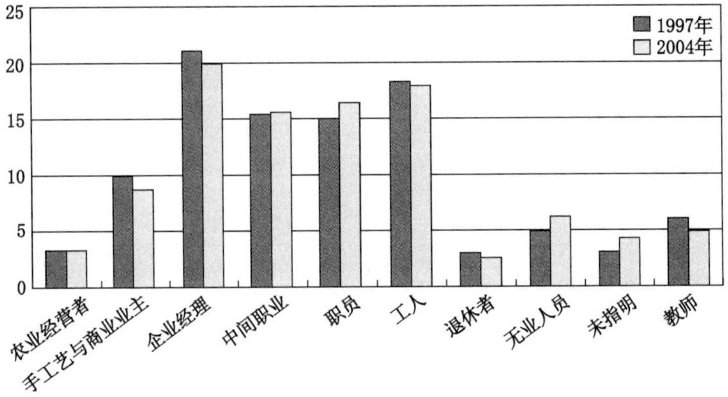

图10－4　1997年和2004年法国高中会考文凭获得者的家庭出身（%）

资料来源：Olivia Sautory, La démocratisation de l'enseignement supérieur: évolution comparée des caractéristiques sociodémographiques des bacheliers et des étudiants, Education & formations n°74, avril 2007. p50.

学校定向不仅强化了社会的差异，更使这种定向趋于“合理化”，因为定向是学生和家长选择的结果，是学生的学习成绩所致。定向所产

① Maryse HÉNOQUE et André LEGRAND, L'évaluation de l'orientation à la fin du collège et au lycée, mars 2004. Haut conseil de l'évaluation de l' école. p55.

② Marie Duru-Bellat, Le fonctionnement de l'orientation. Genèse des inégalités sociales à l'école. Ed. Desclaux et Niestlé, Neuchâtel, 1988.

生的不平等，是社会不平等在学校教育中的反映，也是需要法国政府认真对待的社会问题。

第三节　定向教育与培训

针对定向中存在的问题，法国政府也在试图通过定向教育，改善定向的效果，减少社会矛盾。法国教育部 1996 年 7 月 31 日的通令指出，定向教育应当“使每个学生在初中结束时建立适应其能力的明确选择”。[①]

法国“定向”的性质在于学校教育，理由有三：一是定向的基本依据是学生成绩，无论学生的兴趣爱好如何，成绩不够便不能进入理想的学校；二是定向的主导力量是班主任教师和校长，即使是法律赋予学生或家长的选择权，但学校管理者仍是隐性的定向权威；定向的基本内容是学业定向，虽然在定向过程中要始终考虑到学生未来的职业方向，但极少涉及具体的职业选择和就业。

法国中学定向可以说有三个平台：初中四年级结束、高中一年级结束、高中三年级结束。

最初的定向平台是在初中四年级。在第二学期，家长就要提出定向的愿望，班级委员会也要表示其意向。在第三学期，家长的最后意愿和校长的决定必须完成。从 6 月中旬开始，学校定向指导委员会主席便将结果报送省级督学（教育行政机构，相当于教育局）。临近 6 月底，学生家长会被邀请至指定学校为其子女注册。7 月初，学校的位置便不再保留，学生家长只能为子女寻求有空位的学校。

为了使学生能够掌握学业定向的基本能力，法国从初中一年级便普遍开始实施定向教育。

初中一年级的定向教育并不开设严格意义的课程，而是引导学生构建“自我形象”。在一些班级活动中，学生们借助标志成功学生头像和失败学生头像的图标或粘贴画，表示每个学生在班级和学习阶段或在学

① Paul Esquieu, Présentation, Education & formations n°77, novembre 2008. p3.

校中的位置，以便学生能够独立地估量自己的发展方向。一些学校还组织学生设想“梦中的职业”，憧憬“我的未来十年”等活动。

在初中二年级，定向教育的一方面目标是继续构建自我形象，认识自己的优势与不足，并在教师的帮助下确定自己的学习目标，思考自己把握生活的能力和为自己的定向做准备。另一方面目标，是在班主任教师或其他教师或定向心理顾问的指导下，了解社会经济环境。主要内容是：检索各种职业的信息；发现自己喜爱的职业；思考自己希望的或讨厌的工作环境；确定从事某项职业所要求的素质；认识某一工作岗位的状况；分析职业人员工作实例的影视资料；等等。

初中三年级是学生认识自己、了解职业的关键时期。学校通常结合“发现之旅”的选修课，提高学生对职业认识的兴趣。一些学校还组织学生“企业实习”，用大约一周的时间实地考察企业生产状况。通过去企业实习，学生可以将自己的想象与现实加以比较，可以发现不同的职业和工作岗位的具体场景，使他们的未来职业方向更清晰。

初中四年级的学生对自我状况有了基本了解，也获得了选择未来学业和职业的基本能力，初中第四年的定向教育主要是帮助学生构建职业方向计划，帮助学生认识不同学习系列的基本特点，认识可能接收自己的学校，将自己的学习成绩和定向的志愿相对照，缩小两者之间可能的差距，必要时修改自己的计划。在南特学区，初中四年级的定向教育在班主任教师和定向心理顾问的指导下主要实现三个目标：

认识企业：举办半天的与企业人员见面会，细化学生对企业的认识，然后组织学生参观企业。

认识自己：借助一种自我认识的软件，并与教师开展个别谈话，深化自我认识。定向心理顾问分别接待每个家长。

认识学校：定向心理顾问向学生发布有关学校的信息，请高中学校校长或校友介绍学校情况，参观学校和培训中心。[①]

---

① Inspection générale de l'Éducation nationale, Propositions pour améliorer le processus d'orientation et les procédures d'affectation au lycée professionnel, Décembre 2003, n° 2003 – 99. Annexe 1.

表 10－3　格勒诺布尔学区定向教育活动简况

集体活动	初中	高中
认识自己	主题会议（兴趣、价值、决定的风格） 认识自己的能力 自我评价软件结果的开发（兴趣、个性） 自我形象和自我评价 社会化能力 个人能力	主题会议（兴趣、价值、决定的风格） 认识自己的能力 自我评价软件结果的开发（兴趣、个性） （在职业高中）根据就业衡量自己的技能和处世能力 社会化能力（对小组的认识、制定班级章程）
认识经济与职业环境	主题会议（职业描述、原型职业、未来职业） 参与（或组织）地方或地区的职业论坛 建立班级与企业的联系 参观企业 建立企业数据库 企业实习 制作或开发关于职业的电影、录像带、电视节目 校友报告会 定向领域（新闻、旅店—餐饮、建筑）的职业发现 与咨询机构（手工艺者协会、工业青年）的活动 与其他机构（如与就业之家）的活动 与企业家座谈 创建微型企业	主题会议（职业描述、原型职业、未来职业） 参与（或组织）地方或地区的职业论坛 企业家的参与 参观企业 企业实习 校友报告会 企业或职业调查

（续表）

集体活动	初中	高中
认识教育系统、认识学校系统、了解专业系统	小学五年级学生的录取 初中一年级学生的录取 校长或教师介绍录取学校状况 班级或小组的信息会（学科、录取程序） 校友报告会 建立有关信息文件、资料、标牌 参观录取学校 地方信息论坛 录取学校的微型实习	录取学校（大学、大学校）的培训人员介绍 班级或小组的信息会（学科、录取程序） 校友报告会 参观高等学校 （与高等学校）举办中学生和大学生交流的沙龙 （在中学或在高等学校）培训专业的交流会
了解程序、构建计划、获取信息决定	构建个人档案 定向课程 学习独立工作 信息搜寻技术（自建资料、利用国家教育与职业信息局的基础数据、互联网） 思考决定准则、思考交替制培训	构建个人档案 构建定向日志（标志出步骤、进展） 学习独立工作 信息搜寻技术（自建资料、利用国家教育与职业信息局的基础数据、互联网） 思考决定准则、思考交替制培训 （在职业学校）启动求职程序：简历、求职信、招聘谈话模拟 设置信息学生代表

资料来源：Maryse HÉNOQUE et André LEGRAND, L'évaluation de l'orientation à la fin du collège et au lycée, mars 2004. Haut conseil de l'évaluation de l'école. p47.

从2005年开学起，初中四年级的课程中开始设置每周3小时的职业发现选修课。这一课程的目标是帮助学生认识职业界的基本状况，如通过何种培训和文凭可以进入相关职业。学生被重新划分班级，由各学科教师、资料员和心理咨询顾问共同组建教学组，指导学生收集与分析相关职业资料，访问职业界人士并对各职业的实际场所进行直接观察。

与此同时，初中四年级的课程中还设置了每周6小时的职业发现模块课。与前一课程略有不同的是，增加了职业观察的课时量，并设置企业实习。

根据教育部2008年7月11日的通令，学校要通过实施“职业与培训发现之行程”（Parcours de découverte des métiers et des formations），发展一种定向文化，使从初中二年级至高中毕业年级的每个学生都能够逐步了解不同的职业和企业的运行，认识各种相关的培训。

第四节　定向机构及其运行

法国的定向机构诞生于20世纪初。最早定向机构应当是建于1922年的市级定向中心，1938年变为省级定向中心。这些中心的职责主要是发布就业信息，最初一些教师和医生经过适当培训后在中心承担志愿服务工作，1928年之后，随着国家职业定向学院的建立，志愿服务者由专业人员所替代。

1947年，法国成立“职业定向与资料委员会”（Commission de l'orientation et de la documentation professionnelle）[①]，1955年，成立“公共职业定向中心”（Centres publics d'orientation professionnelle）以实践当时流行的“各得其所”的理念。[②]

1950年代末，定向的概念开始渗透到学校，以便管理学生在不同专业和学科之间的分流，同时考虑未来职业就业的走向。1971年，法国开始设置“信息与定向中心”（centres d'information et d'orientation）。

信息与定向中心是法国负责学校定向工作的基本机构，目前全国有约600个中心，分布在各地，每个中心大约覆盖1～3所普通与技术高中的招生范围。这些中心属国民教育部管辖，主要职能是接待青年学生及其家长为主的公众；提供有关学习、职业培训及职业资格和职业就业等信息；进行个人咨询，帮助他们更好认识自己和做出恰当的学业与职业选择；对当地教育系统和劳动市场进行观察和分析，为教育工作者和学生提供相关资料；组织学生、家长、教育界和经济界人士相互交流与

---

① Inspection generale de l'educationnationale, L'orientation vers le lycée professionnel: la scolarisation au lycée professionnel, janvier 2002, n° 2002 – 003.

② Le pilotage de l'orientation tout au long de la vie: le sens des réformes. –/ BORRAS Isabelle / 2008 / NEF – 29 – 08. p14.

思考。

负责定向工作的专业人员为定向心理顾问（conseillers d'orientation psychologues—COP），2003 年，法国有 4740 名定向心理顾问及信息与定向中心主任[①]。定向心理顾问属于 A 级公职人员，其录用基本条件是在获得心理学学士学位之后通过专门考试，录用之后再经过两年大学学习获得定向心理顾问的国家文凭。定向心理顾问的基本职能是为中学生或求职青年制订个人定向计划时提供咨询。他们一部分时间在定向中心接待学生，一部分时间在中学工作。但实际上，他们极少主动去学校，更多是应中学校长之邀来学校咨询。因此，一些学校可能从未接受过定向心理顾问的咨询。[②]

在省一级，定向机构的主管为信息与定向国民教育督学（inspecteur de l'éducation nationale - information et orientation—IEN-IO）。其职能是作为省级国民教育行政主管，即学区督学的技术顾问，负责对全省的信息与定向中心进行评估和监控，促进教育定向工作。

在学区一级，学区信息与定向机构主任（chef des services académiques d'information et d'orientation —CSAIO），既是学区总长的技术顾问，又兼任国家教育与职业信息署的地区机构主任。学区信息与定向机构主任不仅在学区内有简单的行政部门，还有单独的预算。

在国家一级，由国民教育部的学校教育司（Direction de l'enseignement scolaire —DESCO）主管全国的定向工作，而日常工作则由国家教育与职业信息署（Office national d'information sur les enseignements et les professions —ONISEP）和职业资格研究中心（Centre d'Études et de Recherches sur les Qualifications— CÉREQ）负责。

国家教育与职业信息署创建于 1970 年 3 月 19 日，由国民教育部管辖，主要使命是为教育工作者、学生和家长提供学业指导和职业指导的必要资料。国家教育与职业信息署有 700 余名专职人员和 30 个设在各学区的分支机构。国家教育与职业信息署编写的新的关于定向的资料，可

① Ministère de l'Éducation nationale, de la recherche et de la technologie, Repères & références statistiques sur les enseignements et la formation 2004.

② Inspection generale de l'Éducation nationale, L'orientation vers le lycée professionnel: la scolarisation au lycée professionnel, janvier 2002, n° 2002 - 003. p30.

作为学校师生职业与培训的重要参考。[①]

职业资格研究中心为国民教育部和劳动就业部共同管辖的公共机构，主要研究教育与职业之间的关系。这一中心有 142 名专职人员，其中大部分为劳动与就业研究领域的专家，他们的使命是为国家与地区的培训政策提供建议。[②]

2010 年 4 月 21 日，教育部部长吕克·沙戴尔在波尔多学区正式启动了一个网上定向平台，名曰“我的在线定向”。这是一个帮助学生定向的新型的全国服务机构，学生和家长可以通过电话或互联网咨询有关定向问题。

法国著名教育史学家安托万·普罗斯特（Antoine Prost）指出，“定向为法国教育之要害”[③]。当一个社会存在着不同的劳动分工时，当一种制度承担着培训不同层次劳动者的任务时，专业定向和职业定向就不可避免。完善的定向机制可能会最大程度降低定向的偏差或失误，但是改变不了社会的等级差异。“人往高处走，水往低处流”，合理的社会应当保证人人以合理的方式争取更高的社会地位，同时较低层次的人群当以平常的心态保持自己的尊严，“各得其所”仍不失为当代社会的一种理念。

---

① http：//www. onisep. fr/.

② http：//www. cereq. fr/.

③ Antoine Prost，Education，société et politique，Le Seuil，Paris，1992. p156.

第十一章 教育系统评估

虽然说法国人比内（A. Binet）和西蒙（Th. Simon）于1905年就制定的智力测验量表开创了教育评估的先河，但法国教育评估的真正实施却是在20世纪80年代以后，其标志是法国教育部于1987年建立的“评估与预测司”。1989年7月10日的教育指导法明确规定了教育评估的范围与目标：“评估适合于整个教育系统：中小学生、大学生、教职员工、教育机构、校外服务机构、中央行政机构。评估的目的远非使学校和教师处于竞争之中，而是通过检查国民教育目标的实施，通过使这些目标适应其面对的不同公众，通过对整个教育系统的经常性调整来改善教育系统。”

随着法国教育评估的逐步实施，评估的领域不仅是学生的成绩，也扩展到学校，直至整个教育系统。

第一节　学生成绩评估

对学生成绩的评估，传统的形式就是考试，其历史几乎与现代学校同步。考试的直接目的是了解学生应当掌握的知识和能力，间接目的是服务于对学生的筛选或淘汰，也为颁发学校文凭或证书提供依据。由于考试经常发生于阶段性学习的结束或全部培训的结束，考试也被称作终结性评估。

与传统的考试不同，一种新的评估方式是对学习过程中的学生的学习成绩进行评估，这种评估一般不对学生的升级、分流和毕业产生影响，而是着重分析教学与管理同学生成绩的关系，目的在于为学校和教师提供分析手段，以便改善教学质量。这种评估也被称为诊断性评估，或形成性评估。

从 1989 年开始，法国教育部对小学三年级、初中一年级全体学生的学习成绩进行评估。从 1992 年起，整体评估扩展到普通和技术高中的一年级全体学生，涉及法语、数学、历史与地理、第一外语四门学科，和职业高中的一年级全体学生，并涉及法语、数学、工业科技、经济管理四门学科。

第一年的小学三年级评估涉及法语和数学，分 8 个测试单元，法语和数学各为 4 个单元。测试题目一般不重复课程教学的内容，但都是围着测定某一具体教学目标而设计的。例如，在数学测试中，要求小学三年级学生用简单的四则运算解决具体问题，如看懂铁路时刻表，会用日历；在法语中，也能够理解某词汇的不同意义，准确运用文章中提供的信息，等等。

经过十几年的评估工作经验，法国基础教育评估形成了完善的体系。评估的工具由三个部分构成：学生测试手册，教师参考手册，评估专用软件。评估测试共计 8 个单元，法语和数学各 4 个单元，每个单元的测试时间为半天。要安排所有被评估的学生同时参加同一单元的测试，以避免同学之间的交流。

以 2003 年的评估为例，小学三年级学生的法语测试题分成“学会阅读”和“学会书写”两个部分，共计 98 道题。在“学会阅读”部分中，包含考查“理解课文”和“掌握语言工具”能力的内容，在“学会书写”部分中，则包含考查“掌握语言工具”和“作文”能力的内容。

小学三年级学生的数学测试，由 26 项大题之下的 86 个小题构成，主要考查几何、计量、计数、信息处理和解决问题等领域的 26 种能力，如：分析状况并组建步骤，搜集信息并解释和重组，回答问题并判断，应用一项技术，直接应用知识等。

对于这些需考查的能力，教师参考手册中均有详细的列表，标明哪一道题属于何种领域的何种能力。

当然，对于这些能力的命题有些深奥莫测，其实测试题的内容都十分简洁和直观。

如法语测试卷中的第 3 题，列出了雨伞、小鸡、茶壶、恐龙、蛇、狮子、金鱼、鲤鱼、正方体、火鸡、狗、鸭、足球等图案，要求学生分别标出哪些是动物，哪些是四足动物，哪些是无足动物。此题在于考查学生在学会阅读方面的理解能力。

再如第 17 题，要求模仿一段描述小丑的文字，写出描述巫婆的三句话。此题在于考查学生学会书写方面的写作能力。

在数学测试中，第 5 题在于考查搜集信息和解释信息方面的应用空间词汇的能力。此题首先展示一张小区域地图，然后指示小雷欧离开学校，走上人民路，又右转上松树路，再左转过喷泉，过镇政府，进入左侧的一栋房屋。要求学生标出小雷欧所行路线，和所进入房屋的名称。

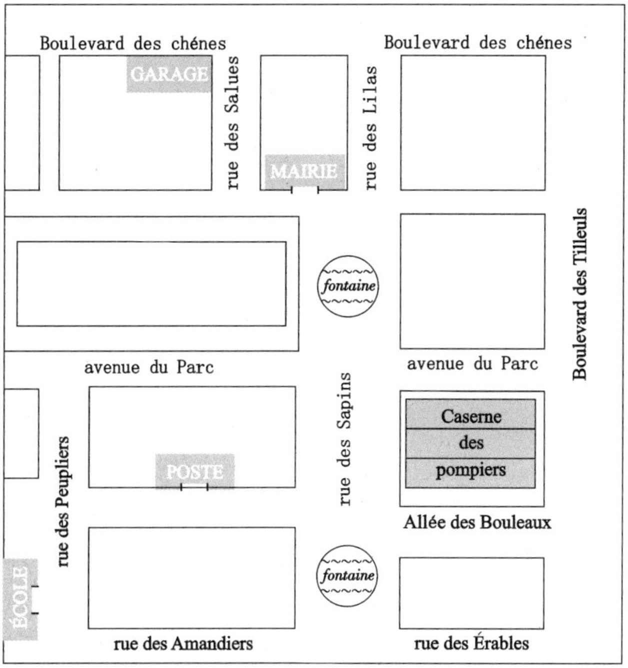

第 10 题在于考查分析状况并组建步骤方面的长度排序能力。题中标示出五架飞机分别拖挂着长度不等的条形旗，要求学生按最短至最长标出旗的名称。

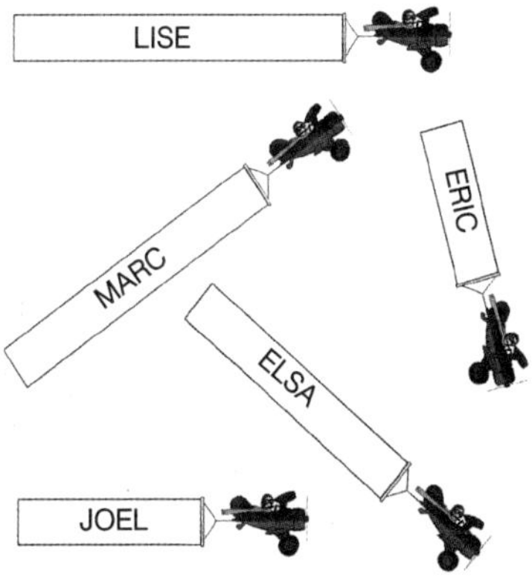

第 12 题列举了马蒂德钱包中的各个纸币和硬币的图形，要求学生计算马蒂德钱包中的钱币总量，目的是考查应用一项技术方面的使用钱币的能力。

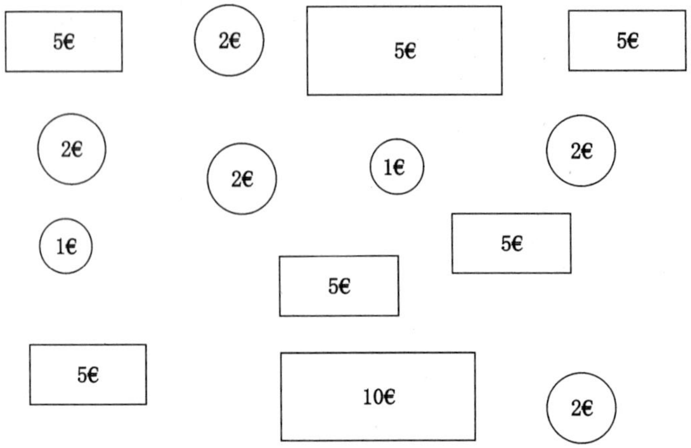

根据标准答案，每个题的评分都有10个等级，1~9和0，分别依次表示由“表述清晰准确”至“根本没有回答”等10种不同水平的回答。

每年的评估对象是公立学校和签约的私立学校的小学三年级和初中一年级全体学生。为了进一步分析，每年也要在每个年级选取大约3000名学生为样本。2003年在全国不同地区共选取了3208名学生样本，其中1329名私立学校学生，961名非教育优先区的公立学校学生，918名教育优先区内的公立学校学生。此外，样本的选取也考虑了不同家庭出身的分布，每一社会阶层的子女大体上在私立学校的比例为14%，在非教育优先区公立学校的比例为72%，在教育优先区内公立学校的比例为14%。[①]

从样本总体上看，小学三年级的法语平均合格成绩为65.8%，即在98个小题中的正确回答了64.5个题。

如图11－1所示，20%初中三年级学生的法语评估成绩合格率为60%~70%，而10%成绩最差的学生的平均合格率为30.8%，但均在45%以下，其中0.2%学生的成绩合格率不足10%。虽然全部初中三年级学生平均合格成绩为65.8%，但偏差为17.3，大部分学生的成绩介于48.5%于83.1%之间。10%成绩最优学生的平均成绩为90.3%。

---

① Ministère de l'Éducation nationale, Note Évaluation, 04.05.

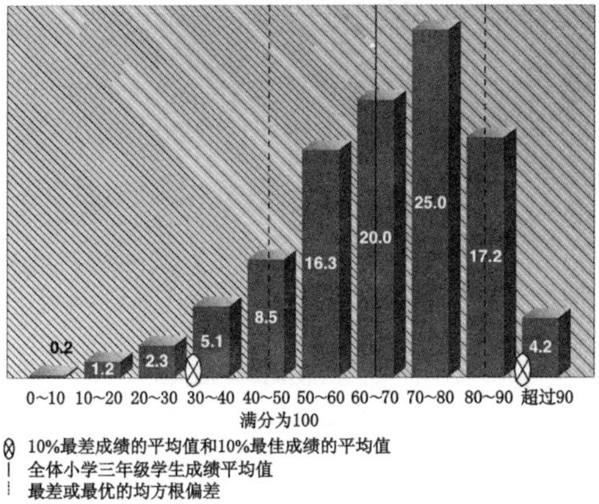

图 11－1　2003 年法国小学三年级法语成绩分布

资料来源：Ministère de l'Éducation nationale，Note Évaluation，04. 05.

从图 11－2 中，我们可以看出 23. 8% 初中三年级学生的数学评估成绩合格率为 60% ～70%，而合格率均在 45% 以下的 10% 成绩最差的学生的平均合格率为 35. 7%，其中 0. 2% 学生的成绩合格率介于 10% 和 20%。全部初中三年级学生数学平均合格成绩为 65. 4%，偏差为 15. 4，大部分学生的成绩介于 50% 于 80. 8% 之间。10% 成绩最优学生的平均成绩为 87. 9%。

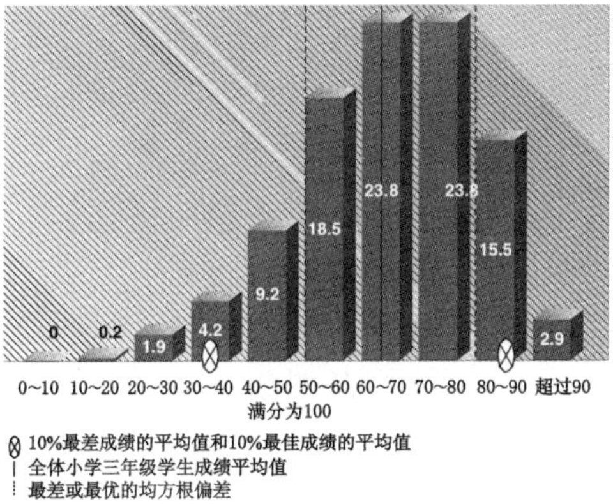

图 11－2　2003 年法国小学三年级数学成绩分布

资料来源：Ministère de l'Éducation nationale，Note Évaluation，04. 05.

从评估的直接目的看，法国的官方文件认为是“借助标准测试，帮助教师把握进入小学三年级学生的学习成果和困难，从而采取不同的教育方式适应学生的需求”①。但如果在宏观管理的视野上，学生的学习成绩评估是考查教育质量最直接的工具，是监控教育系统的基本方法。

通过历年实施的学生成绩评估，可以清楚看到教育结果上的问题。1996 年 5 月 2 日，法国国民教育部公布的全国评估结果显示：在小学三年级学生中，有 15% 的学生不能辨认常见词汇，不能理解简单课文，17% 的学生不会加法运算，也不懂整数概念；在初中一年级学生中，9% 的学生不会阅读，23. 5% 的学生不会计算，6% 的学生在学习上存在极大困难。从 2000 年教育的评估中甚至可以看到，教育结果的问题似乎有加重的趋势：14. 9% 的学生在进入初中一年级时有阅读困难，9. 6% 的学生在初中毕业时仍有阅读困难。②

通过评估，可以将某地区的成绩与全国的成绩进行比较。例如在 2010 年小学五年级法语 60 个测试题的评估中，我们可以看到巴黎地区与法国全国的成绩的差异：

- 57% 的学生正确回答了 40 个以上的测试题（全国比例为 43%）。
- 25% 的学生正确回答了 29 ~ 39 个测试题（全国比例为 30%）。
- 14% 的学生正确回答了 17 ~ 28 个测试题（全国比例为 20%）。
- 4% 的学生正确回答了不足 17 个测试题（全国比例为 7%）。

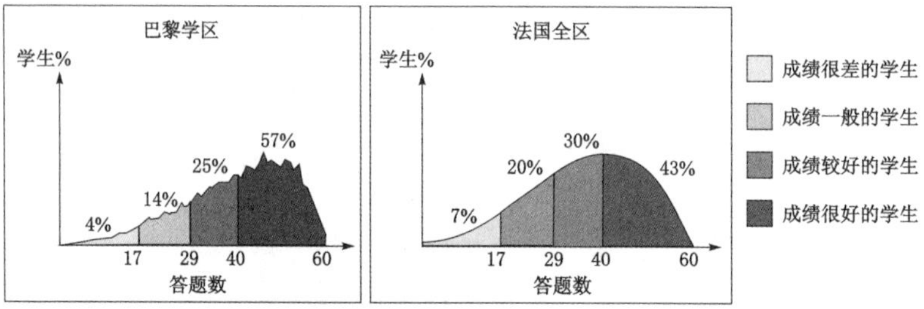

图 11 – 3　2010 年小学五年级法语评估结果

资料来源：http：//www. education. gouv. fr.

---

① Ministère de l'Éducation nationale Bulletin Officiel, de l'Education nationale, Spécial N°6 du 19 août, www. education. gouv. fr/bo/1999/special6/eval. htm.

② Cour des comptes, La gestion du système éducatif, Rapport au président de la république suivi des réponses des administrations intéressées, avril 2003.

正是从全国学生成绩的评估中看到了学校教育系统中的问题，法国政府采取了多项改革措施，以保证每个青年都能掌握基础知识和基本能力。

第二节　学校“增加值”

评价一所学校的教学水平如何，人们往往关注的是教学结果，如升学率的高低、考取名牌大学的比例如何，然而由于学生来源的差异，就不能准确把握教学过程中的实际情况。如果将一所接收较多学习成绩较差学生的中学与学生来源极佳的中学相比，不仅不科学，从某种程度上说，也是不公平的。

一所生源较好的学校，无论是历史形成的，还是政策支持的原因，都会比较容易地获得更好的教育结果。它们可以更有条件获得更多的资源，不断改善教育环境，进而争取更好的生源。而生源较差的学校，可能是地理位置所致，也可能是缺乏政策支持，通常无法摆脱生源差→质量低→升学率低→社会声望不佳的恶性循环。

如何建立公正的评价体系，正确评价各个学校的真实情况，激励各个学校自身的动力机制，促进学校之间的合理竞争，是教育宏观管理的一个难题。

法国在此方面进行了卓有成效的探索，其标志是设置了学校“增加值”的概念。所谓学校“增加值”，即通过某些特定指标的测定，计算全国这些指标的平均值，如果一所学校的指标高于全国平均值，那么其“增加值”便是正值，否则就是负值。设置学校“增加值”的目的是尽可能排除社会环境因素所带来的教育质量差异。例如，一所高中接收的新生总是有不同的家庭背景，并曾经有过从小学至初中的不同学习经历，其学习成绩也有所不同。只有承认这些差异，并在这些差异之后建立新的出发点，衡量他们至毕业时所获得的成绩，才是这所高中教学工作的实际结果。

首先，法国教育管理部门制定了评估高中的三项指标，它们是：

- 高中毕业会考成功率，即参加会考的人数与会考合格人数的比例。
- 高中毕业会考达及率，即高中一年级学生人数与会考合格人数的比例。
- 获得高中毕业会考文凭占离校生的比率。

高中毕业会考成功率，是最重要的指标，但它忽略了高中三年期间的情况。因此，高中毕业会考达及率是对前一指标的重要补充。实际上，一些高中一年级学生在完成一年学业之后，可能因感到通过高中毕业会考的机会渺茫或因选择的学习方向错误而放弃学业或转向其他学校与专业。如果某一高中采取淘汰差生的政策，其高中毕业会考成功率会很高，但其高中毕业会考达及率却会因此而降低。关于第三项指标中的离校生，包含所有毕业或未毕业而离开高中学校的学生，不论其因何种原因离校。如果在离校生中，未获高中毕业会考文凭学生的比例越大，则越能反映出此高中的教学质量问题。

以上三项指标仅仅是高中基本情况的直接反映，只有排除影响学校成功的外部因素才有可能体现高中的客观现实，即其“增加值”。对可测量的外部因素主要是学生年龄和家庭出身。

表 11－1　家庭出身与普通和技术高中毕业会考成功率

		18 岁及以下	19 岁	20 岁及以上
学生家长的社会职业分类	最有利地位	90.7%	76.6%	70.7%
	有利地位	86.2%	73.8%	69.1%
	中间地位	84.7%	73.6%	68.7%
	不利地位	81.8%	71.2%	65.1%
	总计	86.8%	73.9%	68.0%

注：最有利地位职业，主要包括自由职业者、高级公职人员、教授、艺术家、高级企业管理人员；

有利地位职业，主要包括卫生与社会工作领域中的中级职业者、中级公职人员、企业管理人员；

中间地位职业，主要包括农业生产主、手工艺者、警察和军人等公共职业人员、企业职员；

不利地位职业，主要包括技术和非技术工人、农业工人、失业者和无业者。

学生年龄的计算时间为 1997 年 12 月 31 日。

资料来源：note d'information 98 - 07.

根据表 11 - 1 的数据，法国 1997 年全国普通和技术高中毕业会考的平均成功率为 76.9%。这一平均数值，便是当年全国高中的“预期值”（valeurs attendues），而每所高中实际测算的指标值为“原始值”（valeur brute）。只要将原始值同预期值相比较，便可以得到“增加值”（valeur ajoutée）。当原始值同预期值差距是正值，说明该学校可以使本校学生比全国平均水平的高中学生获得更多的成功机遇。

图 11 - 4 的横坐标表示预期值，纵坐标表示原始值，每一个星号表示一所高中。等分线为全国平均值，在等分线之上为获得增加值为正值的学校，如 A；在等分线之下为获得增加值为负值的学校，如 B。根据专家分析，法国约超过三分之一的高中获得了增加值的正值，不到三分之一的高中获得了增加值的平均值，三分之一的高中获得了增加值的负值。①

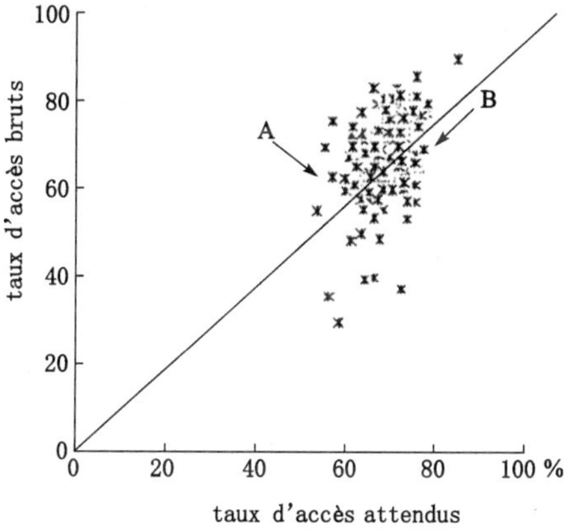

图 11 - 4　学校增加值

资料来源：trois indicateurs de performance, lycée par lycée.

http://www.education.gouv.fr/Indicateurs/MEN00/brochure.htm.

从表 11 - 2 中我们可以看到，法国 1999 年普通和技术高中毕业会考

① Note d'information 98 - 07.

平均成功率为78.4%，但原始值差为8.9，因而可以估计到约三分之二的高中成功率的原始值在69.5%～87.3%之间。

表11－2　法国1998—1999年普通和技术高中毕业会考成功率和达及率

	成功率		达及率	
	1998年	1999年	1998年	1999年
公立高中数量	1433	1445	1433	1445
平均预期值	79.3%	78.4%	67.7%	66.7%
原始值差	8.9	8.9	10.9	10.8
预期值差	3.0	3.1	5.6	5.5

资料来源：trois indicateurs de performance, lycée par lycée.
http：//www. education. gouv. fr/Indicateurs/MEN00/brochure. htm.

在法国教育部2009年的一份评估报告中，2007年的高中毕业会考成功率的数据中又加入了学生的年龄、性别、家庭出身和初中毕业考试的成绩等因素，为分析高中毕业会考成功的原因提供了更多的参考。一般来说，正常年龄的学生成功的概率更大，而曾经留级的学生的成功概率会差些。如图11－5所示，18岁即参加高中毕业会考的标准年龄的学

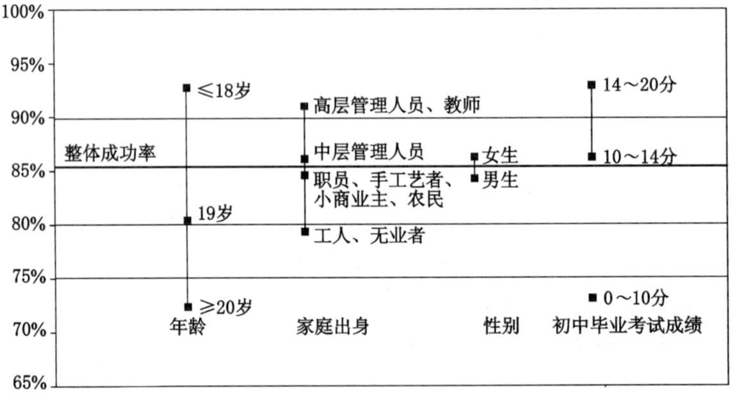

图11－5　2007年高中毕业会考成功率

资料来源：Ministère de l'Éducation nationale, Direction de l'Évaluation, de la prospective et de la performance, trois indicateurs des résultats des lycées. mars 2009.

生成功的比例高于20岁的学生20多个点。在初中毕业考试成绩方面，14～20分[①] 的学生比例大大高于10分以下的学生。至于学生的家庭出身，出身于高层管理人员和教师家庭的学生比例明显大于出身于工人家庭的学生，而在中层管理人员和职员、小商人、农民出身的学生之间的差距并不显著。最后，男女学生之间的差距也不显著，但女生成功的比例高于男生。

法国中学管理指标

(Indicateurs pour le pilotage des établissements du second degré—IPES)

人口指标：

入学时学生的整体特点；

入学时学生班级分布的特点；

入学时学生的特点；

入学时各学科学生的学校来源；

高中一年级学生的知识水平。

资源指标：

平均课时；

教师特点；

选修课学生的人数。

成绩指标：

高中毕业会考成功率；

高中毕业会考达及率；

获得高中毕业会考文凭占离校生的比率；

高中毕业后学生去向；

离校生状况。

运行指标：

高中一年级结束时的学生变动；

个别教学的课时比例；

班级或分组的学生数额；

教学服务的比例；

① 注：法国常规考试实行20分制，10分为及格，14分相当于良，18分以上为优。

学生生活服务的比例；
教师调动情况；
学校事故；
学校地位。
环境指标：
学校与经济环境的关系；
就业环境数据。

资料来源：NOTE D'INFORMATION 98－07。

第三节　高等学校评估

高等教育评估在法国还只有不太久的历史。1984 年 1 月 24 日的法律决定创立高等教育“国家评估委员会”。1985 年 2 月的法令通过了委员会的组织机构，后于 1985 年 5 月 10 日经共和国总统批准正式组建。国家评估委员会成员由大学全国委员会、全国科学研究委员会、法兰西学院等机构提名，经部长委员会任命，任期为四年，每两年更换其中半数成员。

国家评估委员会设总秘书处。总秘书处由 20 余人组成，划分成评估、行政、信息、出版四个部门，总代表负责全面工作。该秘书处有两个基本功能：一是协调评估工作，因为经常有若干评估同时进行，所以需要安排数十名评估专家的工作；二是接收、分析和保存各类信息资料。每年评估委员会聘请的专家总数约 100～150 人。

评估委员会的基本工作方法是收集书面信息资料和专家实地考察相结合。信息资料的来源主要是教育部的中央行政部门、大型科研机构，如“国家科学研究中心”和“国家卫生与医学研究院”以及高等学校本身。委员会一般不要求那些多余信息或要做大量分析又不成比例的资料，而着重于现有的、并有充分时间思考的资料。委员会总是企图通过每一次评估，发现某所高等学校区别于其他学校的独特之处、新颖之处。这也正是高校自治的意义。

评估委员会只对高校管理系统作整体评价，而不对其中某一因素加以分析。评估的基本目的是了解在学校本身是否存在教学与科研的内部评估机制，了解这一机制是否借助于大学之外人士或其用户的评价。需要说明的是，委员会及其聘请的专家并不对教师和科研人员的个人情况进行评价。

一般说来，一次评估的时间为六个月至一年。经评估委员会的正式同意，大学校长要向委员会提交一份关于学校基本情况的资料。这份资料应当包含对本学校的优势与不足的简要评价。2003 年底以来，评估委员会又协同教育督导部门编制了大学自评参考书，便于大学依此组织和整理学校运行及其结果的资料。但是，大学有充分的自主权选择评估的内容，因为在评估委员会看来，大学具有无限开放的自我批评和自我完善的能力。①

委员会接到资料之后，指派两名成员负责对这一学校的评估，并负责撰写评估总结报告。他们将陪同评估委员会的总秘书和另一负责协调评估工作的特派员考察学校。他们将会见大学校长及学校领导班子，然后会见学校各系主任，并向他们索取有关组织机构、运行机制和教学与科研的主要决策等方面的资料。

根据学校规模，委员会委派 15 ~ 30 名专家对学校进行 2 ~ 4 天的考察，并为评估委员会撰写考察报告，报告内容是保密的。然后，两名委员会成员在秘书处的协助下对该学校的总体情况和管理情况进行分析。

据此，委员会把对学校整体情况按照评估的基本内容分门别类：历史变革与当前状况；科研的运行机制与质量；大学生的录取、学业和毕业情况；继续培训；学校管理；校园内社会活动；地区内和国际间的对外联系。最后，经过综合分析概括出这一学校的基本特点，并针对学校的某些问题提出改革意见和建议。

但是，在评估报告公布之前，还要最后一次访问学校，将两名委员会成员的意见与大学校长及学校有关领导者做“面对面”的讨论，并经评估委员会全体会议通过。

① CNE, De Berlin à Bergen: nouveaux enjeux de l'évaluation, Dijon, les 10 et 11 juin 2004, http: //www. cne-evaluation. fr/ (2006 - 01 - 26).

国家评估委员会也对某一类学校进行评估或某类学科教学进行评估，如地理、化学等教学，并采用一种称之为“标注”（cotation）的方式评估。在法国，一般不习惯通过评分给各个学校排序，并认为那种全国性的排序和价值判断经常是不准确的。而标注的方式则是将评估内容分解成若干项目，确定其优势和不足，划分成由A至E的五个等级。标注式评估使法国高等教育评估具有新的意义，可以使每所学校认识自己的优势与不足。当然，这种标注评估还不够普遍，还不足以使所有的大学都能进行学校之间的比较。

需要指出的是，法国高等教育评估的突出特点，就是创建了独立的高等教育评估机构——国家评估委员会。自1985年5月10日国家评估委员会建立以来，就力图独立于教育部，并于1989年7月获得了法律上的行政独立地位。在某种意义上说，国家评估委员会是半官方的行政机构，它可以独立行使权力，自由选择其评估的大学，自由与大学校长、政府主管部门和其他评估机构协商。正如国家评估委员会首任主席舍瓦尔茨（Laurent Schwartz）所指出的，“委员会无任何权力，它就应是这样。”他还说，“受到各种决定内在制约的评估，必然是错误的。”[①] 正是基于这样的认识，法国高等教育评估与高等教育管理相分离，评估结果与经费不挂钩。法国国家评估委员会具有十分透明的工作方式，定期公布其致总统的报告，公布每所高等学校的评估报告和专题评估报告，并设有网站供公众咨询。

国家评估委员会认为，“评估是大学自治和改善高等教育质量的基本工具”[②]。法国高等教育发展在经历20世纪80到90年代大学生数量高峰之后，近几年来开始呈现平稳甚至负增长状态，教育政策所面临的大学人满为患的问题已经过去，注重教育质量将是未来高等教育改革的中心，高等教育评估将会发挥越来越重要的作用。

但是在中央集权传统根深蒂固的法国，国家评估委员会自诞生之日起，就与教育部处于互不信任的状态[③]。教育部官员认为国家评估委员

---

① CNE, De Berlinà Bergen: nouveaux enjeux de l'évaluation, Dijon, les 10 et 11 juin 2004, http://www.cne-evaluation.fr/（2006－01－26）.

② Comité National d'Évaluation, Bulletin N°19. janvier 1995.

③ Musselin C., La longue marche des universités françaises, Paris, PUF, 2001. p107.

会在职能上与其有所重叠；国家评估委员会的成员则力图避免成为官方的附庸。国家评估委员会每一两年都向共和国总统递交工作报告，同时向社会公布大学评估报告。但教育部极少利用国家评估委员会的报告结果来调整高等教育政策，或实施经费拨款。

鉴于以上问题，法国于 2006 年 4 月 18 日颁布了“科研规划法”①，建立新的评估机构“研究与高等教育评估署”（Agence d’évaluation de la recherche et de l’enseignement supérieur— AERES），将不同领域的单独评估机构融为一体。研究与高等教育评估署既是国家评估委员会的继承，又有所发展壮大，不仅采用国际标准对高等教育机构和公共研究机构的研究活动进行评估，同时也对高等教育的培训与文凭实施评估。

研究与高等教育评估署继续秉承国家评估委员会“独立、透明和公正”的原则。

所谓“独立”，就是坚持独立的行政权威地位，排斥任何外界的干扰，保证评估专家能够在尊重评估署的伦理规则的前提下，清晰、公正地做出评估结论。

透明，要求评估署的运行完全透明，符合国家与欧洲的研究与高等教育发展方向。从其方法的运用到其内部组织和伦理规则的全部行为都须公布于众，其所有报告也须在其网站公布。

公正，评估署组建的专家委员会具有同僚等权、能力互补、多重学科的特点，以保证评估的公正。

第四节　构建评估文化

20 世纪 80 年代以来，由于国际经济竞争愈加激烈，全球化的步伐愈加迅速，人力资本的作用愈加明显，法国同其他发达国家一样对教育的发展，特别是对学校的教育质量尤为关注。一方面，随着国家对教育投入的不断增加，政府的财政能力逐渐显得不堪重负，迫切需要了解教育投资的效率和效益。另一方面，学校内部对公众来说犹如“黑匣子”，

① Loi de programme n° 2006 – 450 du 18 avril 2006 pour la recherche.

公众越来越希望知晓教育目标的实现状况，以期做到合理使用和“消费”。

来自美国的新自由主义思潮认为，公布每所学校获得的成绩构成改善学校的重要因素[①]，其实质是通过市场机制促进学校之间的竞争。

但法国对教育评估有独到的理解。前评估与预测司司长德洛（Claude Thélot）指出，“学校不是以市场为调控力的领域。非市场的调控方法即是评估，特别是结果的评估”[②]。

随着教育评估需求的不断提高，逐渐形成了法国教育评估系统。这一系统既有全新设置的评估机构，也有被赋予评估职能的传统行政部门。

评估与预测司（Direction de l'évaluation et de la prospective —DEP）为国民教育部的一个重要司局，1987 年建立时即为此名，曾经更名为规划与发展司（Direction de la programmation et du développement— DPD）。评估与预测司的基本职能是确定教育系统评估的政策并负责实施。评估与预测司还负责教育信息系统的设计与管理，负责对教育系统的中短期变化进行预测，负责教育评估、管理与决策手段的研究与实施。

国民教育督导总局（inspection générale de l'éducation nationale—IGEN）创建于 1802 年，最初的使命是督察新建立的国立高中，后来扩展到对全部小学、初中和高中教学及其他人员的督察，1989 年以来，其基本使命是对教育系统进行评估。目前，国民教育督导总局划分为 14 个学科或领域，有 159 名国民教育总督导员。

国民教育与研究行政督导总局（inspection générale de l'administration de l'éducation nationale et de la recherche—IGAENR）负责全国从初等教育到高等教育的行政与财政的督察。国民教育行政督导总局按区域划分为 7 个组，目前有 100 名国民教育行政督导员。

学校评估高级委员会（Haut Conseil de l'évaluation de l'école）创建于 2000 年 11 月 16 日，其职能不是实施教育评估，而是对教育评估的状况

① J. Chubb et T. Moe, (1990), Politics, Markets and America's Schools, Washington, The Brookings Institute. in Administration et éducation, numéro 98, 2ème trimestre 2003.

② Claude Thélot, Pourquoi faut-il évaluer l'école? in administration et éducation, numéro 98, 2ème trimestre 2003.

进行评估。其工作领域涉及从基础教育到高等教育甚至继续教育的各个层次，涉及学生成绩评估和学校教学等各个方面的评估。学校评估高级委员会的工作任务主要是对法国整体教育评估状况做出综合评价并公开发布年度报告；审查所有提交给教育部的教育评估报告并提出意见；对一些空白领域的公共或私立机构进行特别评估。

其实，不仅仅是以上机构，还有其他机构参与教育评估。例如，在高等教育中，还有大学全国委员会按学科或按分学科对大学教师进行评估，国家科学研究中心的大型科研机构对所属的实验室和研究员进行评估，工程师职衔委员会对工程师学校进行评估和鉴定。这些评估部门和机构之间在评估上的分工并不十分明确，有时互有交叉，因此也形成了评估系统的错综复杂。

教育评估的最重要之点，是对整个教育系统的评估。一方面，教育系统的评估要考察已确定的教育目标是否合理可行；另一方面，要分析各个目标之间是否协调，要考察获得的结果是否达到目标的要求。而一个教育系统的评估也应当符合四个目标：知识传授、职业准备、公民培养、社会公正①。

在知识传授方面，不仅应当考查每个学生在各个学习阶段的成绩，还应了解各个学科的成绩，而不是当前所实行的个别学科。对职业准备、公民培养、社会公正等方面的评估几乎还属空白，如何评估教育与职业相关的全部要素，包括特定的职业能力和资格、职业道德，如何评估公民的基本素养，评估他们是否具备民主精神与宽容精神，如何评估教育系统的公正，这都是未来教育评估需要认真考虑的问题。

然而，目前法国教育评估费用已经成为教育经费的重要组成部分，2000 年法国用于教育评估的费用达到 7 亿法郎。② 如果继续扩大教育评估的内涵，且不说方法论的问题难以解决，仅经费本身，也是法国政府难以承受的。

---

① P. Joutard et C. Thélot, Réussir l'école, Paris, Le Seuil, 1999.

② Sénat, Rapport d'information, n° 392, L'évaluation des politiques publiques en France, Annexe au procès-verbal de la séance du 30 juin 2004. p292.

第十二章 大学自治的新探索

在现代社会，大学已经成为国家繁荣与发展不可或缺的支柱。国家和市场都要借助于大学而发展，都要对大学施加影响甚至加以控制。但是，自治确实是大学的共同需要之一，大学没有适当的自治就无法完成自身的使命。大学既要获得国家与市场的支持，并为之提供相应的服务，又必须保持起码的自治，以实现知识的创新与传播。于是，大学在国家与市场之间必然形成博弈。

法国大学具有悠久的自治传统，但又长期受制于中央集权的国家。法国中央集权制的教育管理体制在我国学界已成共识。法国大学如何在双重集权体制中保持自治？2007 年 8 月 10 日颁布的“大学自由与责任法”能否为法国大学自治带来新的机遇？这些将是本章重点关注的问题。

第一节 中世纪的大学自治：在王权与教权之间周旋

11 世纪末，一些学校尝试教授自由七艺，一些学者也开始更广泛地应用辩证法，并使之成为研究的基本方法之一。对希腊文化遗产的关注和对更为灵活教学方法的渴求，不仅激发了古典文献的翻译与评注，也催生了城市中的大量私立学校。而城市的兴盛，特别是行会制度的成熟，为大学的诞生提供了适宜的土壤。

一些教师和学生聚集在巴黎圣母院周围开展教学活动。阿伯拉尔的到来及其成功既是学校兴旺的原因，也是其标志。为躲避圣母院主教代理的审查，师生们跨越塞纳河去左岸的圣・热内维耶夫高地教学，那里是圣・热内维耶夫教堂独自管辖的豁免区，即形成后来大学集中的“拉丁区”。

最初，学者们的聚集不过是单纯的集合，并无正式的组织机构，后来发展成为一个团体：“巴黎教师学生团体”（universitas magistrorum et scholarium parisiensum）。“universitas”为拉丁文，含有“协会”“团体”“联合会”等义，亦为西文“大学”一词的起源。

巴黎教师和学生团体面临教会和城市市民的双重抵制。基本的抵制来自巴黎主教和圣母院总监。他们掌控着教会司法权和教学准许证的授予权，并在最初对巴黎学校具有自由决定权，他们不允许这一权力不经斗争便被剥夺。学生与城市自由民众之间有着经常性的紧张状态，暴力冲突随时可发生。城墙脚下的酒馆、游戏场地，经常是流血斗殴的地方。随后是国王的卫队长及其士兵粗暴的介入，他们更乐于追击学生及其仆人而放松其对手。

巴黎教师和学生常受益于自身强大的同盟，不失时机地运用着罢课和离散之类的有效武器。因为巴黎的学校已经成为城市重要的消费群体，并具有知识发源地之美誉。

教皇更是看重大学在神学研究中的地位，企图把它作为宗教信仰的卫道士、神职人员的培训机构和造就教会所需管理精英的地方。从1174年教皇赛勒斯坦三世便开始发布谕旨，给予大学以司法特权。特别是1231年4月13日，教皇格里格瓦九世“知识之父”的谕旨（Parens Scientiarium）最终确立了巴黎大学辉煌的法律地位。

法国国王也利用巴黎大学为自己的政治统治服务。1200年，由于一个作侍者的学生被酒店老板殴打引起暴力冲突，造成5个学生致死。当时的国王菲利浦・奥古斯特支持了学生，并赋予大学师生司法豁免的特权。

借鉴中世纪的行会组织，巴黎大学的教师经过艰苦斗争几乎逐渐获得了当时行会所拥有的全部特许权，也审时度势地创造了他们所需要的

“自治”机构。

大学行会获准的第一项权利为自行决定其人员录用，申请授课准许证书的候选人无需缴费也无需做个人忠诚宣誓。

获准的第二项权利为，有权确定其内部机构的章程，有权要求其成员做遵守其章程的宣誓，有权开除违规者。

大学的第三项关于选举其官员，以保证其章程的落实，并代表行会面对外部权利或为大学进行诉讼的要求也获得准许。

最后，大学也获得每一行会应当持有，作为其自治的象征一枚印章。

但这一自治的获得并非一蹴而就。教皇为了控制正呈燎原之势的“异端邪说”，振兴日渐衰竭的 11 世纪的改革，希望通过大学增强教会的中央集权，并以此建立将整个基督界与教皇直接联系的大型宗教研究中心。虽然教皇的多数决定符合大学学者的愿望，但一旦大学学者的作为触犯教皇的某根敏感神经，也会向大学学者叫停，迫使他们屈服。

巴黎大学在建校伊始便设四个学院：艺学院、神学院、法学院和医学院。艺学院相当于文学院，是初级学院，为 14 ~ 20 岁的学生教授“三艺”和“四艺”等学科，颁发“授课准许证”。获此文凭者，才具备任教资格，可以进入其他三所高级学院学习。这四个学院组合构成的巴黎大学，不仅是大学的滥觞，也是后来欧洲大学办学的基本模式。每个学院由执教教师（actu regentes）全体大会选举产生院长，管理学院生活的各方面事务。

虽然艺学院在各大学都是初级学院，但由于艺学院的师生数量众多，艺学院院长经常是大学的真正首脑，神学、法学和医学博士则处于从属地位。

巴黎大学同时也是国际性的学校。那时的欧洲人喜欢旅行，乐于了解外国的风土人情，而大学的建立更是他们出行的理由，通用的拉丁语又使游学毫无障碍。巴黎大学当时便集中了许多国家的学生，因相近原籍形成四个“民族团”：法兰西民族团、诺曼民族团、庇卡底民族团和英格兰民族团。

学院和民族团共同选举出校长。校长作为大学行会的真正首脑（caput studii），在大学内部与外部具有荣誉权和特别优先权。校长的权力范围相当广泛：在民族团的协助下，他管理大学的财政；他是大学章程的守卫者；对于大学成员，他具有民事司法权；他召集和主持大学全会；对于外部权力部门，他是大学的正式代表，有资格以其名义协商或介入司法。但校长的实际权力又十分有限，不仅其任期短暂（在巴黎大学，最初为一个月，后为三个月，在波伦亚大学为一年）；还要接受大学全会的经常监控。

巴黎大学的办学模式不仅影响了中世纪法国的其他大学，更为欧洲乃至世界大学树立了典范，与 19 世纪初德国洪堡创建教学与科研并重的柏林大学模式和 20 世纪初美国以威斯康星大学为代表的兼顾教学、科研与社会服务的大学模式，共同构成世界高等教育发展的三大里程碑。

随着法国王权的强大，宗教势力对大学的影响逐渐减弱，国家对大学的控制不断加大，从查理七世、路易十一、路易十四等法国君主对大学的改革都强化了大学的统一性，集中体现在大学学者的职能与录用、教学与考试的内容等方面，而对大学的行会系统并未触及。

正是国家对大学的控制和大学行会两股力量并行发展，奠定了后来法国高等教育的有中央集权参与的双重体制。

第二节　集权体制下的大学自治：大学行会的集权化

在韦伯构想的官僚制度中，国家不仅从社会中获得行使垄断力量的方法，同时也获得使人服从其力量的合法途径。一般来说，集权制国家对教育的管理应当具有垄断性。作为常理，法国的中央集权制也是一种教育行政集权制，国家应对教育系统实施垄断性管理。事实上，法国在 19 世纪初所建立的教育集权体制，不仅包括由中央到地方的行政与督导系统，而且其统揽学区教育大权的教育总长只对中央负责，不受地方行政长官的约束，从而形成一种独立于其他行政的管理系统。

但韦伯的官僚制度理论似乎忽略了另一种中央集权的可能性，这就是法国大学学术行会制度的中央集权。

拿破仑建立的中央集权制的影响之大，常使人们以为唯此为大，而几乎完全不知存在至今的全国大学理事会也是一种中央集权体制。

早在法国大革命期间，资产阶级的国民公会便于 1793 年 9 月 15 日颁布了一项法令，宣布取消大学，其理由是大学被贵族习气所玷污。1808 年，拿破仑创建"帝国大学"，将包括高等教育的整个教育系统囊括其中，由"大总管"（Grand Maître）全权负责。原来大学的五大学院（神学院、医学院、法学院、理学院、文学院）单独设置。法学院和医学院的基本职能是培养法官和医生，而理学院和文学院的职能就是颁发文凭。理学院和文学院保留必要数量的教授，就是为了组建能颁发会考文凭的评审委员会。①

实际上，帝国大学创立之初，便建立了与大总管并列的"公共教育委员会"（Conseil de l'instruction publique）②。这一委员会的成员虽由权力部门任命，但均是大学学者，并代表各自的学科。委员会的职能主要是管理教师的任职资格、录用与工资待遇、教授职位的设置等。

公共教育委员会的管理具有鲜明的学科特点，每个学科可以确定自己的管理模式，制定自己独特的规则。这些管理模式与规则可以凌驾于大学与学院之上，不同学科所接受的是来自于委员会的学科委员的垂直领导。

这样，法国高等教育自拿破仑集权体制以来，实际存在两个并存的管理体制，或者说"两个中央"：一个是行政体制，负责经费的拨付和学校规范；一个是行会体制，决定着教师的职业和教学。

1850 年的"法鲁法"曾允许"非大学学者"进入公共教育委员会，但 1880 年 1 月 2 日的法律重新规定公共教育高级委员会只能由大学成员构成。③

---

① Philippe Braud, Sociologie politique. Paris, LGDJ, 2002. p64.

② 此机构名称多有变化，为叙述方便，恕不一一列举。详见：http：//www. inrp. fr/edition-electronique/lodel/dictionnaire-ferdinand-buisson/document. php? id = 2447（2009 - 02 - 11）.

③ Christine Musselin, La longue marche des universités françaises. Paris: PUF, 2001. pp37 - 48.

1870年普法战争后，法国大学界曾经掀起一次改革浪潮，就是借鉴普鲁士的由威廉·汉堡创立的柏林大学模式，将以颁发文凭为目标的法国高等教育转向知识生产与传播的研究机构。改革者的愿望是“独立的大学学者和科学家，既不依赖于国家也不依赖于社会，只服从于国际科学界的同行”①。

当然，这一改革未能成功，国家依然管理着大学。但是改革亦未失败，行会体制也在并行不悖。每一类学院都在中央层次有其分委会，每一类学院都有其独自的管理模式。教授的准入程序在法学院、医学院、理学院或文学院均有所不同，这与当时德国的大学管理模式迥异。在德国，大学教授的录用条件在同一所大学内部是完全一致的②。

对于大学的某些管理权限，国家和行会实际上共同分享。直至1945年，国家与行会共同管理着大学教授讲席的创建、首席教授的任命和补缺。具体讲，教育部掌管着教授讲席的创建和首席教授的任命权，而行会中央机构和学院委员会决定首席教授的补缺人选。需要指出的是，教育部在创建讲席和任命首席教授时，总要征求行会中央机构的咨询。而行会中央机构的成员经常是巴黎的大学学者，他们不仅是各类学院规则的制定者，同时深谙各学科的教学现状与需求。从1945年开始，大学讲席的首席教授决定权进一步由教育部转移到学院委员会。③

值得注意的是，直至1968年法国高等教育法颁布之前，学院院长在法国大学中仍具有举足轻重的作用。法国著名历史学家普罗斯特（Prost）指出，“在过去的组织机构中，大学不过是学院的组合，真正的权力属于学院院长。在院长之下，各学科系所或其他组织形式毫无真正的权力，没有任何预算可供管理。院长之上，作为国家官员的学区总长

---

① G. Weisz, Le corps professoral de l'enseignement supérieur et l'idéologie de la réforme universitaire en France, 1860 - 1885. Revue Française de Sociologie, 1977, (2): 55.

② Christine Musselin, La longue marche des universités françaises. Paris: PUF, 2001. pp37 - 48.

③ Christine Musselin, La longue marche des universités françaises. Paris: PUF, 2001. pp37 - 48.

主持大学委员会，只是发挥着大学代表的标志性作用”[①]。

学院院长在教授这一层次中选举产生，不仅具有重要的法律地位，还有重大的实际权力：主持制定预算、实施预算的内部分配、组织教学、决定人员录用等。然而，学院院长的权力又不是独断专行的，学院的决策过程完全是学院式的。所谓学院式的决策，即是同级同行应对等级态势的集体决策，同时要求决策的规范性，不是一致同意，便是求得妥协[②]。其基本特征是大学教授，即学术同行们共同掌握学术权力。

简而言之，19 世纪至 20 世纪 60 年代末，法国大学的自治以学院为核心，以同行决策为基础，以学科为纵轴，形成了与国家教育行政并列的学术行会管理系统。正是这一学术行会系统保证了法国大学最大程度的自治。

第三节　两个高教法赋予的自治：不完全的自治

第二次世界大战对法国的高等教育的破坏是极其严重的，战后的高等学校到处是一片破败衰微的景象。1945 年，法国大学仅有 123 300 个大学生。面对这样有限的招生能力，恢复和发展高等教育已迫在眉睫。

20 世纪 60 年代，法国大学面临着学生人数激增的严重危机。自 1960—1967 年，大学生数每年平均增长 4 万，即以 10% ~15% 的速度递增。在这七年间，大学生总数增加了 1.5 倍。大学生人数的膨胀，既是由于社会对高等教育需求增加的原因，又是政府加快发展高等教育政策的结果。法国政府认为，发展高等教育是经济发展的必然要求，法国负责计划的官员们也强调大学毕业生，特别是科学与管理方面的毕业生匮乏，主张尽可能摆脱法国在高等教育上的落后局面。于是，法国政府在 20 世纪 60 年代初便大力发展高等教育，在短短的几年内创建了二十余所大学。随着新大学的建立，法国政府增聘了大量的大学教师，其中青

---

① Antoine Prost. Education, société et politiques, Une histoire de l'enseignement en France, de 1945 à nos jours. Paris: Seuil, 1992. pp136 – 137.

② Christine Musselin, La longue marche des universités françaises. Paris: PUF, 2001. pp37 – 48.

年教师居多。教师成分的变化，带来教师队伍的分化，年长教师习惯于大学传统，年轻教师比较倾向于学生的思想，并且这个思想鸿沟逐年加深。

然而，大学规模扩大的同时并未相应地改革大学的管理，才使法国高等教育的危机日益加剧。第一，法国大学传统的管理机制十分薄弱。大学通常由文学、科学、法律、医药等独立的学院构成，每个学院由院长及两个助理与之编制很小的秘书处管理。这种管理机构难以适应学生人数猛增的学校。第二，1966 年实施的大学三个阶段的改革，加重了教学管理的难度。第三，新的教学内容由资深望重的教授审定，过于偏重研究的需要，既不考虑学生的兴趣，又脱离劳动力市场的需求。第四，当时戴高乐所实行的是民主与精英并重的政策，即在提高整个民族教育水平的同时选拔少数领导阶层。由于在大学技术学院采取了筛选制度，大学生预感到可能被淘汰的危险，本能地产生了抵触情绪。正是这些问题的不断积蓄，在国际文化变革的大背景下一触即发，酿成称之为"社会大地震"的持续几个月且震惊世界的 1968 年的大学潮。这次学潮促使法国政府开始对高等教育进行大刀阔斧的改革。当时的教育部部长埃德加·富尔主持的高等教育改革方案破天荒地以无人反对的投票结果在议会中获得通过，产生了"高等教育指导法"。

这个法律重要意义在于确定了大学的三项原则：自治、参与和多学科。

自治，不言而喻，就是允许大学自己决定自身的行为，决定各学科教学活动及教学方法，决定科研项目，决定行政与财务管理。

其他两项原则也与自治有关。参与，即将原来学院全体教授决策的机制，变为各层次教师、学生、科研人员以及所有在大学工作的人都能参与的审议机构，其中教授也只有代表参与。多学科，则将学院的学科界限打破，由"教学与科研单位"（UER）构成。从而使中世纪诞生的大学体制开始动摇。

1984 年 1 月 26 日新的高教法——"萨瓦里法"，对大学决策的三个委员会的功能及其组成重新规定。

新的法律虽然保留了参与原则，继续允许学生和其他校内外人士参与大学管理，但更恢复了教授治校的传统，教师（实际是教授和研究员）在校务委员会和学术委员会中的比例都有大幅度的提升。

新的高教法赋予了大学在财务方面更大的自主权。大学可以根据注册大学生人数、建筑面积和学科的师生比例等标准安排国家拨给的经费和设备。大学还可以接受地方政府的拨款和与企业、地方和国家签订合同。

对于大学的核心领导者——校长的任职规定，1968 年的“高等教育指导法”和 1984 年的“高等教育法”所体现的教授治校的精神是基本一致的。

1968 年“高等教育指导法”第 15 条规定：“校长任期 5 年，不得连任。除非校务委员会以三分之二的多数做出特殊决定，校长应是本校的正式教授和校务委员会成员。”

1984 年“高等教育法”第 27 条规定：“校长领导大学”，校长由校务委员会、学术委员会和教学与大学生活委员会全体成员组成的大会选举产生，任期 5 年，不得连任。校长必须具有法国国籍，并为本校的专职教师—研究人员。

作为传统，法国大学校长任职的基本条件是具备教授职称和作为大学校务委员会的成员，并且应当是“同行中的佼佼者”（primus inter pares）。1968 年，在议会针对“高等教育指导法”的辩论中，当时教育部部长富尔宣称：“优秀的工程师或研究员，虽然不是学院的教授，或者从来不是，或者现在不再是，但有朝一日可以致力于领导大学或使大学现代化。”尽管议会接受了这一例外的大学校长任职条件，但同时也做了严格的限定。实际上，即使在制度上有所松动，非教授人选担任大学校长的可能性也是很小的。这说明法国大学界的传统心态即使在非常时期也不允许采取其他国家可以实行的校长任职制度。

对于大学教授的录用标准，法律也做出详细的规定。只有具备博士文凭和研究指导资格（l’habilitation à diriger des recherches）才可能成为大学教授。

但要真正成为大学教授，须履行严格的审查程序。

首先，须经大学全国委员会审查大学教授或研究员的申请资格。这一委员会，根据学科划分，设 56 个分部，分别负责不同学科申请者的资格审查。

所有申请教授或讲师资格的人员，须准备三份申请资料。第一份资料为行政资料，报学区总长，以确定其申报资格。另外两份为学术资料，分别报送大学全国委员会相关分部的两个专家（报告人）。大学全国委员会根据申请人的学术水平、研究成果及出版物确定是否列入全国资格名单。

之后，被列入全国资格名单的申请人，才可以向全国公布的有空缺教授职位的各大学递交申请资料。大学组成专家委员会对申请者进行预选，听取部分申请人的陈述，然后将提交学校行政委员会，并由行政委员会公布结果。

最终，大学教授由共和国总统任命，以凸显大学的独立性，不受制于中央行政部门。

如果被列入全国资格名单的申请人，在四年内未被任何大学聘用，其资格自动丧失。

关于教学与科研的自主权，主要涉及教师与学生的选用与录取、大学活动的组织和教学方法的应用等三个方面。第一，法国大学教师是国家公务员，录用时要符合国家相关条例，大学无权随意解聘。大学的教学人事自主权主要在于国家无权向大学强行委派教师。第二，除涉及国家文凭的颁布要符合国家相关要求外，大学的教学活动是自由的。第三，大学教师完全有自由选择自己认为合适的教学方法且任何人不得干涉的权利。

关于教师与研究人员的学术自由，1984 年“高等教育法”第 57 条还特别规定：“教师—研究人员、教师和研究人员，在履行其教学任务和科研职责的过程中，享有完全的自主权和言论自由。但根据大学的传统和本法的规定，上述人员应遵循宽容和客观的原则。”在高等教育的课堂上，大学教师从来不被督察或控制。虽然法国大学也采取了一些大学生评估教学的措施，但是也仅限于对教学的评估，而不是评价教师本人。

法律一方面保证了大学教师与研究人员充分的学术自由，但在一定意义上又使课堂成为与外界隔绝的个人领地。特别是在高等教育大众化的情况下，评估高等教育质量成为高等教育发展的重要手段。而一些教师以学术自由为理由拒绝任何外部评估的介入，从而影响了大学教学评估的客观真实性。甚至一些教师对教学中出现的问题不以为然，认为不是教师要适应学生需求，而只能是学生适应教师的授课。①

但是，从大学管理层面上讲，虽然两个高等教育法赋予大学新的自治权，但实际的自主权仍然很有限。

在财政方面，法国大学在法律上获得了自主权，但由于经费基本来源于国家，并且其大部分为教师等人员工资，大学无权自行调整。而可调整的大学财政仅限于自筹部分，只是这部分占大学经费来源的比例极小。

在教学方面，法律允许大学教学自主并可以创建大学自己的文凭。但是法国国家文凭处于强势地位，一直是大学生追逐的目标，相对而言，大学自己的文凭便被不屑一顾。大学要颁发国家文凭，必然要遵循国家相关教学要求，因此教学自主也不得不打折扣。

在人事方面，大学教师都是国家公职人员，任何大学都不可能裁减或撤职。而由于大学经费所限，大学也不可能自行大量聘任其他教学人员。

总之，法国大学直至 2007 年的“大学自由与责任法”颁布之前，并未实现以学校为单位的自治。

第四节　大学自由与责任法：大学自治的新机遇

近些年来，法国大学要求扩大自治的呼声日益高涨。数届法国政府也曾经尝试大学自治的改革，但均因遭到反对而告终。本来，法国中世纪大学具有自治的传统，但自拿破仑以来的中央集权体制强化了国家对大学的干预，导致大学管理体制的僵化，难以适应不断变化的市场经济和全球化需求。

法国大学改革滞后的直接后果就是导致大量在校生辍学、留级和毕业生失业。据调查，在大学第一阶段的两年学制中，大学生完成学业需

① Haut Conseil de l'Evaluation de l'Ecole, Evaluation de l'enseignement dans les universités françaises. 2002. p54.

要的平均时间为2.7年。34%的大学生在第一年末即中途离校，26%的大学生离校时无任何大学文凭。现在，大学毕业求职尚且困难，无文凭的大学生就业难度就更大。大学生失业问题严重，是多年来困扰法国大学发展的巨大障碍。

法国前总统萨科齐在竞选时曾许诺，于2007年夏末之前实施一项大学治理与自治的改革，目的是使“有志愿的大学获得真正自治的地位”。法国时任高等教育与研究部部长佩克雷斯重申了时任总统萨科齐对大学改革的承诺以及将于未来五年内增加50%大学经费的决定。佩克雷斯还满怀信心地畅谈实施这项改革的意义，并指出，“法国大学需要一个深刻的再造”。对于150万法国大学生来说，法国大学的再造就是为他们保证优质教育、职业资格，帮助他们构建未来的生活。

佩克雷斯认为，大学自治的首要意义是使每个人确信每日在为科学、为向学生传授知识而奋斗，为使毕业青年融入劳动市场而奋斗。新大学要在真正自治的基础上构建，需要五大支柱的支撑：

第一支柱，保证所有青年成功学习的生活条件。需要重新审视和修订大学生社会救助系统，因为目前这一系统既复杂又不公正，大量中产阶级子女与平民子女享有同样的优惠。

第二支柱，构建对所有大学员工更有吸引力的职业环境。现在，法国大学教职员工的待遇不高，锐气日渐消磨。政府承诺要改变所有大学员工的现状。

第三支柱，国家保证所有人能获得与其使命相适应的物质条件。

第四支柱，青年教师和研究人员享有国际水准的研究环境。要吸引最优秀人才进入创新的职业。法国教师和研究人员要与世界最优秀学者交流，同时应当回到并留在法国。

第五支柱，防止大学第一阶段的学业失败。高等教育过程的平等很重要，应当加强对大学生学习与就业的指导，学士文凭应当成就真正的成功就业之路。

佩克雷斯特别指出，大学自治是必要的，它是保证大学效率的一个条件。它可以激发灵活与创新的大学机制，可以促进学生和教师获得成功。

基于以上考虑，法国政府开始起草一部关于大学治理与自治的法律，并同时就此项改革进行全国协商。

2007年8月10日，法国国民议会和参议会通过并由共和国总统颁布的“大学自由与责任法”。

该法首先致力于提高大学治理的效率，赋予校务委员会更大的权力，并将其成员数量缩减为20人至30人（1984年的高教法规定为30人至60人），其中教师—研究人员8～14人，校外人士7～8人，学生代表占2～3人，行政与服务人员占3～5人。委员会中教师与研究人员仍保持了较大比例，但增加了校外人士的比例，缩小了学生的比例。对于校外人士，该法特别注明至少有一位企业经理和一位地方政府负责人，目的是保证大学与社会的强有力联系。

大学校长的选举程序也有所变化，校长不再是由校务委员会、学术委员会和教学与大学生活委员会全体成员组成的大会选举产生，而只由校务委员会的成员的绝对多数选举产生。任期由5年变为4年，但可连任。校长资格不必一定具有法国国籍，也不限于本校人员，但必须是教授、研究员或讲师或身份相当的人员。校长的权力也有所加强，除个别竞聘录用的人员，他可以否定任何其认为不当的职位。

新法允许由教师与研究员组成的缩小的校务委员会组建选聘委员会，保证有效、迅速、透明地选聘特别需要的人才。新法首次允许校长实施奖励政策，可以根据教师的业绩予以奖励。

该法把就业指导作为大学使命之一，要求大学关注大学生的就业问题，最大限度地减少学业失败和失业问题。而大学生普遍担心的注册费仍由高等教育部统一决定，大学文凭也保留国家特征。

该法规定了改革的日程表，要求所有的大学在未来五年内完成新的自治。伴随这一改革，法国政府特别追加了50亿欧元，未来五年平均每年10亿欧元的经费。如果此次改革顺利，法国大学将在人事管理、房产、财政等方面获得更大的自主权，大学校长也可能成为真正的管理者，并将引入大学之间的竞争，打破法国大学在全国范围的静态平衡。

自2009年1月1日起，法国20所大学开始实施在“大学自由与责任法”新的法律框架下的自治。

大学校长在人事管理方面可以决定教师—研究员的任职、调动、安置、委派、晋级，可以调整每个人的教学、科研和行政的最低工作量，可以对工作优异者颁发奖金增加其收入。大学的全部预算由学校各组成部门协商制定，可以完全掌控包含所有教职员工的工资的全部预算。而其他大学的预算只有25%是可调控的。预计新的改革能将大学预算总量增加一倍半至两倍。

大学自治的同时也伴随着国家调控模式的转变。国家的拨款更依赖于对学校成绩的评估。根据教学与研究的成果拨发的款项由当前3%提升为20%，其余80%的款项根据大学的工作拨发，其中教学工作的参照系数是大学生参加考试的数量，而不是以往的入学注册数量，科研工作依据的是教师—研究员发表成果的数量。

这次法国大学改革的目的是激发大学教师与研究人员改善教学和进行科研活动的积极性，从而提高法国大学的国际竞争力，但具体效果如何，有待于未来的实践验证。

法国大学自12世纪末诞生以来，便在不懈地追求自治，不仅在中世纪与王权与教权周旋，即使在政治中央集权的状态下，也创造出与其并行的学术中央集权。20世纪60年代开始的改革，使法国大学由传统模式向现代模式转变，学科界限有所突破，但自治领域极为有限，特别是未能实现大学作为一个整体的自治。直至今天，也不过四分之一的大学尝试新的自治。在追求自治的路上，"法国大学的长征"[①] 尚未结束，在全球化和国际竞争的压力下，法国大学自治将面临更多考验和挑战。

① 法国学者以此为书名（Christine Musselin，La longue marche des universités françaises）。

第十三章 构建高等教育的新模式

从教育发展史上看，大学起源于中世纪的欧洲。巴黎索邦大学为世界上最早的大学之一。昔日的法国大学生和教师可以在欧洲大陆上各国的大学间自由来往，迅速传播和交流知识。但是后来由于语言的限制、教学内容的差异和政府管理的干预，法国的大学变得相对封闭，现在相当多的法国大学生在学习期间未能跨越国界学习。特别是法国高等教育的现行体制，严重束缚了法国高等教育发展。虽然近二三十年来，法国不乏高等教育改革方案，但所有的改革尝试均无突破性成功。20 世纪 90 年代末，法国及英国、德国、意大利四国的教育部部长聚首巴黎，商讨欧洲高教改革大计。他们联合发表声明，表示将加强四国大学学生和教师的交流，促成大学课程和文凭的对等与协调。从而引发了法国新世纪高等教育的改革。

第一节　双轨制弊端日趋严重

法国高等教育系统是由大学和大学校双重体系构成的。这一系统作为社会复杂性的一面镜子，基本适应了国家对教育需求的迅速增长，但是随着社会的发展逐渐变得“混杂无序、官气十足、缺乏平等”[1]，严重地阻碍着高等教育发展的现代化。

一、高教基本体制

法国的大学自建立以来，便承担着高级人才的培养和从事科学研究的任务。但是，几百年来，法国官方对大学常有轻视，总要通过建立特殊的学校来培养高级管理人员。从1530年建立的法兰西学院，到1747年建立的路桥学校、1783年建立的矿业学校和1797年建立的综合技术学校，都是遵循这一思路。从而形成了世界上独一无二的高等教育的双轨制：一种是大学体系，一种是大学校体系。这两种并存的体系可谓泾渭分明。

从招生模式看，实行两种筛选方式。法国高等教育录取学生的起码条件是通过高中毕业会考。获此文凭者，便可进入大学的相关学科或专业就读。而进入大学校则需要通过严格的审查或考试。因此，大学被称为“开放型”的，也成为法国高等教育民主化的象征；大学校则被称为“封闭型”的，因其作为培养精英的场所，常使法国人引以为傲。

再从教学过程看，存在着两种淘汰机制。由于大学入学无特殊考试，大学新生难免鱼龙混杂，第一阶段的学业失败率很高，平均为25%以上，总体上有近四分之三的大学生在四年的学习过程中被淘汰。而大学校采用了高投入、高师生比的教学模式，几乎所有学生都能终其学业，获得文凭。

最后从就业状况看，体现着两种社会机遇。大学的高淘汰率，造成了许多青年大学生辍学，即使毕业，也未必能够找到工作，所谓“毕业即失业”。严重的大学生失业问题，是多年来困扰法国大学发展的巨大障碍。而大学校，尤其是名牌大学校的毕业生，则是另一番情景。较高的社会声誉，良好的学校教育，密切的企业联系，使这些学生备受青睐，就业比例极高。据说，目前法国大学校毕业生占据了政府决策部门和各大企业70%以上的要职。

---

① Jacques Attali, Pour un modèle européen d'enseignement supérieur, 1998.

二、突出问题

从两个系统的发展程度看，存在极大的不平衡。

1997 年，法国高等学校新生为 48.1 万。这一年，法国大学生总数达到 210 万，而在 1980 年仅为 120 万，1960 年为 31 万，1900 年为 3 万。

1997 年，法国 62% 的大学生在大学就读。而构成法国大学校主体的 238 所工程师学校和 230 所商业学校共接纳了 12.4 万名大学生，加上 80 000 名大学校预科班的学生，仅占法国大学生总数的 9.7%。

在大学自身系统中，大学无就业指导机制，现代化准备不足。

作为高等教育民主化的体现，法国大学在 21 世纪接收了绝大多数高中毕业生，基本满足了法国社会对高等教育的需求。国家在大学生数量激增的情况下，仍然投入了大量经费，做到了大学生人均费用的持续增长，从而保证了法国大学的整体质量仍处于世界前列。在许多科研领域，法国大学还保持着相当高的水平。

但是，法国大学从来未对大学毕业生的专业定向和职业安置进行有效的关心和指导，造成大量在校生辍学、留级和毕业生失业。据调查，在第一阶段的两年学制中，平均学习时间为 2.7 年。两年按时完成学业并获得文凭的学生仅占 28.4%。另外，34% 的大学生在第一年末即中途离校，26% 的大学生离校时无任何大学文凭。对于这些大学生来说，只是在大学校园的匆匆过客，体验一下大学生活便“浅尝辄止”。这无异于教育资源的浪费。

造成这种问题的原因主要有三：一是学校对教师的评价尺度过多在科研成果和出版著作上，而对高教法规定的教师的另一教学使命，包括对学生的学业指导，无任何硬性规定和评估指标，客观上造成对学生放任自流；二是经费投入相对不足，在生均经费上无法与其他类大学生相比；三是大学在传统上致力于知识的创造和文化的传播，对经济领域不屑一顾，在现代社会仍保持此惯性，导致与企业的联系逐渐疏远，极少技术创新和专利发明，更无力创建新企业和就业机会。

在大学校系统方面，仍局限于少数精英的培养，与民主化相距甚远。

在近一个世纪以来，法国大学校发展的民主化进程与整个社会发展极不协调。虽然大学校招生数量相对稳定，但是占大学生总数的比例却越来越小。例如，1997 年工程师学校的在校生为 76 850 人，大大超过了 1900 年的 5000 余人，但仅占全部大学生比例的 3.7%，而 1900 年所占比例曾达到 14%。

许多优秀青年选择大学校，并非总是出自专业的爱好，而是为了显示自己的能力。特别是大学校的学生集中来源于政府官员和企业经理的子女。据统计，在大学校预备班就读的近 50% 学生出身于高级干部和职员，而工人子女仅占 7%。国民教育部曾对综合技术学校、国家行政学校、高等师范学校和巴黎中央学校进行调查，发现这四所一流学校在 1950 年招收的新生中，尚有 29% 出身于平民阶层，而今天只有 9%。从另一角度看，这些学生所在的高中也极为集中。例如，高等师范学校和综合技术学校的学生，均来自十余所名牌高中。

这种情况引起一些学者的担忧，如果这种状况继续下去，法国中下阶层的子女将无缘进入国家的政治与经济的高级管理层，民族的统一将无法维持。

第二节　高教新模式的构想

既然双轨制严重阻碍着法国高等教育的发展，那么打破两者之间的屏障就是必然趋势。无论是现代社会的变革对现行体制的压力，还是双轨体制的自身变化，都预示着法国高等教育的重大改革。

一、形势与挑战

在 21 世纪前夕，世界政治格局和经济结构都发生了巨大的变化，未来社会的变革将对高等教育以更大的影响。

第一，信息时代将导致教学模式的变革。

传统的大学，以课堂教学为基本教学途径，以传授理论知识为主要教学内容。现代科学技术，特别是信息技术已经使高等教育的方法发生了重大变化。随着国际互联网等信息高速公路的发展普及，教师直接面对学生的讲授方式将不再是唯一教学模式，学生可以在包括宿舍在内的任何场所获取最新信息，学习各学科最先进理论，选择世界各国大学教授的课程。

第二，知识社会要求大学参与知识创新。

在未来知识社会，企业的成功将更加依赖于知识和技术的创新，也会更加依赖于大学的支持。大学应当摒弃原来“科学殿堂”的传统观念，建立和完善科研成果评估机制，鼓励发明创新和申报专利，主动和积极地参与企业的创建和发展。

第三，职业变革迫使学习与培训终身化。

法国教育部前部长富尔曾于60年代发表《学会生存》这一划时代的著作，第一次提出终身教育的概念。在即将跨入21世纪时，终身教育的思想在教育实践中得到越来越充分的检验。未来的职业更新将会更加频繁，任何人都不会一劳永逸地从事一门职业，高等教育文凭也不会具有永恒的价值。大学应当开创更多的继续教育课程，开展职业培训，适应终身教育的大潮流。

法国虽然在高新科学技术领域尚处于世界前列，但与美国相比仍有极大的差距。而欧洲其他国家以及一些新兴工业国家的发展势态也咄咄逼人。有人明确指出，“一个民族的发展和生活质量越来越依赖于科学和文化水平，而科学文化水平则在极大的范围内取决于高等教育的价值”[①]。法国政府会充分认识这一点，对高等教育进行重大改革将是未来的必然选择。

二、双轨彼此靠近

如果说法国高等教育的两个系统尚存在巨大鸿沟，但也不是原来的状态。近三十年来，大大小小的改革使双方都发生了潜移默化的变化，各自都包含着对方的某些特征，正所谓你中有我，我中有你。

在入学筛选方面，大学虽然仍遵循凭高中会考文凭入学的原则，但

① Jacques Attali, Pour un modèle européen d'enseignement supérieur, 1998.

当某所大学出现报名人数超额的情况下，也会通过某种考试选拔学生；而大学校在面临社会就业不景气，生源相对不足的情况下，也不得不招收几乎所有考生，以维持自身的存在。

关于培养目标，大学通常无职业特点，学生在学习基础理论并获得文凭之后，都要经过专门的竞争考试才能进入教师、科研人员或其他公职人员行列。但自 1984 年的高教改革后，大学相继设立多种专业技术和职业文凭，其毕业生在劳动市场上终于争得了一席之地。

从教学条件看，大学普遍逊色于大学校，然而越来越多的大学通过与地方建立科研协作关系，为地方经济发展服务，获得了地方政府和企业的支持，学校设施得到极大改善，同大学校相比，有时也很难分辨优劣。

特别是近些年来，国家准许十余所名牌大学校授予博士学位，并允许许多大学校挂靠大学培养研究生，结束了大学校单纯专业培训，不从事科学研究的历史。国家还在大学和大学校之间建立了相互承认、相互过渡的途径，允许两类学校的学生相互流动。尽管这些流动渠道还不够广泛、不够完善，但两类学校的隔绝毕竟打开了。

三、基本目标与未来体制

在这样形势的挑战下，在以前改革的基础上，法国决不会满足于对高等教育实行小打小闹式的改革。法国教育部前部长贝鲁在谈到大学改革的模式时，批评了那些“总是看到邻居草地的草更绿”的思想，他指出：“一个首创大学的国家不需要到别处去寻求大学模式。”[①] 后任教育部部长阿莱格尔的思想更体现了法国人企图领导欧洲、敢与美国抗衡的风格。

1997 年 7 月，教育部部长阿莱格尔委托阿达利组建高等教育改革委员会。高等教育改革委员会首先对高等教育目标重新审视。委员会指出，“高等学校的第一使命已不是培养国家管理人员，而是服务于大学

---

① Déclaration de F. Bayrou pour la fin des Etats Généraux de l'Université, 1996. http：//cjc. jeunes-chercheurs. org/positions/etats-generaux1996/bayrou-18 – 06 – 96. html（2006 – 02 – 15）.

生，因为国家管理人员已不是工业和经济生活的中心。不论大学生的社会出身如何，都要给予他们每个人获得自身最佳发展、准备未来职业和深入学习的全部机遇”。因此，他们提出，“应当保证所有大学生在离开高等教育时都具备一个具有职业价值的文凭”①。

从这一目标出发，法国高等教育改革委员会为未来高等教育设置了三个基本文凭：经过三年学习，可获学士文凭；经过五年学习，可获新硕士文凭；经过八年学习，可获博士文凭。这种三、五、八学制将取代当前实行的高等教育三个阶段学制。将来的学士文凭成为大学教育的基础文凭，在基本理论学习的基础上，增加了职业培训，可以大大提高大学生的就业率。大学校预备班的学生在两年学习之后也必须获得学士文凭，才能继续以后阶段的学习。获得学士文凭之后，如愿意继续学习，可以不经考试直接注册学习硕士课程或博士课程。

为了宏观管理新的高等教育，委员会拟制订“新大学规划图”，将全国各高等学校按八大省区划分，称之为“省区大学极”（pôles universitaires provinciaux）。这些大学集团管辖范围内的大学或大学校将重新组成网络，在课程和教学方面保持协调。通过国际互联网，大学极不仅在地理方面可以把较偏远的教学机构联系起来，可能还涉及一些周边国家的学校。

委员会还对其他方面的改革也提出了原则性的建议。在课程设置方面，学校将有更大的自主性。对于校舍的产权，国家将完全划归给大学和大学校。校长的任期将由五年改为四年，可连选连任一届，但须经学校委员会和学术与经济界代表委员会双重选举通过。未来校长将有权聘任与解聘学校教职员工的权利。

对高等学校的评估，将由高等评估事务所执行。这一事务所为民间机构，评估人员由教师、研究人员、管理人员、企业人员组成，任期为五年。评估事务所将公布全国大学和大学校各系的名次，并且每五年对高教系统评估一次。评估结果报告将入国际互联网，并直接影响各校经费预算。

① Jacques Attali, Pour un modèle européen d'enseignement supérieur, 1998.

第三节　波伦亚进程

继1998年法国、英国、德国、意大利四国教育部部长在巴黎联合发表关于建立欧洲高等教育体制的庄严声明之后，29个欧洲国家的教育部部长又于1999年在大学诞生地的意大利名城波伦亚召开会议，并发表了《波伦亚声明》①，重申构建“欧洲高等教育空间”的坚定意愿。

《波伦亚声明》强调了1988年“大学宪章”② 的基本原则，“大学的独立与自治，是高等教育与研究系统适应需求变革、社会希望和科学知识进步的能力的保障”，决定创建具有可比性的欧洲文凭系统，设置统一学制（学士3年、硕士5年、博士8年），建立学分制，促进大学学生和学者的交流，从而启动了欧洲高等教育改革的“波伦亚进程”。

时任法国教育部部长雅克·朗（Jack Lang，1992年4月2日—1993年3月30日；2000年4月6日—2002年6月17日任教育部部长）在参加2001年5月18－19日布拉格高等教育峰会上畅谈了欧洲高等教育改革的意义③。

他说，继经济崛起的欧洲之后，应当是教育振兴的欧洲，因为青年是构建欧洲坚实基础的唯一途径。面对生活方式的世界化和标准化，欧洲应当提供一种文化模式。这种文化模式要建立在欧洲原本的和多样的价值之上，教育应当继续作为公共福利而不是商品。

他还说，欧洲应当为其多元语言而自豪，应当拒绝仅仅使用的单一语言的统治，应当促进法国学生去其他欧洲国家学习，同时也准备接纳其他欧洲国家学生来法国学习。

始料不及的是，波伦亚进程触动了法国大学生的敏感神经。也许是听信大学未来的注册费要上涨到4000欧元，甚至是6000欧元的传言，

---

① Déclaration de Bologne déclaration commune des ministres européens de l'Éducation，19 juin 1999.

② 大学宪章（Magna Charta Universitatum），于1988年波伦亚大学创建900周年之际，由世界上388位世界著名大学校长在波伦亚签署。

③ http：//www. education. gouv. fr/discours/2001/discprague. htm.

许多大学生纷纷走向街头抗议政府关于高等教育改革的决定。阿达利不无遗憾地说，“作为计划倡导国的法国，却成了反对其实施的唯一欧洲国家”[①]。

为了消除大学生对于改革的误解，教育部部长费里（Luc Ferry，2002 年 5 月 7 日—2004 年 3 月 31 日任教育部部长）于 2002 年 10 月 7 日发表了题为《高等教育的新展望》的长篇谈话[②]。

费里严肃指出，“建设欧洲高等教育空间是 2010 年必须完成的任务”，并承诺信守布拉格会议的共识：“高等教育应当作为公共福利，属于并继续属于公共职责。”[③]

费里认为，新的高教体制可以使高等学校的教学活动更为灵活，因为高等教育的教学内容不再由国家确定，大学可以自由地设置课程。新的欧洲统一学分制，可以使大学生在最合理的时间完成学业。

对于法国高等教育系统来说，新的学士、硕士、博士学制（简称 LMD 学制）具有更重要的意义：

新的学士（licence）有助于打破法国划分过细的学科界限，强化各专业的普通文化教育，确立职业学士文凭的地位，发挥科学专业教育的作用。

新的硕士（master）在法国是一个全新的文凭，应当得到国家的保障，一方面任何颁发硕士文凭的学校都要受到严格的评估和认证，另一方面又要体现法国高等教育的多样性，允许大学和大学校等各类高等教育机构颁发硕士文凭。

新的博士（doctorat）不仅导向高等教育和研究领域，还要进入经济界和公共与私人决策领域。

随着社会讨论的广泛展开，特别是波伦亚进程的不断深入[④]，欧洲高等教育空间的建设已不可逆转，大学生的抗议活动也逐渐销声匿迹，法国高等教育面临的问题是尽快适应新的体制。

1968 年以来的法国高等教育管理体制以培训与研究单位（UFR）为

① Le Point 1628，28 Novemvre 2003.

② http：//www. education. gouv. fr/presse/2002/rentreesupdp. htm.

③ Communiqué de Prague，Vers l’Espace européen de l’enseignement supérieur，19 mai 2001.

④ 至 2005 年 5 月卑尔根欧洲教育部部长会议，已有 45 个欧洲国家加入波伦亚进程。

基础，同时并存的还有学院（faculté）、系（département）、实验室（laboratoire）等教学与研究机构。本来创建培训与研究单位的目的就是打破学科之间的界限，实现跨学科的教育。但是法国几十年的高等教育改革并未实现初衷，各个培训与研究单位几乎还是相互封闭的，一个大学生从入学至毕业都在一个培训与研究单位学习。而新的 LMD 体制要求建立教学单元（Unité d'Enseignement），学生的主干课和选修课都要跨越培训与研究单位的界限。新的大学的管理就必须兼顾全校和各个教学单元，整体协调学生注册、课程选修、教师工作量、考试评分等工作。

法国大学过去实行的是学年制，每年三个学期，每学年结束时考试，单科考分为 20 分制，学生成绩可以累加。而新的欧洲学分系统（European Credit Transfert System—ECTS）则以可转换学分为基本单位，修满 180 学分可获得学士文凭，修满 300 学分可获得硕士文凭。全日制大学生一年的大学学习时间为 36～40 周，大致可获得 60 学分，每个学分的工作量大约为 24～30 小时。考试评分划分为由 A 至 E 5 个等级，考生分布正常为 A 级 10%，B 级 25%，C 级 30%，D 级 25%，E 级 10%；A 级为优秀者，E 级为最差者。如果考分成绩为 F，意味着考试失败；如果考分成绩为 FX，也意味着考试失败，但可经补考通过考试。新的学分系统，不仅打破了法国大学生的学习生活规律，将假期时间充裕的三学期制过渡向二学期制，甚至对于考试成绩的认知模式也必须转变：要么考试合格，要么考试失败。

法国高等教育面临的重大考验是切实实现职业化。在法国现行高等教育的第一阶段，学业失败现象相当严重，只有 38% 的技术高中会考毕业生能够在 2～5 年时间获得普通大学学习文凭①。由于大学第一阶段偏重基础理论教育，多数离开学校的大学生都无职业能力与资格。1984 年 1 月 26 日的高教法虽然重新确定了公立高等学校的性质是以科学、文化和职业为特点的公立教育（EPCSCP），并开始推进高等教育的职业化，设置了各种以职业为目标的文凭，但都未能从根本上改变法国高等教育的职业化水平。为适应欧洲高等教育的新体制，法国于 1999 年 11 月 17

---

① Luc Ferry, De nouvelles perspectives pour l'enseignement supérieur, 7 octobre 2002. http://www.education.gouv.fr/presse/2002/rentreesupdp.htm.

日设立了职业学士文凭（licence professionnelle），目的是促进大学生在欧洲劳动力市场的就业。但是职业学士文凭自创建以来，获得大学普通文凭的大学生并未对此文凭产生太大的兴趣，70%以上注册职业学士文凭的学生，均为大学技术学院或高级技术员班的毕业生。[①] 针对法国社会轻视职业技术的现象，法国教育、经济与就业高级委员会呼吁，应当“重新认识技术文化，并把技术文化作为共同文化中完全独立的组成部分”[②]。但是，这一过程并非一朝一夕可以完成。

为了保证原有的高等教育体制向新的欧洲统一体制平稳过渡，保证高等教育的质量，法国先后成立三个监测委员会（comités de suivi）：职业学士监测委员会（1999年11月17日）、学士监测委员会（2002年4月23日）和硕士监测委员会（2002年4月25日）。三个监测委员会的成员为高等教育与研究全国委员会各成员组织的一名代表、学校和培训领域的代表以及专家，其使命是检查LMD学制框架中的教学所反映出的问题，负责国家政策与学校政策之间的协调工作，研究制定相应的改进措施。

经过几年的努力，法国在波伦亚进程中取得了明显的进步。根据法国教育部2003—2004年的报告[③]，至2004年入学时，法国已有66所大学，即超过四分之三的大学实施了新的学制，40余所工程师学校将颁发职业硕士或研究硕士文凭，33所工商管理学校也将其文凭定位于硕士。在2006年入学时，法国所有高等学校都至少会在局部实现欧洲统一的三阶段学制。[④] 可以预料，法国面向欧洲统一学制的高等教育改革在体制上不会出现太大问题，关键是如何保证新体制下的教育质量，特别是在世界贸易组织制定的教育服务贸易框架中，能否继续保持高等教育的公共性，或者说如何在保持高等教育的公共性的同时，面对国际教育市

---

① CPU, Commission Pédagogie et Formation Continue, Intégration des licences professionnelles dans le LMD, 25 janvier 2005. http://www. sup. adc. education. fr/lmdsuivi/.

② Le Haut Comité Education - Economie - Emploi, Rapport d'activité 2002 - 2003.

③ Rapport d'activité ministériel 2003 - 2004, http://www. education. gouv. fr/ram/2003 - 2004. htm.

④ CPU, Commission Pédagogie et Formation Continue, Intégration des licences professionnelles dans le LMD, 25 janvier 2005. http://www. sup. adc. education. fr/lmdsuivi/.

场的挑战。

在未来以知识为基础的社会中，世界各国竞争将集中于高新科学技术领域。而要在这一领域中处于领先地位，就必须把教育，尤其是高等教育作为可持续发展的重要途径。法国为了保持其在欧洲的政治、经济优势，并同美国和日本等经济大国抗衡，就必然会更加重视高等教育，促进高等教育的改革和发展。可以预料，高校体制改革和技术创新将是法国高等教育未来改革的两大基本主题。

第十四章 “大学校”及工程师教育

“大学校”（Grandes Écoles）是法国官方认可的高等专业学校的通俗称法，教育部的定义为“通过竞考录取学生并实施高水平培训的（公立）高等教育机构”[1]。大学校主要包括行政管理学校、工程师学校和高等商业学校等，是培养高级工程技术人员及其他各类专门人才的高等教育机构。其中多数属教育部领导，另外一些高校分属中央各部或地方其他部门领导，高等商业学校均属工商会领导。这些学校的专业领域基本为应用学科，即工科、农科、师范、法律、商业和经济管理等。尽管这些学校号称“大学校”，但通常规模都很小，介于二三百至千余人之间。由于这些学校采取“精英教育”方针，严格控制招生人数，学生均要经过2年的预科学习，通过严格的入学考试后录取，故每年全法在校生人数仅有12万~13万人。

第一节　大学校概述

一、大学校的历史沿革

法国高等教育的历史悠久，著名的巴黎大学可以追溯到12世纪初。

① Arrêté du 27 août 1992 relatifà la terminologie de l'éducation.

巴黎大学在建校伊始便设四个学院：艺学院、神学院、法学院和医学院。这种四个学院组合构成的巴黎大学，不仅是大学的滥觞，也是后来欧洲大学办学的基本模式。

中世纪以后的法国高等教育，则沿着两种不同的道路发展。由于教会对大学的深远影响，法国官方对大学便常有轻视，总要通过建立特殊的学校来培养高级管理人员。为了集中一流学者和艺术家，自路易十三和路易十四统治时期便开始建立不同于大学的各种类型的高等教育机构，如1530年建立的法兰西学院（Collège de France）和矿业学校、路桥学校、炮兵学校和军事工程学校等“专门学校”。

法国大革命一方面批判专门学校的精英培养模式，另一方面也借用专门学校为自己培养人才，只不过建立了以才能录取学生的新制度。这些专门学校即后来的“大学校”，大革命时期著名的大学校主要有四所：1747年建立的路桥学校（Ecole des Ponts et Chaussées）、1783年建立的矿业学校（Ecole des Mines）、1794年建立的综合技术学校（Ecole Polytechnique）和高等师范学校（Ecole Normale Supérieure ）。

拿破仑帝国继续推行精英主义的大学校，但培养领域更为广泛，涉及工程师、军官、政务官、教师和医生。正如学者德尔福（Albert Delfau）所言，“这些大学校，无论其目标，还是其特性，都博得了拿破仑的信任。不仅如此，拿破仑在实现其公共教育的进程中，任何时候都不允许阻挡其路。他需要有力的助手：综合技术学校为其军队培养军官，高等师范学校为其中学培养教师”[①]。拿破仑将中学划分学科（cursus），并对应毕业会考（baccalauréat），优秀学生通过竞争激烈的竞考（concours）方可进入大学校。对于拿破仑来说，高等教育应当成为政治权力的实用工具，因此大学校备受推崇，而大学继续遭受冷落，法国从而形成了世界上独一无二的高等教育的双轨制：一种是大学体系，一种是大学校体系。

在1816年至1914年的近百年间，法国大学校获得了长足的发展，从7所增长到85所，其中工程师学校69所，商业学校14所。著名的工

---

① Albert Delfau, Napoléon Ier et l'instruction publique, Paris, Edition Albert - Fontemoing, 1902. In Bruno Magliulo, Les grandes écoles, PUF, Paris, 1982. p11.

程师学校有：工艺与制造中央学校（Ecole centrale des arts et manufactures）（巴黎，1829 年）、里尔工业艺术学校（Ecole des arts industriels de Lille）（1854 年）和里昂中央学校（Ecole centrale lyonnaise）（1857 年）。这些学校基本适应了法国对于军事、行政、技术和教学等领域的精英人才的需求。[①]

1907 年，法国首次出现“工艺与职业学校工程师证书”。1934 年，法国设立“工程师职衔委员会”（La Commission des Titres de l'Ingénieur）规范工程师教育。

1945 年之后，法国工程师学校的发展迅速，国家计划将工程师培养数量从 1960 年的 1.2 万增加到 1971 年的 2 万。与此同时，法国对工程师教育机构进一步规范化，将教育部管辖的所有实施工程师教育的学院或学校统一命名为“高等国立工程师学校”（Ecole nationale supérieure d'ingénieurs），并对其组织与课程做出统一要求，特别是在招生环节上，要求学生必须在大学校预备班 2 年学习并通过竞考。工程师教育的学制统一为会考之后 5 年。

进入 21 世纪以来，面对教育的国际竞争，法国大学校加速了集团化改革，在同类学校之间建立网络，或与大学组建高等学校集团，如：中央学校集团（EC：Groupe des Écoles Centrale）、矿业学校集团（GEM：Groupe des écoles des mines）、巴黎高科集团（ParisTech：Institut des sciences et technologies de Paris）。

二、大学校的类型

大学校的类型主要有工程师学校、高等师范学校和高等商业学校，此外还有高等农业学校、兽医学校、建筑学校、司法与行政管理学校、高等艺术与文化学校、新闻记者学校等。

1. 工程师学校

工程师学校的学制为 3 年或 5 年。3 年学制的学校通过竞考招收大学校预备班 2 年学习之后的学生，5 年学制的学校通过审查学生档案直

---

① Bruno Magliulo, Les grandes écoles, PUF, Paris, 1982. p16.

接从获得高中毕业会考文凭的学生中录取新生。但两类学校的毕业文凭是等值的，都是“会考 +5 年”。

工程师学校的培训可以是通用的也可以是专业的，公立学校的学费一年约 380 欧元。

2009 年，法国有工程师学校 231 所，其中属于大学等高等教育机构的学校 71 所，独立的学校 92 所，私立学校 68 所。①

2. 高等师范学校

法国高等师范学校目前只有 4 所，2 所在巴黎，2 所在里昂，其中位于巴黎市的校本部最为著名，创建于 1794 年。

高等师范学校培养高级教师和高级研究人员以及行政部门和公共企业的高级管理人员。

高等师范学校通过竞考招收大学校预备班 2 年学习之后的学生，学制为 4 年。法国学生在校期间享有津贴。

3. 商业学校

商业学校的学制有 3 年、4 年和 5 年三种，其文凭相当于“会考 +4 年”或“会考 +5 年”。

大部分商业学校以竞考的方式从 2 年制的大学校预备班学生中录取新生。大多数商业学校的竞考都依据一个共同的题库，考生通过一次竞考之后，可能还要某个学校的特殊竞考，才能被这一学校录取。

约 190 所商业学校根据自己的标准，从获得高中毕业会考文凭的学生中录取新生。学制为 4 年或 5 年。也有的学校从大学二、三年级的学生中录取新生。

绝大多数的商业学校为私立学校，每年的学费介于 4500 ~ 7000 欧元之间。

2009 年，法国有商业、管理与会计学校 206 所。

大学校系统内部还组建横向联系，如“大学校联席会”（Conférence des grandes écoles），成员有约 230 所高等学校，目的是彰显大学校的理念和品牌。再如“大学校生涯俱乐部”（Club carrières grandes écoles），

① Le Ministère de l’Éducation nationale et le Ministère de l’Enseignement supérieur et de la Recherche, Repères & références statistiques sur les enseignements et la recherche 2009.

由 16 个大学校校友会构成。

三、大学校的基本特色

大学校教育本身的学制通常为 3 年。但在获得高中毕业会考文凭之后，进入大学校之前，通常都要经过两年大学校预备班学习。

大学校预备班（Les classes préparatoires aux grandes écoles—CPGE）设于高中，主要是通过 2～3 年的学习，为学生参加大学校的竞试做准备。大学校预备班主要接收普通高中的文科、经济与社会科学和理科系列的学生。这些预备班不颁发任何文凭，教学的唯一目的是使学生考入大学校，主要特点是：

- 严格的入学筛选。基本条件为获得高中毕业会考文凭，但须经高中校长根据学生资料筛选决定录取（84% 的学生会考成绩为优，法国高中毕业生平均达优率为 36%）。
- 优质教育（严格选拔的教师、学生水平一致、高师生比）。
- 高强度的课业，经常性的考试。

一般来说，申请大学校预备班的高中毕业年级的学生须在网上报名，然后所需学业资料或证明寄给相关学校。学校组成教师委员会对申请的学生进行筛选及排序，并将结果报地方教育管理部门，最后由计算机系统自动生成录取结果。在路易大帝高中，每年有大约 6000 名学生报名，但只有 450 个学生可能被录取。校长不会介入教师委员会的录取工作，校长充分相信教师的能力与职业道德，历年录取未出现舞弊现象。偶尔可能会有政界人物要求关照某个考生，但录取的基本依据是学业成绩。

路易大帝高中有教师 155 名，其中 47 名为预科班教师。路易大帝高中的两位副校长坦言，精英教育的基本点是选拔优秀的学生和选拔优秀的教师。学生可以由教师选定，而教师的分配取决于地方教育官员，而后者习惯于将最好的教师分配给最好的学校。预科班教师须具备法国高级教师资格，其地位相当于高等教育教师。虽然，预科班的课程是国家规定的，但路易大帝高中的教师会选择各种练习题训练学生的思维。特别是这些教师都可能参加各个著名大学校的竞考，熟悉各类考试的模式，因此对学生的教育更具针对性。路易大帝高中鼓励学生组建各种俱乐部，开展各种文化娱乐活动。学校的大门总是开放的，寄宿学生可以在任何时间返校、就寝，前提是不能打扰他人，校内集体活动须在零时前结束。

路易大帝高中的学生参加大学校竞考的成功率极高，有时也有学生不满意竞考的结果，可以复读一年。

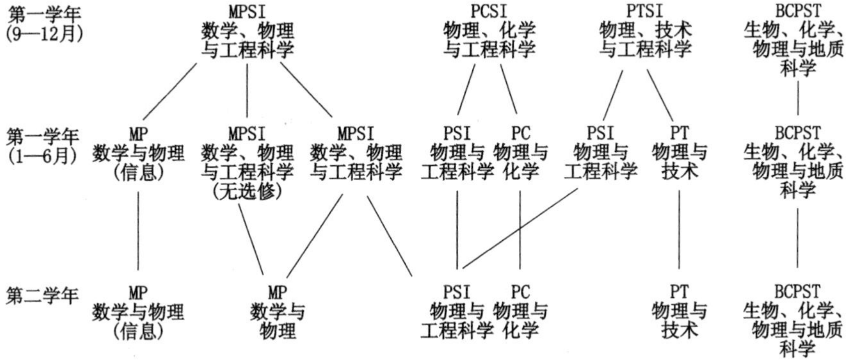

图 14－1　法国大学校预备班理科系列的专业设置

2009 年，法国有大学校预备班 422 个，注册学生 80 003 人，其中文科学生 11 522 人、经济与社会科学生 19 202 人、理科学生 49 279 人。

对应工程师学校的大学校预备班为理科系列，该系列又划分不同的专业，并且第一学年的上学期、下学期和第二学年的专业都有可能变化。不同专业对应某一类竞考和相应的学校。

通过竞考的学生才有可能进入大学校学习。如果第一次考试落选，只允许再报考一次。如再考不中，便失去了进入工程师学校的机会。大学校的选拔考试不是全国统考，而是若干同类学校或相类似的学校共同组织的联合考试。考生可以参加一种至数种考试，以求获得更大的保险系数。这样就可能出现一个考生被几所学校录取的现象，学生就有选择学校的权利了。

大学校给学生以优越的教师配置，并为他们提供了舒适的教学和物质条件（教室、图书馆、实验室、现代教学技术）。这些条件大大优于大多数大学的条件。2002 年，法国高级技术员班和大学校预备班的生均经费为 11 450 欧元，大学（不含大学技术学院和工程师学校）的生均经费为 6840 欧元，大学技术学院的生均经费为 9100 欧元，工程师学校的生均经费为 11 910 欧元（见图 14－2）。2007 年，大学校预备班的生均经费为 13 880 欧元，而大学的生均经费为 8970 欧元。

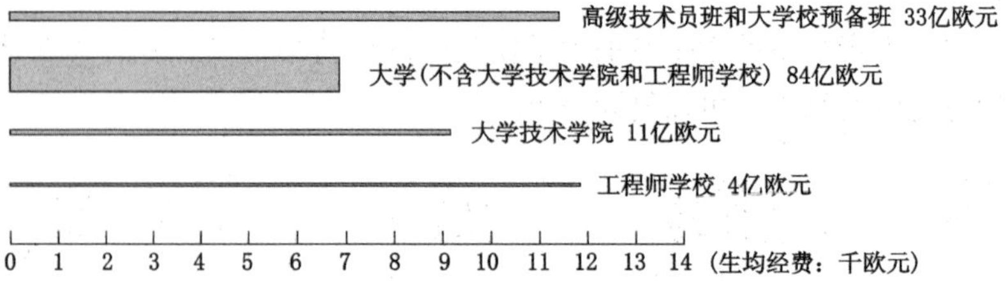

图 14－2　2002 年法国各类高等教育总经费和生均经费

资料来源：Ministère de l'Éducation nationale de la Recherche et de la Technologie, Repères & références statistiques sur les enseignements et la formation 2004.

附：大学校预备班课程

数学、物理与工程科学专业（第一学年）

数学

基本目标

获得数学的概念、结果与方法。在解决开放或封闭的问题中，发展直觉、想象、推理和严谨等品质。学会进行论证。能够运用常规计算软件。将数学应用于物理、化学、信息学和工程师的工业科学。

内容

- 复数
- 平面与立体几何
- 常用函数和线性微分方程
- （单变量）微分与积分计算
- 双实变量方程的概念。微分几何
- 常用代数结构、对称组、Z 算术、多项式算术
- 线性代数：向量空间、线性贴合、矩阵计算、行列式
- 欧几里得向量空间和欧几里得几何
- 结合程序概念的算法例证。运用常规计算软件

物理—化学

基本目标

促进对所学物理现象的理解与掌握。理论与经验之间的平衡。掌握认识自然界与技术的概念工具与方法。批判分析所学现象。

内容

物理

- 力学、两点系统
- 电子学（普遍规律、线性电路）
- 几何光学
- 热力学（原理、热力机器、物态转变）
- 静电学和静磁学
- 实际操作

化学

- 元素周期分类、物质结构、结晶学
- 化学系统动力学
- 水溶反应
- 化学系统热动力学：第一原理在化学中的应用
- 实际操作

工程师的工业科学

对于无工程师科学选修课学生的共同课

- 多重技术的工业系统的功能与结构学习
- 信息与控制链的结合模式学习
- 能源链的结合模式学习
- 复杂系统完善的有效性

工程师科学的第二阶段选修课

- 复杂系统的试验方法

信息学

- 数学、物理与化学、代数、编程等教学的方法与工具学习
- 符号与形象计算软件的开发

物理与工程科学专业（第二学年）

数学

基本目标

获得数学的概念、结果与方法。在解决开放或封闭的问题中，发展直觉、想象、推理和严谨等品质。学会进行论证。能够运用常规计算软件。将数学应用于物理、化学、信息学和工程师的工业科学。

内容

- 线性代数：行列式、内变量简化
- 欧几里得空间、真实的或复杂的前希尔伯特空间
- 赋范的向量空间
- 函数组合级数、单值与常规收敛
- 任意区间积分、受控收敛定理、参数积分
- 完整级数、傅立叶级数
- 微分方程
- 多重实变量函数
- 结合程序概念的算法例证。运用常规计算软件

物理—化学

基本目标

促进对所学物理现象的理解与掌握。理论与经验之间的平衡。掌握认识自然界与技术的概念工具与方法。批判分析所学现象。

内容

物理

- 电磁学和电子学（感应、发动机、变压器）
- 信号电子学与机器控制（可控放大器、信号理论）
- 传导现象：粒子漫射、热漫射
- 流体力学
- 波动光学（干扰、衍射）
- 波物理（机械波、声波、电磁波）
- 实际操作

化学

- 化学热动力学

- 氧化还原、电子化学
- 实际操作

工程师的工业科学

- 多重技术的工业系统的功能与结构学习
- 复杂系统的试验方法
- 信息与控制链的结合模式学习
- 能源链的结合模式学习
- 复杂系统的模型化
- 复杂系统完善的有效性
- 适应某种需求的解决想象

信息学

- 数学、物理与化学、代数、编程等教学的方法与工具学习
- 符号与形象计算软件的开发
- 实际操作

第二节 工程师培养

法国工程师学校是大学校的重要组成部分，工程师的培养基本由工程师学校承担。

从传统观念上看，法国工程师的社会地位很高，从词汇的构成方式上也可略见一斑。法语的工程师“ingénieur”是由天才“génie”构成的，并且“工程”一词直接用“génie”表示，而英语的工程师“engineer”一词起源于器械“engine”。

在法国现实社会中，工程师有两种意义：一是具有一定技术能力的从事职业活动的专业人员，即一般意义的工程师；一是经过长期（通常为5年）在科学、技术，甚至经济方面的培训，获得工程师文凭的工程师，称之为“文凭工程师”。但是，企业中工程师的职位不限于文凭工程师，文凭工程师不仅能够担任工程师职务，还可以承担领导责任。

然而，只有文凭工程师受到法律保护。根据1934年7月10日的法

律规定，未经工程师职衔委员会（La Commission des Titres de l'Ingénieur）准许，任何高等学校不得颁发工程师文凭。由这一法律创建的工程师职衔委员会的主要职能如下：

一是研究所有关于工程师教育的问题。

二是审查高等学校实施工程师教育的申请。

三是监督工程师教育的质量。

四是在高校和企业中进行有关工程师质量的各类调查。

在工程师职衔委员会的监控下，工程师教育的质量得到有效的保证。关于工程师的定义，工程师职衔委员会最初于1934年的表述如下：

“工程师为自然资源与人类所进行的开发应用之间的智力中介者。”

1988年的定义为：

“工程师为这样的人，即成功地在理论与实践上，经历了长期高等科学与技术方面的教育，能够运用限定的物力、人力和财力等手段，在一定时间内解决将要受到经济损失的工业问题。”

而工程师职衔委员会于2006年确定的最新定义为：

“工程师的基本职业，是在生产、系统或服务的竞争机构中，以不断完善的方式，提出和解决相关设计、制造和运行等方面经常性的复杂问题，也可能涉及融资与销售等方面问题。为此，工程师应当具备以坚实的科学文化为基础的技术、经济、社会和人文方面的完整知识。

工程师的工作领域主要有工业、建筑与公共设施行业、农业和服务业。其工作在于动员人的力量、技术和财政力量，并经常在国际环境中开展工作。其工作要接受经济和社会的裁决，要注意人类生命及其环境的保护，更普遍地是要注意保护集体福利。”①

随着社会的发展与进步，法国工程师的概念也不断更新，不仅要求工程师具备更宽泛的知识，更要求其社会责任。但是，法国工程师的概念也有不变的内涵，其职称自1934年以来便受到法律保护，凡是盗用工程师职称者，可能被处以一年监禁和15 000欧元的罚款。另外，法国工程师从来不是狭窄领域的技术人员，而是若干相近职业的通用人才。因此，法国工程师培训集中于以下11个领域：

---

① Commission des titres d'ingénieur, Références et Orientations, 5ème Edition, juin 2006.

- 农业、农学、农业食品
- 化学、程序工程
- 生物工程、医药工程、卫生
- 地质科学
- 材料
- 土木工程、建筑、环境整治
- 机械、能学
- 电力、电子、电子技术、自动化
- 电信及网络
- 信息技术、信息系统、数学、模型化
- 工业工程、生产、物流

工程师职衔委员会对工程师学校的设置有严格规定[①]。

身份：工程师学校应当具有真正的实体身份和相应的法律地位。其基本使命是培养工程师同时开展一定的研究工作。它具有独自的办学政策与策略。

自治：无论其行为的法律框架如何，学校应当在其组织与教学方面享有真正的自治，并长期具备实现其使命的必要物质与人力资源。

管理：学校应当具备强有力的领导班子，校长作为行政机构的负责人，具有清晰和广泛的权力。管理概念的意义是责任而不是专制，它不应与本校内工程师培训结构的重新组合相对立。

开放：学校行政机构不仅包括教师、行政与技术人员和学生代表，还应当有较大比例的来自经济和社会等领域的外部人士。学校应当立足于本地的教学与科研环境，应当有一个与工业和国际联系的清晰策略。

根据法律，工程师学校的校长须在具备教学身份的人员中选任，经学校委员会提名，由负责高等教育的部长任命。[②]

法国工程师教育的基本学制为 5 年。但由于各校招生模式的不同，教育体制上存在较大差别。主要类型为两年大学校预备班教育和三年工程师教育。这种类型的教育为工程师教育的主要和基本类型，也是选拔

---

① Commission des titres d'ingénieur, Références et Orientations, 5ème Edition, juin 2006. p17.

② Loi n°2005 – 380 du 23 avril 2005 article 44 JORF 24 avril 2005.

最严格的。获得理科高中会考文凭并获优秀评语的学生，在通过高中学历档案审查之后，进入设在高中的大学校预备班学习两年。两年学习的基本内容是数学、物理、化学等基础理论课，目的是准备大学校的招生选拔考试。

如果第一次考试落选，只允许再报考一次。如再考不中，便失去了进入工程师学校的机会。大学校的选拔考试不是全国统考，而是若干同类学校或相类似学校共同组织考试。考生可以参加一种至数种考试，以求获得更大的保险系数。这样就可能出现一个考生被几所学校录取的现象，学生就有选择学校的权利了。

2007 年，23 399 名理科系列的考生竞争工程师学校和高等师范学校的 15 388 名招生名额。

在法国，工程师是一种通用人才（généraliste），其职能为①：

- 研究与开发
- 技术咨询
- 项目管理
- 生产、经营、维修、试验、质量、安全
- 信息系统
- 客户联系
- 人力资源的领导与管理
- 培训与研究

工程师的培养由四大要素构成②：

- 基础科学（这既是进行严谨分析的保证，也是能够长期适应职业变革要求的保证）
- 工程科学（这既是有效性的保证，也是年轻工程师能够短期适应职业的保证）
- 企业文化与理解经济、社会、人文、伦理和哲学环境
- 国际交流与文化

---

① Commission des titres d'ingénieur, Références et Orientations, 5ème Edition, juin 2006.

② Commission des titres d'ingénieur, Références et Orientations, 5ème Edition, juin 2006. p5.

通过这样的教育与培训，工程师应当具备以下的知识与能力[①]：

- 对基础科学的广泛了解与认识
- 动员专业科技领域资源的能力
- 掌握工程师的方法与工具：
    - 认识与解决问题，甚至不熟悉和不完全确定的问题
    - 收集与解释数据
    - 运用信息工具
    - 复杂系统的分析与综合
    - 试验
- 融入一个组织机构的能力，并能够激发与改变其：
    - 团队精神
    - 承诺与领导
    - 计划与工程管理
    - 与专家和非专家沟通
- 面对工业、经济和职业的挑战：
    - 竞争力与生产率
    - 创新
    - 知识与工业产权
    - 遵守质量与安全程序
- 在国际环境中工作的能力：
    - 掌握一种或几种外语
    - 经济安全与智慧
    - 文化开放
    - 国际经验
- 尊重社会价值：
    - 社会关系知识
    - 环境与可持续发展
    - 伦理

整个工程师培训时间为10个学期，前4个学期（2年）为公共基础

① Commission des titres d'ingénieur, Références et Orientations, 5ème Edition, juin 2006, p15.

课，或者是在大学校预备班或者是在工程师学校自设的预备班学习，后6个学期（3年）在工程师学校学习，总共需完成300学分的课程。在后3年的学习中，学生还要参加企业实习和学术交流，但是在校内学习时间不低于3个学期，每个学期的课时量最多不超过425小时。

里昂中央学校（Ecole Centrale de Lyon）是法国培养通用工程师的著名学校，通过严格的筛选考试，每年仅录取大约400名工程师学生。这些学生将接受3年的科学与技术的高水平培训，并获得企业领导和国际企业关系等方面的坚实基础。在前3个学期的12个单元（每个单元96课时）的学习中，学生需要掌握工程师必备的科学、经济和社会等领域的基础知识。主要学科为：数学、信息学、流体力学、固体与结构力学、机械工程、通信科学与技术、电能与系统控制、材料工程、材料物理与化学、社会与人文科学、经济与管理科学。同时有9种外语和30个体育项目供学生选择，并须参加一种小组学习课题和为期一个月的实习。

在第四学期，学生要在50个单元课中选择5个单元课，每个单元课为32课时。学生还要选择某一类型的实践课题，或是学习课题的延伸，或是工业课题，或是研究课题，并须参加3个月的实习。

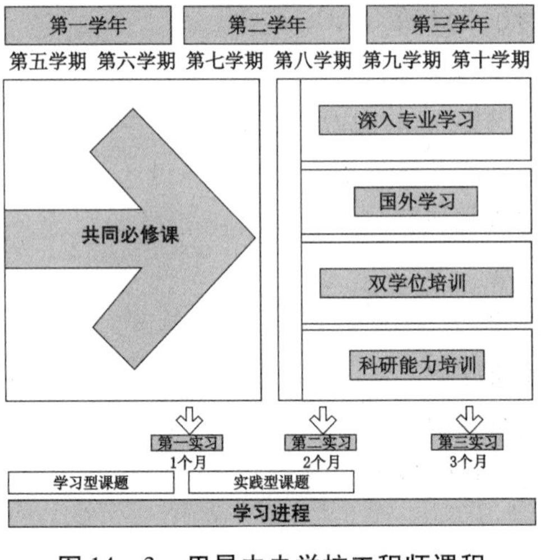

图14－3　里昂中央学校工程师课程

第三年为专业选修课学习。一部分是普通专业选修课，有6个领域可供选择：研究与发展工程师、生产工程师、物流工程师、设计工程师、经营工程师、咨询工程师。另一部分是深入专业选修课，主要领域有：航空工程、交通运输、纳米生物技术、土木与环境工程、信息与通信、数学与决策、能源工程等。学生还必须参加3～6个月的企业实习，完成毕业设计。

斯特拉斯堡国立应用科学学院（INSA de Strasbourg）改建于2003年，原为斯特拉斯堡国立高等工艺与工业学院（ENSAIS），已有130年历史。

斯特拉斯堡国立应用科学学院的工程师学生从高中会考毕业生中直接录取。招生分两个批次。第一批次在高中会考之前，分笔试和面试两种考试。面试考核小组通常由三种身份的人构成，分别是大学教师、企业专家和心理专家。每次面试的时间约半小时。第一批次录取的学生数量接近招生名额的一半，另一半的学生在高中会考之后录取。第一批次录取的学生须获得高中会考合格的成绩才能被确认为正式录取，第二批次的录取考试同时要求高中会考的成绩合格。

斯特拉斯堡国立应用科学学院设7个专业：土木工程、空调工程、电器工程、机械工程、电子机械、塑料加工、地形学。其培训与法国一般工程师学校不同，采取5年一贯制培训，大体划分为三个阶段：基础培训、前专业培训、专业培训。

基础培训给学生以必要的基础理论知识，同时使他们获得个人与集体学习的方法，并在每个学科教学和特殊活动中发展工业文化。

前专业培训的特色是德、法双元文化和双语教学，即一半课程用德语讲授，一半课程用法语讲授，讲德语学生和讲法语学生混合编班。

后3年为专业培训，学生须在7个专业中做出选择。

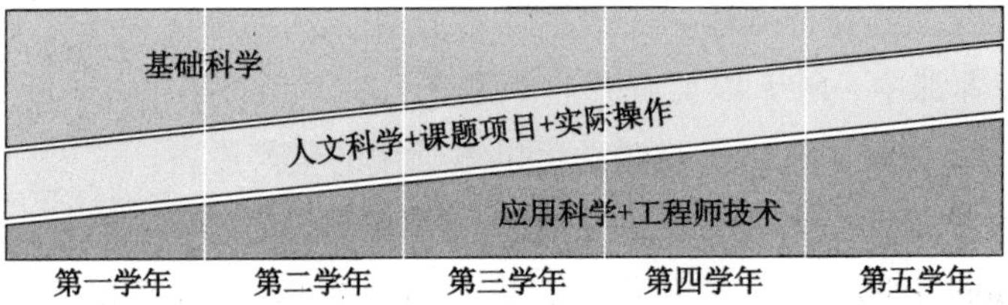

图14－4　斯特拉斯堡国立应用科学学院课程结构

工程师学校的课程灵活广泛，能够根据企业需要经常调整，注重应用。课程设置与否完全依据科技发展和市场变化。几乎每门课程每年都要更新内容，且无固定教材。理论课程均配有相应学时的实验课。注重理论课和专业基础的教学，专业划分通常都在最后一年。

工程师学校普遍注重“个人计划”的教学方法。通过个人计划的实施，学生可以培养独立工作的能力和发展团队合作的精神。

工程师学校教学方法的另一特色是企业实习。在 3 年的工程师培训中，可以有短期和长期实习，总时间不得少于 28 周。长期实习的时间应在 4 ~6 个月之间，其结果须由三方人员做出评价。一是企业，要对实习生的工作质量和行为做出评价；二是指导教师、实习师傅和其他人员对实习论文的形式与质量进行评估；三是答辩委员会对实习生的答辩及实习进行整体评估。

第三节　校企联系与学生就业

由工程师学校的特点决定，学校与企业的联系十分密切，目的是使培训内容不断适应企业和劳动力市场的需求。

学校与企业联系的基本形式为：

一是企业参与学校管理。通常学校管理委员会三分之一左右成员为企业高级管理人员，他们参与学校发展战略的制定、讨论课程计划的安排、预测学生毕业的出路等。例如，法国最著名的综合技术学校的管理委员会主席便是由一家大企业的总经理兼任，每年举行四次例会，商讨学校的方针大略。

二是学校邀请企业有关专家到学校授课。例如高等技术工程学校的 108 门专业课中，50% 以上有企业专家介入。

三是企业向学校出借或赠送可供教学用的生产设备。

四是学校获得企业提供的培训税。国家规定企业要支付“培训税”(taxe d'apprentissage)，其税率占工资总额的 1.1% 。这笔税金可以上缴地方政府，也可以直接支持学校的教学与科研。例如，高等技术工程学校从企业获得的经费约占行政开支的三分之一，而矿业学院获得的培训税占其行政开支的一半以上。通常，越是高水平的学校获得的培训税就越多，反之就越少，甚至从理论上说可以为零。这也是促进学校与企业密切联系，不断提高教学质量的一种市场机制。

五是企业承担一定的培训任务，主要是接收实习生，这是校企联系的最主要的形式。一般来说，学生要参加三种企业实习：第一种是观察性的，是对企业状况的了解；第二种是主动实践性的，学生实习的身份可以是高级技术员；第三种实习基本接近于未来工作，即为毕业实习，亦称之为工程师实习。三种实习的全部时间为28周，约占3年培训时间的15%~20%，甚至达到或超过30%，其中毕业实习的平均时间为18周，均在企业中进行。

在图卢兹国立民航学校（Ecole nationale de l'aviation civile），学生要在第三年去企业实习6个月。通常由学生通过互联网寻找接受实习的企业。企业会提出实习课题，一般会有若干选题供学生选择，但是所有课题都是企业所需要的。企业会提供大约最低工资标准的一半为实习津贴，目前每月约600欧元。实习结束时，学生要提交实习报告或论文。答辩委员会通常由7人组成，其中4人来自学校，3人来自企业。

在学生实习之前，学校会组织一些讲座或论坛，由企业人士讲解有关实习的经验，诸如着装、言谈、简历等事宜。在实习期间，学校会派出教师到各实习点检查情况，发现问题及时解决，如学生选题不当，实习进展缓慢等。

斯伦贝谢公司（Schlumberger）是全球最大的油田技术服务公司，公司总部位于纽约、巴黎和海牙，在全球140多个国家设有分支机构。对于这家企业来说，申请实习的大学生总是应接不暇，企业需要对每个申请者进行筛选，选择实习目标更适应企业需求、工作能力更强的学生来企业实习。

对于企业来讲，企业关心的是培养未来真正的工程师，同时能够在实习期间发现人才。因此，许多学生在实习期间便被企业录用。

六是学校通过签订科研合同，或通过技术转让，为企业承担相当部分的科研任务。例如，高等技术工程学校与企业的科研合同收入相当于国家行政拨款的总量，而矿业学院的科研合同收入相当于国家行政拨款的1.5倍。

七是学校为企业在职人员进行继续教育。

正是由于这些特点，法国工程师学校能够适应企业和科研发展的需要，普遍受到企业的支持，法国工程师学校的毕业生能够在相当广泛的工程技术领域施展才能。例如，综合技术学校和巴黎中央学校的毕业生既可担任大公司的总经理，又能够担任重要领域的工程师。

2008 年法国工程师学校毕业生为 28 619 人，比 1994 年的 20 562 人增加了 39%。

表 14－1　法国工程师学校毕业生人数

主管部门	1994 年	1998 年	2001 年	2005 年	2008 年	增长（%）
教育部	11 526	13 109	15 038	15 689	16 080	39.5
其他部	4238	4333	4749	5107	5127	21.0
私立部门	4798	5626	6236	6842	7412	54.5
总　计	20 562	23 068	26 023	27 638	28 619	39

资料来源：Direction de l'évaluation, de la prospective et de la performance du Ministère de l'Enseignement Supérieur et de la Recherche, novembre 2009.

工程师学校的毕业生通常都有较好的就业出路，一方面是被国家录用为高级公务员，一方面是去私人企业谋职。

法国国家公务员的录取方式基本为竞考。“国家高级公务员团”(Grand corps de l'État)，为法国高级政府管理人员独特的选拔与构建机制。“国家高级公务员团”，由“国家”“大型”“团（体）”三个法文词汇构成，虽然这一称呼广泛应用，但不具法律意义，因此也无严格定义。我们可以形象地译为“高官团”。国家高级行政公务员主要通过国家行政学校选拔，而国家高级工程技术公务员主要通过综合技术学校和高等师范学校选拔。

通过综合技术学校和高等师范学校选拔的国家高级工程技术公务员团主要为：

- 矿业工程师团（le Corps des ingénieurs des Mines）（1794 年组建，2009 年与电信工程师团合并）
- 路桥工程师团（le Corps des ingénieurs des Ponts et Chaussées）

（1704 年组建）

- 统计及经济研究所行政管理人员团（le Corps des administrateurs de l’INSEE）（1946 年组建）
- 军事工程师团（le Corps des ingénieurs de l’Armement）
- 保险监控师团（le Corps de Contrôleur des Assurances）
- 农业工程、水与森林工程师团（le Corps du Génie rural, des eaux et forêts）

以下仅以路桥工程师团为例，说明国家高级工程技术公务员的录取程序。

路桥工程师团为国家公共建设高级技术管理群体，其管理范围跨环保部、能源部、矿业。2009 年 10 月，路桥工程师团与农业工程、水与森林工程师团合并为桥、水与森林工程师团。

路桥工程师团创建于 1716 年，目的是构建法国公路网。1747 年设皇家路桥学校，1760 年更名国立路桥学校，为路桥工程师团培养工程师。之后，路桥工程师团的职能不断扩大，从公路到水利、铁路、城市建设，几乎囊括了所有公共建设领域。

路桥工程师团最初只从在综合技术学校毕业又在国立路桥学校学习两年的学生中录取，现在录取范围有所扩大。

但是，路桥工程师团成员的基本来源仍然是综合技术学校的毕业生。每年大约有 30 名综合技术学校的毕业生被路桥工程师团录取，然后再分别到巴黎高科集团路桥学校（École des Ponts ParisTech）、国立民航学校（École nationale de l’aviation civile）、国立气象学校（École nationale de la météorologie）和国立地理学校（École nationale des sciences géographiques）学习两年。路桥工程师团每年另有 20 余个职位从在职公务员或其他学校的毕业生中录取。

2009 年，在职的路桥工程师团中的工程师总数为 1750 人，其中约 800 人在交通、装备、旅游和海洋等部门任职，170 人在民航总局服务，60 人在国家地理学院工作，200 人在法国气象局工作，160 人在其他部门工作。另外 300 多名工程师服务于公共企业和地方政府。

路桥工程师团划分为 3 个等级：

- 路桥工程师（10 档）

- 路桥主任工程师（7 档）
- 路桥总工程师（3 档）

当然，工程师学校毕业生就业基本途径还是劳动市场。里昂中央学校 67% 的学生在实习期间便被企业录用，毕业生平均年工资 37 124 欧元。

第四节　特点与问题

法国工程师学校的管理与改革主要有以下特点：

1. 与时俱进

法国的工程师学校的发展已超过 200 年，其中一些学校历久而弥新。法国国立路桥大学于 1747 年建校，专门培养路桥工程师。但是，为了适应第二次世界大战之后国家重建和当前现代化建设的需要，该校努力拓展学科领域，市政建设、路桥、城市规划、高速铁路及高速公路网、隧道工程建设、环保等方面都已成为该校的强势学科。

2. 万变不离其宗

巴黎矿业学校是法国最著名的工程师学校之一，于 1783 年建立，旨在培养“矿业人才的领袖”。然而随着矿业资源日渐枯竭，单一矿业学科的学校已难以为继，转而开始发展成为一所培养“通用”工程师的多学科交叉的学校。其经济学科的发展更是令人瞩目，其学者竟获得诺贝尔经济学奖。然而，其学校名称始终保留“矿业”的称号。这一称号不仅不是陈旧的痕迹，而是令法国社会景仰的标志，也是屹立于世界名校的显著特征。

3. 学而优则仕

法国社会通行一种“才能至上”（meritocraty）原则，任何个人基本上都是平等的，其社会地位的差异仅仅在于个人的才能。毕业于路桥学校的一位学者指出，技术通用人才，不仅意味着他具备科学技术能力，还标志着他具有解决实际问题的能力，具备综合的能力，具备决策的能力。综合技术学校教学的突出特点是将每届学生按成绩排序，最靠前的学生才有望直接进入高官团的行列。

4. 合而不并

在高等教育国际化的背景下，特别是上海交通大学等机构编制的世界大学排行榜令规模极小的法国大学校十分尴尬。扩大招生规模可能带来教育质量的下降，合并学校则可能丧失原来学校的声望，这些都是法国大学校不愿看到的。合而不并也许是法国大学校重振雄风的唯一选择。

例如巴黎高科（ParisTech），全称“巴黎高科技工程师学校集团”（Institut des sciences et technologies de Paris）组建于1991年，在校学生人数10 000多人。巴黎高科汇集了法国最知名的十一所工程师学校和巴黎高等商校，覆盖所有工程和管理学科，足以同世界任何名牌大学比肩，同时原有工程师学校仍保持其特色，并可独立对外进行合作与交流。

同时，我们应当注意法国企业关心教育的企业文化。

法国企业关心学校的发展，主要源自企业长期积累的一种企业文化，企业认为[①]，学生是企业未来的管理者，应当吸引学生对企业的管理感兴趣，参与学生在学校的培训比在职培训的成本更低，因此企业非常关心学校的培训，并准备支付相关费用。

在法国，企业不仅要对录用的人员支付工资，还要负担大约相当于工资40%的社会保险费。对于实习生来说，国家法律要求企业必须支付实习津贴（gratification de stage）（自2010年1月1日起，月实习津贴不得低于417.09欧元），而当实习津贴低于800欧元，实习生便可免交社会保险税。企业以较少的代价，获得接近于实际劳动力的效益；实习生在学习的同时，获得第一份自己的收入，并且可能收获的是企业的直接录用。企业和学生皆大欢喜。

法国法律[②] 规定，企业实习之前须由企业、实习生和学校之间签订三方协议，明确实习的目标和程序，实习的期限和地点，每天的工作时间和实习津贴数额。法律规定实习连续期限最长为6个月，最短实习期限则不限定，但连续实习2个月以上企业必须向实习生支付津贴。实习

① 主要吸收了当时里昂中央学校主管企业合作的副校长 Jean-Pierre Rognon 的观点。

② Loi du 31 mars 2006 pour l'égalité des chances.

生不得作为企业员工缺席或解雇的替代者，不得承担某一固定岗位须完成的任务，也不得作为季节性工作的员工。任何未签订三方协议的实习，可被视为非法的黑工。

当然，我们也应看到法国工程师学校存在的一些问题。

第一，过分的竞争文化。从大学校预备班开始，教育的重要内容是数学，而高强度的数学学习的重要导向就是竞争。虽然法国工程师学校吸引了最优秀的学生，但相当多的工程师学校的学生根本就不曾想过以工程师为职业。①

第二，工程专业泛化。法国工程师学校注重基础学科与专业学科的密切联系，避免了过早专业化。正是通用工程师的更大适应性，越来越多的工程师学校毕业生选择银行和金融业。近十年来，路桥学校的毕业生只有三分之一从事工程师职业。②

第三，研究型人才培养不利。工程师学校普遍重视实践能力的培养，但缺乏研究型人才的培养机制。有人认为，工程师学校的学生从事研究的人很少的重要原因，是博士生奖学金同企业的起点工资相比实在太少。③

① Pierre Veltz, Faut-il sauver les grandes écoles, p33.

② Pierre Veltz, Faut-il sauver les grandes écoles, p38.

③ Pierre Veltz, Faut-il sauver les grandes écoles, p40.

第十五章
科学研究与创新

在法国，科学与技术研究通常称为研究与发展，是旨在扩大知识总量并付诸开发的系统创新工作。参与研究与发展的两大主体为企业和公共部门，公共部门主要为国家机构、高等教育机构和非营利性研究机构。本章的研究对象主要是高等教育机构。

第一节　科研体制与法律环境

法国公共科学研究实际上由专门研究机构和高等教育机构共同承担。除了 85 所大学之外，3 所国立综合技术学院、4 所高等师范学校、9 所政治研究学院、31 所工程师学校等高等教育机构都参与科学研究。

法国国家科学研究中心（CNRS）是法国最大的国家研究机构，成立于 1939 年，隶属于法国高等教育与研究部。国家科学研究中心同大学及其他高等教育机构保持着非常密切的协作关系，其四分之三的实验室设在大学，一半人员在大学工作，他们利用大学的大型设备和研究生开展研究。其他研究机构也同大学保持同样的关系并发挥同样的功能，只是专业领域有所不同。其他主要的研究机构有：国家卫生及医学研究院（INSERM）、农业科学研究院（INRA）、国家计算机科学与控制研究所（INRIA）、原子能总署（CEA）。

2005年，法国共有432 700人参与研究与发展，折合等值的全日制人员357 326人。2000—2005年间，法国研究人员（含研究员、工程师和奖学金生）数量增长较快，由168 632人增长到204 483人，增长幅度为10.5%，平均年增长率为3.9%。在此期间，科研辅助人员的数量有所减少。这样，研究人员占研究与发展人员的比例由2000年的52%增长至2005年的57%，每个研究人员配备辅助人员的比率由2000年的0.92降至2005年的0.75。

早在1998年5月，时任法国石油工业研究公司副总裁、全国科研成果鉴定所名誉主任纪尧姆先生在其“关于科学技术与创新的报告”[①] 中，就指出了法国技术研究与创新领域的主要问题：

- 高等教育与科研机构之间、科研机构自身之间、大学与工程师学校之间的分离现象仍十分明显；
- 技术传播与转让程序复杂，尤其不利于中小企业；
- 风险资金投入不够，特别是对技术企业起步阶段的支持不够；
- 国家在宏观管理和对工业研究经费的评估上缺乏真正的战略措施；
- 公共经费过分集中于有限的科研领域。

纪尧姆在报告中提出了促进科学技术创新若干建议：

- 加强科研与工业的联系，建立技术研究中心。该中心将负责技术研究的评估，负责制定技术的研究发展战略，促进企业集团与实验室的合作。
- 将公共投资集中于建立创新型企业、支持中型企业的科研项目、提高科研部门与企业合作效益等三大优先点。
- 简化技术转让程序。改革主要承担技术转让工作的工业技术中心，使之更为精简和灵活。
- 鼓励科研人员参与企业技术研究。在科研机构中任命与企业合作的负责人，将与企业合作状况作为评价和提升科研人员的重要指标。
- 加大风险基金的投入。创建信息技术和生物技术两个国家基金，

① Henri Guillaume, Rapport de mission sur la technologie et l'innovation, mars 1998.

创建地区风险基金。将原最高风险基金额度 75 000 法郎增至 150 000法郎。

1999 年 7 月 12 日，法国颁布了“创新与研究法”①。该法在科研人员流动、科研机构与企业合作、创新型企业的投资环境和创新型企业的法律保障等四个方面做出明确规定：

第一，关于科研人员流动。

大学和科研机构的科研人员，包括教授、研究员、工程师、年轻博士、技术人员或管理人员，可以创建企业，以此实现其科研工作的价值。他们既可以以合作者身份，又可以以经理身份参与企业管理。经过最长六个月的时间，他们要最终选择返回原单位，或在企业任职。在此期间，他们可以保留公职。

科研人员可以以科研成果参与企业投资，其比例最大可达到企业资本的 20%。科研人员还作为企业董事会成员参与管理，其投票权不得超过 20%。

2006 年 4 月 18 日的“科研规划法”又将科研人员的资本比例和投票权比例扩大到 49%。

第二，关于科研机构与企业合作。

高等教育和科研机构可以创建“孵化器”，以利于企业的诞生，或大型设备与场地的建设。

大学和科研机构可以建立“工商事务所”（Services d'activités industrielles et commerciales-SAIC），负责与企业或地方行政部门签订科技合作合同。这些事务所也可以划分不同类型，如专利管理、技术服务，甚至编辑活动等。大学和科研机构还可以向企业或自然人提供创新所需的场地、设备与材料，其管理由工商事务所负责。

对于科研机构和大学的公共利益性质的分支机构而言，简化了其创办手续。高等教育和科研机构还可以向工商职业协会缴付福利基金，以保障其合同科研人员的社会福利待遇不变。

第三，关于创新型企业的投资环境。

法律放宽了对企业股份占有比例的限定，只要占有 25% 的股份便可

① La loi sur l'innovation et la recherche du 12 juillet 1999.

成为创新型企业的法人，而过去普通企业需占有股份的比例高达75%。

鼓励“创新投资公共基金”向创新型企业倾斜。

为企业开办研究贷款，用于录用年轻科研人员。

第四，关于创新型企业的法律保障。

对股份有限的现行规定，不适应高风险和大潜力的新生企业。法律将允许所有创新型企业享有简单股份公司的待遇，可以更加自由地快速积累资本，可以吸引更多资本并继续保持对公司的控制权，可以同单一合作者组建公司等。

自20世纪80年代以来，法国政府开始重视支持中小企业的技术创新与发展，认为这是经济增长和促进就业的关键因素。为此，法国国民教育与高等教育部同地方政府合作，创建了地区技术创新与转让中心（CRITT），以促进研究机构和企业的联系。[①]

地区技术创新与转让中心属于一种协会性质的机构，通常规模不大，工作人员介于5~50人，大部分设置于高等教育与研究能力相对集中的本地区中心城市。中心的工作相对具体，主要是向企业出借技术与设备，从简单的测验与测量到研究与发展合同以及创新工艺的调整与完善，均由中心负责管理。

2007年，法国共有131个地区技术创新与转让中心。这些中心大体上有两种类型，一种是“中介型”的，其技术发展顾问向中小型企业提供技术指导；另一种“租借型”的，为中小型企业提供企业自身尚未掌握的技术和设备。

2000年以来，一种技术平台（PFT）由技术高中或职业高中和大学技术学院等教育机构创建。这些技术平台与大学、工程师学校、技术创新与转让中心和企业均有协作，可以为企业提供培训和技术与设备的租借服务。同时为学生的企业实习和就业提供机遇。

1990年，法国负责工业、研究与中小企业的各部共同组建了技术发展网（RDT），旨在促进中小企业的技术发展与合作。技术发展网由专职或兼职的探查员（prospecteur）构成，探查员通过对中小企业的考察，

① Le ministère délégué à l'Enseignement supérieur et à la Recherche, Rapport sur les politiques nationales de recherche et de formations supérieures, avril 2007. p30.

为企业提供必要的技术指导和未来发展建议。当前，技术发展网有1350名专职探查员和466名兼职的探查员，每年访问企业超过25 000次。

2001年，法国国民教育和高等教育与研究部同工业部及企业创新署共同创建了“创新教育实践观察站”（OPPE）。观察站的使命是普查法国教育系统在创新教育实践中的知识和方法的传授，并评价其影响。观察站的工作，对于有志于创业的大学生是提供信息与导向；对于从事创业项目的教师，则是提供其他教师的经验和展示其自身行动；对于学校校长，有利于将创业精神纳入教学和学校发展策略；对于企业负责人是将创业精神融入其人力资源管理之中；对于地方政府，可作为有助于决策的工具。高等教育与研究部每年投入大约25 000欧元支持观察站的工作。

2003年法国国民教育和高等教育与研究部同中小企业与商业部共同签署了一份协议，决定实施五项优先行动：

- 发动促进创业精神的全国行动；
- 普查各类创业行为；
- 组织全国优秀教学设计竞赛；
- 将企业创新主题纳入现行教学之中；
- 让教师在培训中体验创新。

在法国一些地区的高等教育机构中，成立了若干“创业之家”（maisons de l’entrepreneuriat），以促进创业精神的养成。

2006年4月18日的“科研规划法”① 对当前研究政策做出重大调整。该法批准在2004年研究经费的基础上于2005—2010年间追加194亿欧元，以促进法国研究的综合实力。

该科研规划法，又称“科研公约”（Pacte pour la Recherche）的重大决策主要有以下六点：

第一，强化策略评估和优选选择能力。

建立直属共和国总统管辖的“科学与技术高级委员会”（Haut Conseil de la science et de la technologie），负责制定国家关于科学研究、技术

① Loi de programme n° 2006－450 du 18 avril 2006 pour la recherche.

与创新成果转化的重大政策。

国家科研署（Agence nationale de la recherche-ANR）作为公共管理机构，根据国家科研优先领域需要，为研究项目提供资金，帮助国家实验室和企业之间建立新的联系，促进国家实验室和企业实验室之间的合作。两年来，国家科研署按照国际标准选择优秀的科研项目，并为此投入了近150万欧元的科研经费。

第二，建立单一、协调和透明的科研评估系统。

建立独立的评估机构"研究与高等教育评估署"(Agence d'évaluation de la recherche et de l'enseignement supérieur)，取代了过去的"以科学、文化和职业为特点的公立机构的国家评估委员会"（CNE）、"国家研究委员会"（CNER）和"科学、技术与教学审查团"（MSTP）等负责高等教育与研究的评估机构，将不同领域的单独评估机构融为一体。研究与高等教育评估署采用国际标准，不仅对高等教育机构和公共研究机构的研究活动进行评估，同时也对高等教育的培训与文凭实施评估。

第三，促进研究人员的合作。

创建"研究与高等教育极"（Les pôles de recherche et d'enseignement supérieur)，目的是集中某一地方教育、研究和创新的全部能力。研究与高等教育极应当由若干大学和高等教育与研究机构自愿结合，通过合作加强法国教育与研究的综合实力。

创建"前沿研究专题网"（Les réseaux thématiques de recherche avancée-RTRA)，旨在促进法国研究巅峰的形成。

第四，吸引科学研究人才。

提高博士生的地位。主要措施为：

- 博士校改革。其资格由其构成的实验室所实施的透明评估认定，加强博士生的指导与培养。
- 吸纳捐赠。接受一些慈善机构捐赠，为博士生支付社会保险基金。
- 增加研究津贴。2006—2007年，已经相继增加研究津贴8%。从2007年10月1日起，研究津贴将达到社会最低工资标准的1.5倍。
- 承认博士生的研究经历。

第五，提高创新能力，密切公私研究领域的联结。

2006 年 3 月，法国高等教育与研究部精选了 20 个公共研究实验室群组，以“卡诺”① 命名，并投入 400 亿欧元，旨在加强公共研究与企业的合作，促进社会经济发展研究。

第六，参与欧洲与国际研究。

面对欧洲研究与发展第七框架项目（2007—2013 年）即将启动，法国开始设置一个新机构（PCN），为法国科研机构参与国际项目提供信息与指导。

第二节　研究与发展经费

衡量一个国家科研实力的重要指标就是研究经费总量及其占国内生产总值的比例。2005 年，法国研究与发展经费支出为 367 亿欧元，占其国内生产总值比例为 2.13%。（见表 15－1）

表 15－1　法国研究与发展内部支出

	2000*	2001*	2002	2003	2004	2005*
以不变价格计算的十亿欧元	30 954	32 887	34 527	34 569	35 534	36 659
2000 年的十亿欧元	30 954	32 249	33 069	32 499	32 858	33 345
占国内生产总值的百分比	2.19	2.20	2.23	2.17	2.14	2.13

*计算方法有异

资料来源：MEN-MESR-DEPP et INSEE.

资料来源：Le ministère de l'Éducation nationale et le ministère de l'Enseignement supérieur et de la Recherche, l'état de l'Enseignement supérieur et de la Recherche, 2007.

从 1980 年至 1993 年，法国研究与发展经费增长幅度为年均 4.4%，高于国内生产总值增长幅度的 2.0%。自 1993 年之后，研究与发展经费增长幅度年均仅为 1.3%，而国内生产总值的增长幅度继续保持在 2.3%

① 卡诺（1796—1832），法国物理学家、工程师，于 1824 年提出热力学的理想的热力循环，即“卡诺循环”。

左右。这样，法国研究与发展经费占国内生产总值比例由1980年的1.75%增长至1993年的2.38%，随后便呈下降趋势，1998年为2.14%，以后基本维持着这一水平至今。根据欧盟的里斯本目标，研究与发展经费占国内生产总值比例应于2010年达到3%，法国距离这一目标还有一定差距。（见图15-1）

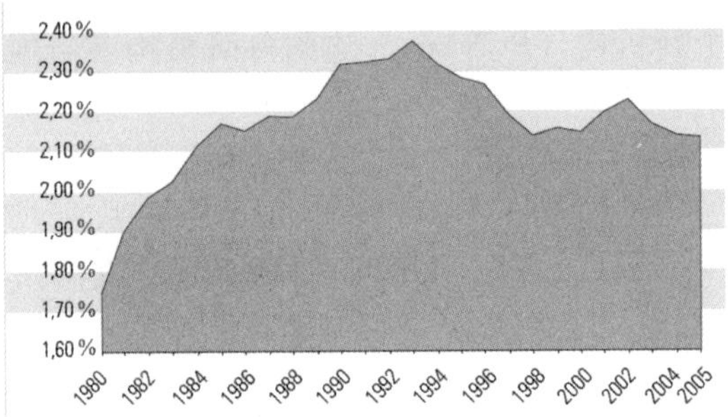

图15-1 法国研究与发展经费占国内生产总值比例的变化

资料来源：MEN-MESR-DEPP et INSEE.

资料来源：Le ministère de l'Éducation nationale et le ministère de l'Enseignement supérieur et de la Recherche, l'état de l'Enseignement supérieur et de la Recherche, 2007.

法国作为工业大国，研究与发展的任务大部分由企业自身承担。2005年，企业的研究与发展经费内部支出为229亿欧元，而高等教育机构、国家研究机构和非营利机构等公共部门的研究与发展经费内部支出为137亿欧元。在1995年与2002年间，企业的研究与发展经费年均增长幅度大大高于公共部门的研究与发展经费年均增长幅度，为2.6%比1.2%。2002年和2003年，企业的研究与发展经费大幅度地下降，为-2.7%，而公共部门的研究与发展经费基本保持不变。2004年之后，企业研究与发展经费有所回升，2005年的增长率为1.5%，高于公共部门的研究与发展经费增长率1.2%。但是从总体上看，法国企业承担了较大部分提供研究与发展经费的责任，其经费占全部研究与发展经费份额每年均超过62%。（见表15-2）

表 15－2 法国企业和公共部门研究与发展内部支出

	1995	2002	2003	2004	2005（r）
企业研究与发展内部支出					
以不变价格计算的十亿欧元	16 649	21 839	21 646	22 210	22 935
年增长率（%）		2.6%	-2.7%	1.0%	1.5%
公共部门*研究与发展内部支出					
以不变价格计算的十亿欧元	10 653	12 689	12 923	13 324	13 725
年增长率		1.2%	0	1.5%	1.2%
企业研究与发展内部支出占研究与发展内部支出的百分比		63.3	62.6	62.5	62.6
公共部门*研究与发展内部支出占研究与发展内部支出的百分比		36.7	37.4	37.5	37.4

＊公共部门含国家研究机构、高等教育机构和非营利机构。

资料来源：MEN-MESR-DEPP et INSEE.

资料来源：Le ministère de l'Éducation nationale et le ministère de l'Enseignement supérieur et de la Recherche, l'état de l'Enseignement supérieur et de la Recherche, 2007.

2005 年，法国公共科研经费支出为 137 亿欧元，78% 来源于政府预算，其余主要来自科研合同收入。在公共科研经费总支出中，高等教育机构的科研支出为 45.07 亿欧元，占总支出的 33%，国家研究机构的支出为 73.21 亿欧元，占总支出的 53%，国防科研机构的支出为 11.75 亿欧元，占总支出的 9%。（见图 15－2）

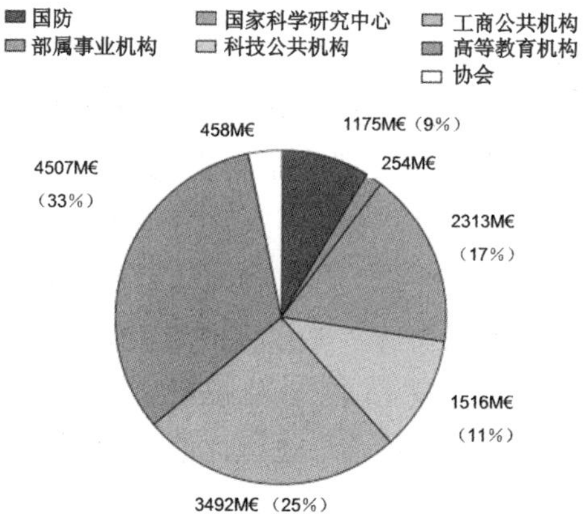

图 15－2 2005 年法国各公共科研主体的经费及其比例

资料来源：Le ministère de l'Éducation nationale et le ministère de l'Enseignement supérieur et de la Recherche, l'état de l'Enseignement supérieur et de la Recherche, 2007.

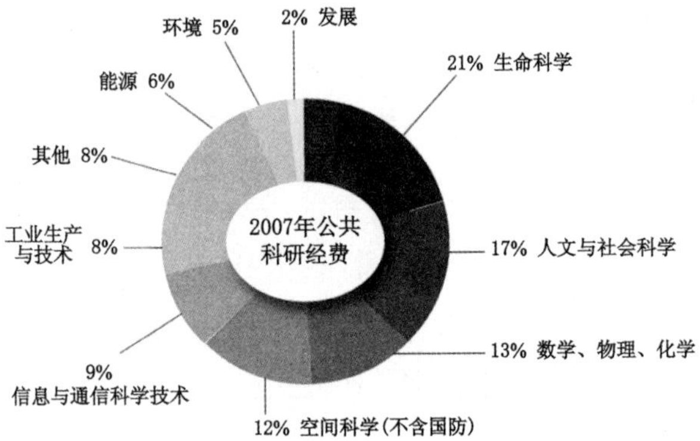

图 15－3　2007 年法国公共研究经费分配

资料来源：Le ministère de l'Enseignement supérieur et de la Recherche. www. enseignementsup-recherche. gouv. fr.

2001 年法国颁布了《关于财政法的组织法》[①]，其基本目的是进行以结果和效益为导向的公共管理改革，加强预算信息的透明度。

财政法的组织法将国家预算结构首先划分为 34 项使命（missions），其中 9 项为部际使命，然后划分为 132 个项目（programmes），最后划分成 580 个行动（Actions）。

在研究与高等教育的部际使命中，除了部分高等教育经费，涵盖了几乎全部的研究经费，如 2004 年研究与高等教育总经费 186. 75 亿欧元，涉及人员 145 477 人，含属于教育部的多学科的科学与技术研究、空间研究、环境与资源管理研究、研究的导向与管理、高等教育和大学研究、大学生生活的 6 个项目，和属于文化与通信部、可持续发展与环境保护部、经济财政和工业部、交通部、国防部、农业部的 7 个项目。

在《关于财政法的组织法》的预算框架中，突出了公共部门的管理者的责任，强调结果与效益。国家首先确定某项政策结果的目标，然后通过制定相应的指标，对政策结果进行评估，检验其是否达到或接近政

① La loi organique n° 2001－692 du 1er août 2001 relative aux lois de finances.

策目标。

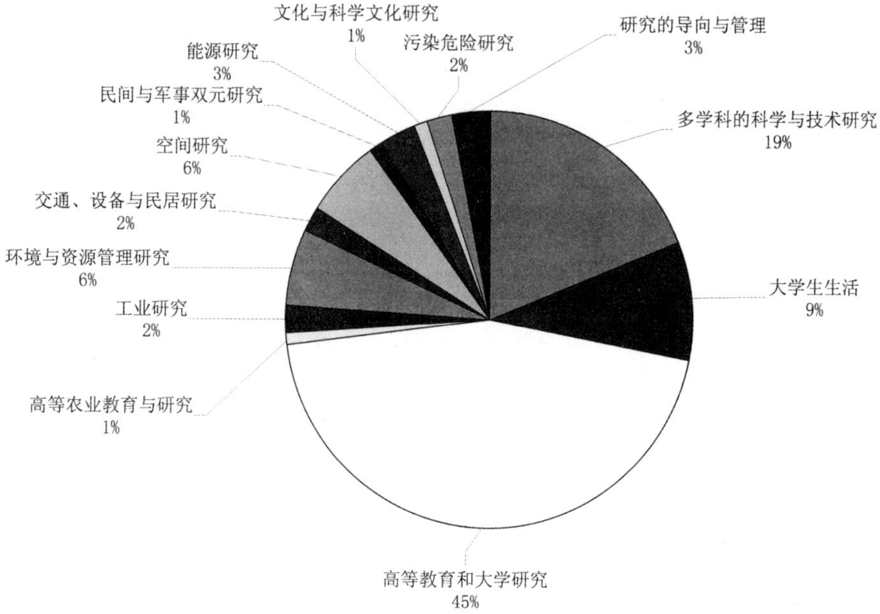

图 15－4 研究与高等教育使命中的各个项目经费分配比例（2004 年）

资料来源：Ministère de l'Education nationale, de l'Enseignement Supérieur et de la Recherche, Rapport d'activité, 2004.

根据关于财政法的组织法，国家确定的指标通常体现在三个方面①：

第一，社会经济影响。

即国家政策作用于社会的最终结果。例如，衡量国家经济能力的改善，便与专利数、科研合同、企业创建等指标挂钩。

第二，客户服务质量。

即客户的满意度和所提供服务的改善程度。例如，“为大学生和研究人员提供文献资源”的目标，与“大学每周人均可供使用座位（小时）”相联系。

① Ministère de l'Education nationale, de l'Enseignement supérieur et de la Recherche, Rapport d'activité, 2004.

第三，管理效益。

即应用一定经费所得到的结果。例如，与“提高空间研究结果的价值”的政策目标相关联的指标是“专利证书的数量”。

简而言之，法国教育经费管理已从过去的简单拨款体制，转变到当前以结果和效益为导向的新型公共管理模式。

第三节　专利申请与技术转让

在法国高等教育与科研领域，科研“增值”（valorisation）是一个经常见到的语汇。1984 年 1 月 26 日的“高等教育法”第 4 条规定，科学与技术研究及其结果的增值是高等教育公共服务的使命之一。法国国家评估委员会（CNE）将“增值”定义为“使科研的结果、知识和能力得以应用或具商业性”[①]。1998 年，纪尧姆在其“关于科学技术与创新的报告”中指出，“增值涉及科研的主体（大型研究机构、高等教育机构等）与经济界的关系。增值依赖于科研界与社会经济界之间关系的建立。增值不是一个自动的过程，它应当加以组织，把其作为协商行为与思考行为的目标”[②]。

科研增值的基本途径是获得专利和技术转让。

发明专利为一种专属资格，其持有者可以在一定时间和地域范围内开发其发明。对于法国专利申请者来说，主要涉及欧洲专利系统和美国专利系统。

2004 年，法国专利申请占欧洲专利系统的世界份额的 5.6%。1993—2004 年间，法国的这一比例逐年递减，平均每年减少 0.2%，整个时期减少 2.2%。（见图 15－5）

---

① M. Philippe Adnot, Rapport d'information sur la valorisation de la recherche dans les universités, p8.

② Henri Guillaume, Rapport de mission sur la technologie et l'innovation, mars 1998.

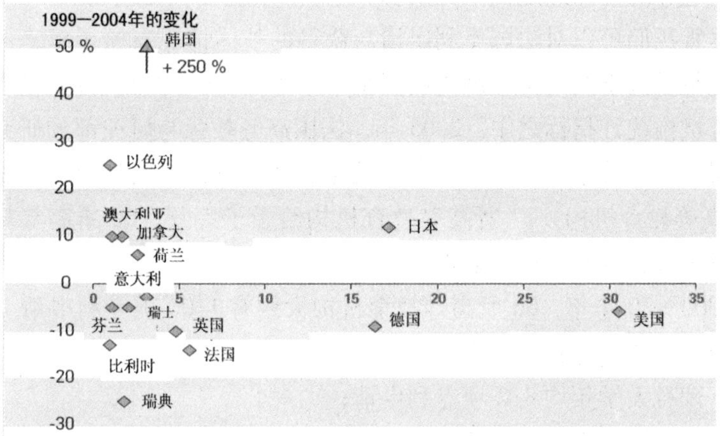

图 15－5 若干国家 2004 年在欧洲专利系统中所占的份额（%）

资料来源：Le ministère de l'Éducation nationale et le ministère de l'Enseignement supérieur et de la Recherche, l'état de l'Enseignement supérieur et de la Recherche, 2007.

在美国专利系统中，2004 年法国专利获得占世界的份额为 2.5%。而在 1993 年，这一比例为 3.5%。（见图 15－6）

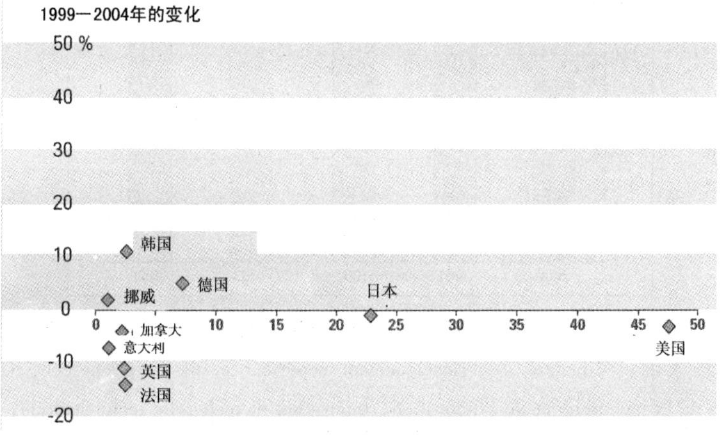

图 15－6 若干国家 2004 年在美国专利系统中所占的份额（%）

资料来源：Le ministère de l'Éducation nationale et le ministère de l'Enseignement supérieur et de la Recherche, l'état de l'Enseignement supérieur et de la Recherche, 2007.

从以上两图中可以清楚地看到，法国作为工业大国，其专利申请与获得占世界的份额远远低于美国和日本，并且呈下降趋势。

尽管我们可以对法国专利申请与获得的整体情况有所了解，但是难以知晓每所大学的情况，因为法国至今未将专利申请与获得数量列入高等教育机构统计指标之中。2005 年，法国高等教育与研究部的研究与创新总司协同有关单位开展了一项“技术创新与研究”的调研，调研涉及 99 所高等教育机构，77 所高等教育机构给予了答复，66 所高等教育机构提供了有关专利申请的数据。

2000—2004 年，66 所高等教育机构大约有 1100 项专利申请（见图 15 - 7），平均分布情况如下：

- 理科大学年均 8.2 项专利申请；
- 综合技术学院年均 5.7 项专利申请；
- 含医学院的综合大学年均 3.9 项专利申请；
- 无医学院的综合大学年均 1.2 项专利申请。[①]

在此期间，32 所高等教育机构作为原创单位超过 10 项专利申请，5 所高等教育机构超过 50 项专利申请。

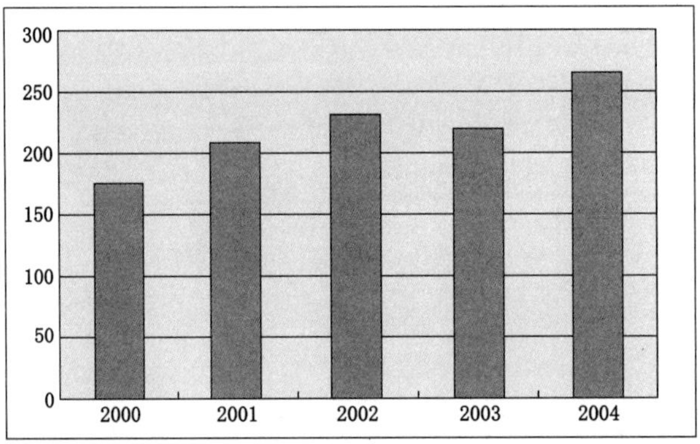

图 15 - 7　2000—2004 年法国 66 所高等教育机构专利申请量

资料来源：Ministère de l'Enseignement supérieur et de la Recherche, Direction générale de la recherche et de l'innovation, Innovation et recherche technologique, État de la situation et bilan au 31 décembre 2006.

① Ministère de l'Enseignement supérieur et de la Recherche, Direction générale de la recherche et de l'innovation, Innovation et recherche technologique, État de la situation et bilan au 31 décembre 2006.

法国66所高等教育机构在2000—2004年间大约有1100项专利申请，法国国家科学研究中心（CNRS）独家所申请的专利数量为1164项，略多于66所高等教育机构的专利申请总量。

至于技术转让，法国大学的“成绩”更不理想。在上述同一调查中，在36所回答的高等教育机构中，只有21所高等教育机构宣称其技术转让有所收益。其中只有6所高等教育机构宣称在2000—2004年间有超过3份技术转让证书获得收益。

在2000—2004年间，回答调查的全部高等教育机构的技术转让收益为2200万欧元。其中3所高等教育机构各自宣称在此期间的技术转让收益超过50万欧元，合计超过1900万欧元。而其中的另外11所高等教育机构各自的技术转让收益仅略高于10万欧元。如果同法国国家科学研究中心同期的技术转让收益的20 600万欧元相比，法国高等教育机构的技术转让收益实在逊色。

此外，法国高等教育机构还通过签订技术服务和技术咨询合同获得收益，这些技术服务合同主要同企业签订，有时也同国家、地方政府、协会、基金会或国际组织签订合同。

2000—2004年间，在回答问卷的49所高等教育机构中，只有5所高等教育机构签订了超过300万欧元的企业合同，12所高等教育机构签订了超过100万欧元的企业合同。另外，27所高等教育机构同企业签订合同的收益年均不足36万欧元。

总体上看，法国高等教育机构通过与企业签订技术服务合同的收益情况很不均衡。在2000—2004年间，在回答问卷的57所高等教育机构中，只有8所高等教育机构年均技术服务合同收益超过600万欧元，另外30所高等教育机构的年均技术服务合同收益不足90万欧元。从企业合同数量看，2000—2004年间，51所高等教育机构年均签订合同总量从600份上升到950份。

如果将所有类型的技术服务和技术咨询合同全部统计在内的话，在2000—2004年间，在回答问卷的60所高等教育机构中，5所高等教育机构年均技术服务合同收益超过1000万欧元，另外31所高等教育机构的年均技术服务合同收益不足140万欧元。

第四节　科研人员流动

在法国，高等教育机构和国家科研机构中的研究人员均属国家公职人员，工作岗位是终身制的，既无衣食之忧，又无转岗之必要。但是体制的僵化，束缚了科研人员创新的动力，也限制了企业吸纳创新人才。1999 年 7 月 12 日，法国颁布的“创新与研究法”首次允许科研人员流动。

大学和科研机构的科研人员，包括教授、研究员、工程师、年轻博士、技术人员或管理人员可以创建企业，以此实现其科研工作的价值。他们既可以以合作者身份，又可以以经理身份参与企业管理。经过最长六个月时间，他们要最终选择返回原单位，或在企业任职。在此期间，他们可以保留公职。

科研人员也可以以科研成果参与企业投资，其比例最大可达到企业资本的 20%。科研人员还作为企业董事会成员参与管理，其投票权不得超过 20%。

2006 年 4 月 18 日的“科研规划法”又将科研人员的资本比例和投票权比例扩大到 49%。

如果科研人员企图参与企业投资与管理，须经“国家公共职能道义委员会”（Commission de déontologie de la fonction publique de l’Etat）审核批准。这一审批过程可能相对复杂，因为毕竟涉及由公共领域向私人领域的过渡。2000—2006 年间，国家公共职能道义委员会共签发了 684 份批复（见表 15 – 3）。相对于法国 43 万余人的科研人员，每年只有百余人参与企业投资与管理，实在微不足道。

表 15 – 3　科研人员申请参与企业投资与管理的数量

	2000 年	2001 年	2002 年	2003 年	2004 年	2005 年	2006 年	总计
批复数量	93	94	138	117	67	98	77	684
与前一年相比		+1.1%	+46.8%	-15.2%	-42.7%	+46.3%	-21.4%	
占总数百分比	14%	14%	20%	17%	10%	14%	11%	100%

资料来源：Commission de déontologie-Traitement MESR-DGRI/B3 in Direction Générale de la Recherche et de l’Innovation, Recherche et développement, innovation et partenariats, 2007, juin 2008. p49.

然而，并不是所有申请者都能获得批准，批复的性质根据申报者的情况会有所不同，大多数为有保留的准许，2006年有保留准许的比例为83%。（见表15－4）

表15－4　科研人员申请参与企业投资与管理的批复状况

批复的性质	2000年	2001年	2002年	2003年	2004年	2005年	2006年	总计	占百分比
准许	50	12	4	3	6	7	1	83	12
有保留的准许	26	67	122	99	54	75	64	507	74
不准	16	13	7	12	5	10	4	67	10
其他	1	2	5	3	2	6	8	27	4
年度总计	93	94	138	117	67	98	77	684	100

资料来源：Commission de déontologie-Traitement MESR-DGRI/B3 in Direction Générale de la Recherche et de l'Innovation, Recherche et développement, innovation et partenariats, 2007, juin 2008. p50.

申请参与企业投资与管理的科研人员大部分来自大学及其他高等教育机构，少部分来自科研机构，其分布见表15－5。

表15－5　科研人员所在原始机构的类型

原始机构	数量	%	法定占有	%	授权	%	法定占有的比例（%）
大学	16	59	31	40	23	35	74
其他高等教育机构	5	19	10	13	7	11	70
科研机构	4	15	33	43	32	49	97
其他机构	2	7	3	4	3	5	100
总数	27	100	77	100	65	100	84

资料来源：Commission de déontologie-Traitement MESR-DGRI/B3. in Direction Générale de la Recherche et de l'Innovation, Recherche et développement, innovation et partenariats, 2007, juin 2008. p52.

2000—2006 年间，法国国家公共职能道义委员会共批准公职科研人员创建的企业有 582 个，7 年间平均每年创建 83 个企业。

总体上看，法国政府尽管采取了诸多鼓励措施，但是法国高等教育机构和科研机构的研究人员自主创业或流向企业的人数极少，由他们创建的企业的数量也微乎其微。也许是高等教育机构的工作稳定，也许是习惯使然，也许是担心创业风险，大学科研人员未来向企业流动的数量依然不会有明显增长。

第五节　企业孵化器

为了鼓励科研增值和创新企业的创建，法国教育部、经济、财政与工业部和中小企业部于 1999 年发起了“科技企业孵化”计划。自 2000 年 1 月至 2002 年 4 月，法国共创建了 31 座“孵化器”（incubateur），至 2006 年底，除个别中止、合并或重组外，尚有 29 座正常运行。

大体上每个地区都建有一座孵化器，只有个别科技和经济特别发达的地区，如巴黎地区的孵化器超过两座。每座孵化器涉及的技术领域都是多重的，经常有某两三个主导领域。

自 2000 年初至 2006 年底，共有 1732 项计划在各孵化器实施。

表 15 - 6　法国企业孵化器及其实施计划

年度	2001 年	2002 年	2003 年	2004 年	2005 年	2006 年
孵化器数量	30	30	29	28	28	29
实施计划数	440	733	964	1139	1415	1732
年度增加数		+293	+231	+175	+276	+317

资料来源：Direction Générale de la Recherche et de l'Innovation, Recherche et développement, innovation et partenariats, 2007, juin 2008. p60.

至 2006 年底，仍在孵化器中实施的计划有 503 项（占项目总数的 29%），其中 169 项计划已经实现了企业创建（占创建企业的 16%）。

至 2006 年底，已经完成孵化的计划为 1229 项（占项目总数的 71%），其中 881 项完成孵化的计划实现了企业创建（占创建企业的84%）。

另外，还有离开孵化器而无创建企业的计划348项（占项目总数的28.3%）。

创新计划在孵化器的存留时间平均为20.8个月。

在这些计划中，880项计划，或占总量50.8%的计划与公共研究相关，即计划的主体虽不在公共研究部门，但与公共实验室建有合作关系。有788项计划，或占总量45.5%的计划源自公共实验室。另有64项计划，或占总量3.7%的计划的主体完全属于私人领域。

上述计划的技术领域分布主要在生命科学与生物技术、信息与通信技术和工程科学。以2006年为例，生命科学与生物技术和信息与通信技术各占计划总量的33%，工程科学占29%。也有关于人文与社会科学和服务领域的计划，仅占4%。历年详细分布情况如下：（见表15－7）

表15－7　孵化器计划的技术领域分布

	至2001年10月		至2002年8月		至2003年底		至2004年底		至2005年底		至2006年底	
	数量	比例	数量	比例	数量	比例	数量	比例	数量	比例	数量	比例
生命科学与生物技术	163	37%	231	36%	341	35%	388	34%	487	34%	576	33%
信息与通信技术	128	29.5%	190	30%	294	31%	369	33%	461	33%	572	33%
工程科学	120	27.5%	173	27%	279	29%	333	29%	409	29%	508	29%
人文与社会科学和服务	25	6%	41	7%	50	5%	49	4%	59	4%	77	4%
总　计	436		635		964		1139		1416		1733	

资料来源：Direction Générale de la Recherche et de l'Innovation, Recherche et développement, innovation et partenariats, 2007, juin 2008. p63.

至于计划的负责人，89%为男性，11%为女性，各年度大体一致。其年龄段分布以35岁以上者居多，占59%，25～35岁者占37%，具体分布见表15－8。

表 15－8　孵化计划负责人的年龄分布

年龄段	数量	%
不足 25 岁	71	4
25～35 岁	638	37
36～45 岁	675	39
45～55 岁	267	15
超过 55 岁	89	5
总计	1740	100

资料来源：Direction Générale de la Recherche et de l'Innovation, Recherche et développement, innovation et partenariats, 2007, juin 2008. p63.

从计划负责人的学历情况分布看，博士文凭持有者和大学本科与硕士文凭的持有者人数为绝对多数，分别为45%和46%，而其中工程师文凭持有者的比例也相当高，为31%。这说明，技术创新依赖于高水平教育，特别是工程师教育在技术创新上的意义更反映出法国的特色。

表 15－9　孵化计划负责人的学历分布

学历水平	数量	%
博士	773	44.7
本科与硕士	782	45.3
专科	125	7.2
高中毕业	27	1.6
高中以下	22	1.2
总计	1729	100
工程师文凭	530	30.7

资料来源：Direction Générale de la Recherche et de l'Innovation, Recherche et développement, innovation et partenariats, 2007, juin 2008, p64.

关于孵化计划负责人的身份，675 人（占总数的38%）来自高等教育机构，其中51.6%来自大学，27.7%来自工程师学校。（见表 15－10）

表 15－10　孵化计划负责人的来源

机　构	数量	占同类比例/%
Ⅰ. 高等教育机构	675	38%
1. 大学	348	51.6
2. 工程师学校	187	27.7
3. 商业学校	21	3.1
4. 其他学校	119	17.6
Ⅱ. 公共研究机构	192	11
1. 国家科学研究中心	96	50
2. 国家卫生及医学研究院	50	26.04
3. 农业科学研究院	11	5.73
4. 国家计算机科学与控制研究所	11	5.73
5. 原子能总署	24	12.5
Ⅲ. 其他	902	51
1. 大型企业	137	15.2
2. 中小企业	356	39.5
3. 求职者	288	31.9
4. 其他	121	13.4
总计	1769	

资料来源：Direction Générale de la Recherche et de l'Innovation, Recherche et développement, innovation et partenariats, 2007, juin 2008. p64.

2000—2006 年间，法国通过孵化器创建的企业为 1050 个，占孵化计划总数的 61%，平均每年创建企业 175 个。直至 2006 年底，仍有 901 个企业存活（占创建企业总数的 86%），雇用 4198 名职工。在 1050 个创建的企业中，840 个企业已经确实运行，210 个企业仍在孵化器中完善其计划。（见表 15－11）

表 15－11　2000—2006 年由孵化器诞生的企业

地区及孵化器（不便译出）	孵化计划（个）	占计划总量的百分比	创建企业数（个）	占创建企业数的百分比	企业创建率（%）
Alsace/ SEMIA	53	3. 06	39	4	73. 6
Aquitaine/IRA	76	4. 39	50	5	65. 8
Auvergne/BUSI	64	3. 70	35	3	54. 7
Basse-Normandie	34	1. 96	21	2	61. 8
Bourgogne/PREMICE	51	2. 94	32	3	62. 8
Bretagne/Emergys	72	4. 16	52	5	72. 2
Centre/LANCEO	25	1. 44	16	2	64
Champagne-Ardenne/ICAR	32	1. 85	18	2	56. 3
Corse	6	0. 35	1	0	16. 7
Franche-Comté/IEI. FC	35	2. 02	16	2	45. 7
Haute - Normandie/ACCEVAL	27	1. 56	11	1	40. 7
IDF-Paris/Agoranov	101	5. 83	80	8	79. 2
IDF-Paris/Paris Biotech Santé	43	2. 48	33	3	76. 7
IDF/IncubAlliance	111	6. 41	84	8	75. 7
Languedoc-Roussillon/LRI	111	6. 41	53	5	47. 8
Limousin/AILE	35	2. 02	17	2	48. 6
Lorraine/IL	50	2. 89	24	2	48
MIPY/incubateur régional	74	4. 27	51	5	68. 9
NPDC/Eurasanté	52	3. 00	31	3	59. 6
NPDC/MITI	55	3. 18	22	2	40
PDL/Atlanpole incubateur	89	5. 14	54	5	60. 7
Picardie / IRP	24	1. 39	18	2	75
Poitou-Charentes/IRPC	46	2. 66	18	2	39. 1
PACA/Multimedia Belle de Mai	70	4. 04	47	4	67. 1
PACA / Paca Est	55	3. 18	34	3	61. 8

（续表）

地区及孵化器（不便译出）	孵化计划（个）	占计划总量的百分比	创建企业数（个）	占创建企业数的百分比	企业创建率（%）
PACA/Impulse	62	3.58	48	5	77.4
Rhône-Alpes/Créalys	157	9.06	81	8	51.6
Rhône-Alpes/Grain	106	6.12	57	5	53.8
La Réunion/incubateur régional	16	0.92	7	1	43.8
	1732		1050		60.6

资料来源：Direction Générale de la Recherche et de l'Innovation, Recherche et développement, innovation et partenariats, 2007, juin 2008. p67.

法国通过孵化器创建的企业主要领域集中在生命科学与生物技术、信息与通信技术等高新科技领域。以 2006 年为例，生命科学与生物技术类企业 357 个，占创建企业总数的 34%，信息与通信技术类企业 336 个，占创建企业总数的 32%。另外，化学、机械、材料等传统类型的企业 299 个，占创建企业总数的 29%。值得一提的是，人文与社会科学和服务类型的企业虽数量极少，仅有 43 个，占创建企业总数的 4%，但也是社会科学服务社会的一条新途径。（见表 15－12）

表 15－12　孵化器创建企业的技术领域分布

	2001 年 10 月	%	2002 年 8 月	%	2003 年底	%	2004 年底	%	2005 年底	%	2006 年底	%
生命科学与生物技术	60	37	97	35	192	37	230	36	303	36	357	35
信息与通信技术	55	34	86	31	161	31	210	33	283	33	336	32
工程科学（化学、机械、材料等）	35	22	75	27	140	27	173	27	226	27	299	29
人文与社会科学和服务	11	7	19	7	26	5	26	4	32	4	43	4
总　计	161		277		519		639		844		1035	

资料来源：Direction Générale de la Recherche et de l'Innovation, Recherche et développement, innovation et partenariats, 2007, juin 2008. p68.

从企业的资本额和营业额来看，法国经孵化器创建的企业规模都不大。71%的企业的资本额不足75 000欧元，而超过15万欧元的企业只有12%。在这些企业中，营业额不足5万欧元的达半数以上，只有5.3%的企业营业额在50万~100万欧元，4.2%的企业营业额超过100万欧元。（见表15-13，15-14）

表15-13 孵化器创建企业的资本额

资本额	创建年	%	接受调查年	%
接受调查企业数€	1030		837	
<38 000 €	572	55.5	377	45
38 000~75 000 €	313	30.4	221	26.4
75 000~150 000 €	96	9.3	139	16.6
>150 000 €	49	4.8	100	12

资料来源：Direction Générale de la Recherche et de l'Innovation, Recherche et développement, innovation et partenariats, 2007, juin 2008. p71.

表15-14 孵化器创建企业的营业额

营业额	运营第一年	%	最近年份	%
调查企业数€	836		738	
<50 000 €	646	77.3	372	50.4
50 000~100 000 €	104	12.4	104	14.1
100 000~500 000 €	79	9.5	192	26
500 000~1 000 000 €	5	0.6	39	5.3
>1 000 000 €	2	0.2	31	4.2

资料来源：Direction Générale de la Recherche et de l'Innovation, Recherche et développement, innovation et partenariats, 2007, juin 2008. p72.

法国科研体系极为繁杂。总体上看，可以说大学、科研机构和企业三足鼎立。企业的生存与发展离不开技术创新，这也是法国企业开展科学技术研究的本源动力，其科研经费占全国研究与发展经费 60% 以上便是可以理解的。科研机构凭借其精干的研究力量和精良的实验室设备，显示了巨大的科研潜力。其科研人员与大学的合作，不仅促进研究生的培养，也有利于科研成果的开发。法国国家科学研究中心作为综合研究部门并未将自然科学与社会科学分设，这样有利于自然科学与人文社会科学的相互渗透与融合。而其 80% 的实验室设在大学[①] 也有利于与大学的合作。但法国大学与科研机构的分离毕竟降低了科学研究的效益，也不利于国际竞争，大学科研经费不足也是显而易见的，大学与大学校的联系不够密切，影响各自科研能力的发挥。

① CPU, Premières propositions sur l'avenir de la recherche, 8 mars 2004. p3.

第十六章 构建学习化社会

20 世纪 60 年代，联合国教科文组织提出了终身教育的概念，曾令世界耳目一新。也许有人会记得保罗·朗格朗或埃德加·富尔的名字，但不一定了解终身教育思想如何由“经常性教育”演变到“伴随生命的学习”和“学习化社会”的过程。因此，在认识法国如何构建学习化社会之前，首先了解法国人对终身教育思想的贡献可能更有意义。

第一节 终身教育思想：法国人的贡献

终身教育的思想至少在庄子和夸美纽斯那里就有所论及。[①] 但作为一项教育政策，终身教育的原则应当说诞生于法国。早在法国大革命时期的 1792 年，著名革命家孔多塞（Condorcet）在其向国民议会提交的关于《公共教育的普遍组织》的报告中就提出了终身教育的建议。他指出，“教育应当普及，就是说扩展到所有公民。……教育应当在其各个层次容纳人类知识的全部体系，保证人们在其生命中的各个年龄得以保

① 庄子说，“吾生也有涯，而知也无涯”（《庄子·养生主》）。夸美纽斯说：“人生从摇篮到坟墓也是课堂。人生在任何阶段都要学习，人生除了学习之外再无其他目的。”［见联合国教科文组织《世界教育报告（2000 年）》，第 53 页］

存其知识，或掌握新知识”①。但是风云变幻的革命未能允许终身教育的思想得以实施。

20 世纪 60 年代，教科文组织就成人教育的未来发展进行讨论，发现世界各国对成人教育的说法多有歧义，如挪威、瑞典称“平民中学”（Folkhögskola），苏联称“工人教育”，英国称“进修教育”（further education），美国和加拿大称“继续教育”（continuing education），法国称“平民教育”（éducation populaire）。而主持这一讨论的恰好是在教科文组织中负责成人教育的法国人保罗·朗格朗（Paul Lengrand），他在后来发表的几乎成为终身教育经典著作的《终身教育导论》中总结说，“在谈论终身教育这一问题时，我们时刻都要想到教育的统一性和整体性”②。

需要特别指出的是，朗格朗表达“终身教育”这一概念时所用的法文“éducation permanente”的本意是“经常性教育”或“永久性教育”。

直到 1972 年法国教育部前部长埃德加·富尔，作为国际教育发展委员会主席在向教科文组织提交的报告《学会生存》中重提“终身教育”思想时，仍沿用“经常性教育”这一概念。该委员会指出：

“终身教育这一概念涵盖教育的各个方面，包括教育的全部内容，而且其整体大于其各部分之和。教育中根本不存在任何不是终身的，独立的‘永不改变’的成分。换言之，终身教育不是一种教育体系，而是一个原则，用来建立一个完整的体系，并成为这一体系中各个组成部分的发展的基础。”

并首次提出“教育之城”（cité éducative）的观念，还建议把“每个人都必须能够在一生不断学习”作为“教育政策的指导原则”。③

美妙绝伦的是，终身教育的概念在翻译成英文时为“lifelong education”，在语义上与后来的中文“终身教育”译法完全契合。把“教育之城”译成“Learning Society”，顺理成章地成为今天耳熟能详的概念——

① Martine Allaire et Marie-Thérrie Frank, Les politiques de l'éducation en France, La documentation Française, Paris, 1995.

② Paul Lengrand, An Introduction to Lifelong Education, p21, Londres/Paris, Croom Helm /Presses de l'UNESCO, 1975.

③ Edgar Faure et al., Apprendre à être, p205, Paris, UNESCO/Fayard, 1972.

"学习化社会"。

实际上，法文"éducation permanente"（经常性教育）的英文对应词"recurrent education"同时在联合国教科文组织、经济合作与发展组织、欧洲委员会的国际教育文本中时常出现。[①]

1993年初，联合国教科文组织成立了以法国前总理、当时欧盟主席雅克·德洛尔为主席的国际21世纪教育委员会。该委员会经过几年的广泛咨询和深入研究，于1996年向联合国教科文组织提交了题为《教育——财富蕴藏其中》的报告（亦称德洛尔报告）。德洛尔在序言《教育：必要的乌托邦》中指出，"伴随一生的教育概念看来是进入21世纪的一把钥匙。它超越了初始教育和继续教育之间的传统区别"。为此，委员会在报告中郑重宣布"把与生命有共同外延并已扩展到社会各个方面的这种连续性教育称之为'伴随一生的教育'（éducation tout au long de la vie）"。

1995年10月23日，欧洲部长委员会和欧洲议会决定将1996年定为"欧洲终身教育年"，而此时负责欧洲教育的正是法国前总理克勒松（Edith Cresson）。她指出，"为了保证使每个人都能获得知识成为现实，必须共同切实实施终身学习和教育的政策。"[②]

1996年1月，经合组织教育部部长共同提出，要使终身学习成为每个人的现实。[③]

至此，基本实现了终身教育概念向学习化社会概念的转变。概括起来，我们可以从英文和法文中，清晰看到终身教育思想由"经常性教育"向"伴随生命的学习"和"学习化社会"的转变[④]：

recurrent education →lifelong learning; learning society;

éducation permanente →apprentissage à vie; société de l' apprentissage.

这一变化有三个根本特征：

---

① Chris Duke, L'apprentissage à vie et ses conséquences sur l'université du XXIe siècle, in Gestion de l'enseignement supérieur, Vol. 11-n°1, OECD, 1999. p24.

② Edith Cresson, Vers une politique d'éducation et de formation tout au long de la vie, in Revue européenne: Formation professionnelle, 8-9/1996.

③ OECD, L'apprentissage tout au long de la vie, Synthèses, OECD, juin 2004.

④ Unesco, Rapport mondial sur l'éducation, 2000.

第一是更加强调了终身性。终身学习是指从生到死，从摇篮到坟墓的不断学习。

第二是提出了全民化。每个人都应当有获得终身学习的平等机会。

第三是突出了主动性。由被动地接受教育，变成主动地学习。如果说，义务教育是国家要求的强制性教育，为儿童提供了继续学习的基础，那么在义务教育之后，就要主动根据社会的要求和自身的兴趣，不断地充实自己，否则就会被不断前进的社会所淘汰。

当然，终身教育的思想不仅仅是法国人的贡献，应当说是当代世界人类智慧的结晶，其中联合国教科文组织和经济合作与发展组织发挥了重要作用。而终身教育的思想一经形成，便在世界各国产生重大反响。

在法国，终身教育也引起各界的关注。企业更关注的是使其职工更能适应科学技术的发展和寻求更加高效和灵活的组织管理；工会要求更加自由的培训权利和社会保障；专家提出“个人培训权利”的概念，提出设置“职业培训储蓄”，允许职业资格转移与支出；政治人物也打出终身教育牌，呼吁为远离培训的人们提供真正机遇。[①]

第二节　职业继续教育的兴起与发展

继孔多塞提出终身教育建议稍后两年，阿贝·格雷戈瓦（Abbé Grégoire）于1794年创建了国立艺术与职业学院（CNAM）[②]，开设高等职业技术讲座，目的是“给予无知者和无力求知的穷人以光明”[③]。

1911年，法国设立职业能力证书，但其初衷并不是授予正规学校文凭，而是为离开学校的青年或成年人实施继续教育。

1919年7月25日，法国颁布了关于职业教育的第一部法律——阿斯蒂埃法，为法国终身教育体系奠定了基础。法律要求各市镇都应开设职业培训班，不足18岁的在职青年都有义务参加职业培训。培训课是

---

① Ecole nationale d'administration, Séminaire de La formation professionnelle, octobre 2002.

② 亦被译作“国立工艺博物馆”，因此机构设有一个大型工艺博物馆。

③ Le système éducatif en France, Les notices de la documentation Française, Paris, 2003. p109.

免费的，并在工作时间进行，每周至少 4 小时，每年亦不得少于 100 小时。法律还规定雇主有义务允许其学徒工参加学习。学习结业之后，授职业能力证书。

在两次世界大战之间，法国平民教育有所发展。如一些学者每周利用两个晚间为成人开设讲座，一些大学教授还兴办了高等劳动学院或劳动学院，并形成了“工人学习同盟中心”①。

战后十几年间，是法国成人职业教育平稳发展时期。1947—1954 年，法国成人职业教育的毕业生年均 12 000 ~ 15 000 人。从 1955 年开始，成人职业教育的毕业生有较大幅度的增长，年均约 24 000 人。②

1959 年 7 月 13 日的法律，提出了“社会晋升培训”（la promotion sociale）计划，使在职职工可以通过国家经费支持的职业培训，提高职业技能和文化水平。1966 年 12 月 3 日的法律，首次申明“职业教育是全国的责任”，并规定了职业教育机构的基本框架。③

1968 年春夏之交，学潮引发的罢工潮此起彼伏，工人和工会组织要求在企业中获得更大的权利。全国雇主协会和工会于 1970 年 7 月 9 日达成一项协议，确认了职工享有在工作时间接受继续培训的权利，并导致 1971 年 7 月 16 日职业继续教育法的诞生，从而进一步确定了法国终身教育体系的基本构架。法律规定，“终身教育是全国的责任。其目的是保证人们在其生活的各个时期的培训与发展，使他们能够获得有助于个人发展以及文化、经济和社会进步的知识和全部智力和体力能力”（教育法典 L. 122 – 5 款）。这一法律的最重要一点是，强制规定企业必须划拨一定资金用于继续培训，最初为工资总额的 0.8%，1974 年之后为 1%。从 1992 年 1 月 1 日起为 1.4%，从 1993 年 1 月 1 日起为 1.5%。④

1971 年的职业继续教育法本来是建立在经济持续发展、劳动力充分

---

① Prost, A. Histoire générale de l’enseignement et de l’éducation en France, Ed. Nouvelle librairie de France, Paris, 1981.

② Prost, A. Histoire générale de l’enseignement et de l’éducation en France, Ed. Nouvelle librairie de France, Paris, 1981.

③ Le système éducatif en France, Les notices de la documentation Française, Paris, 2003. p109.

④ 从 1992 年 1 月 1 日起为 1.4%，从 1993 年 1 月 1 日起为 1.5%（劳动法典第 L. 951 – 1 条）。

就业、和平与民主思潮现实基础之上的，但 1973 年和 1979 年的石油危机迫使法国政府和企业不得不调整其职业继续教育政策。在职职工已不是继续教育的优先对象，对失业者的再培训、帮助青年就业成为社会的焦点。

20 世纪 70 年代初，法国开始出现一些继续教育的机构和专职人员。1972 年，第一批负责继续教育的人员被称为“继续培训员”（AFC），1975 年改称“继续培训顾问”（CFC），其职能是负责继续教育的组织工作。1973 年，在各学区设置了继续教育的专门机构“学区继续培训代表处”（DAFCO），由学区总长直接领导，负责发展各个层级的继续教育。1983 年 1 月 7 日的分权法将实施职业继续教育的责任下放到地区政府，国家只保留授予文凭的权力。

1975—1980 年间，在学区继续培训代表处和继续培训顾问工作的基础上，全国逐渐形成了中学继续培训组（groupement d'établissements secondaires-Greta）。1989 年的教育指导法确认了中等教育参与继续教育的使命，规定“终身教育是教育机构的一项任务，它使每个人有可能提高教育水平、适应经济和社会变化，并使所获知识有效”（第一条），并允许“为落实继续教育的任务，公共教育机构可结成学校联合体”（第十九条）。

每个初中或高中都可以成为中学继续培训组的成员。每个中学继续培训组的管理机构为校际委员会（conseil-inter-établissements—CIE），负责制定继续培训政策和目标。委员会主席由中学校长担任，须在成员学校校长中选举产生。学区则选定一所中学作为中学继续培训组的基础学校，并赋予基础学校的司法与财政地位。基础学校的校长负责协调中学继续培训组的财政收入和支出的协调工作，基础学校的会计同时也兼任中学继续培训组的会计。目前法国有 286 个中学继续培训组，和 6500 多个中学继续培训点[①]。

在表 16－1 中，我们可以清楚地看到法国中学继续培训工作的发展变化状况。从 1995 年至 2000 年，法国中学继续培训的主要参加者为在

---

① Jean Pigeassou, De la formation continue à la formation tout au long de la vie. In Le système éducatif en France, Les notices de la documentation Française, Paris, 2003.

职人员，平均学习时间为96小时，40%的求职者接受继续培训的平均时间为185小时。[①]

表16－1 法国中学继续培训状况变化

	学员成分				学时比例			
	1995年	1998年	1999年	2000年	1995年	1998年	1999年	2000年
在职职工	51.6%	49.0%	47.6%	51.2%	34.7%	32.1%	33.0%	36.4%
求职者	37.4%	43.3%	43.4%	40.6%	51.1%	59.1%	58.8%	55.7%
换岗职工	3.1%	1.0%	2.0%	1.1%	4.2%	0.8%	0.8%	0.7%
无业者	8.0%	6.7%	7.0%	7.0%	10.1%	8.0%	7.4%	7.2%
学员人数（千人）	497.4	505.2	509.0	518.0				
学时数（百万小时）					78.9	73.8	70.1	69.8

资料来源：Ministère de l'Éducation nationale, de l'enseignement supérieur et de la recherche, L'état de l'École-numéro 12-édition 2002.

图16－1显示了法国中学继续培训的经费来源，基本是由企业和公共机构同国家和地方政府分担，其比例分别是47%和49%，而个人所承担的费用仅为4%。

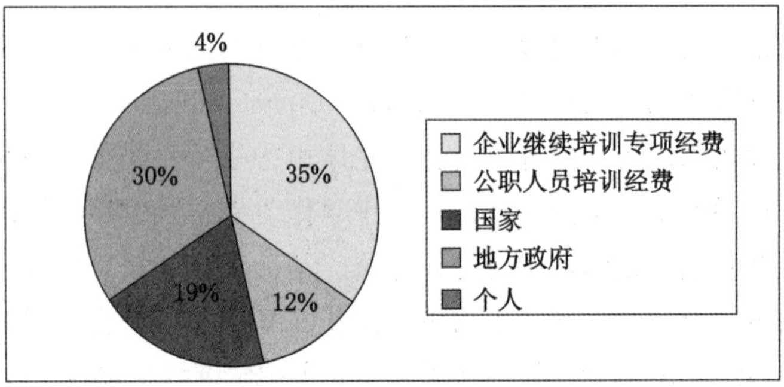

图16－1 法国中学继续培训的经费来源

资料来源：Ministère de l'Éducation nationale, de l'enseignement supérieur et de la recherche, L'état de l'École-numéro 12-édition 2002.

① Le système éducatif en France, Les notices de la documentation Française, Paris, 2003. p116.

法国1984年的高等教育法重新确定了公立高等学校的性质为以科学、文化和职业为特点的公立教育（EPCSCP），其使命是负责高等初始培训和继续培训。因此，法国高等继续教育和培训主要由大学和其他高等教育机构负责，而不设置专门负责成人教育或继续教育的高等教育机构。

1999年，法国高等教育机构共接收了410 600名参加继续培训的学员，平均学习时间为121小时。需要指出的是，以成人职业培训为主要任务的国立艺术与职业学院及其培训网承担了法国高等职业继续教育的四分之一工作。

表16－2　法国高等继续培训状况（1999年）

	合计		在职人员		求职者	
	学员数（千人）	学时数（百万小时）	学员数（千人）	学时数（百万小时）	学员数（千人）	学时数（百万小时）
大学及其附属高等教育机构	285.7	35.7	98.8	12.7	32.0	10.0
其他高等教育机构	15.7	1.5	12.5	0.9	0.8	0.4
国立艺术与职业学院及其培训网	109.2	12.7	13.9	2.1	7.5	1.2
全部高等教育	410.6	49.9	125.2	15.7	40.3	11.6

资料来源：Ministère de l'Éducation nationale, de l'Enseignement Supérieur et de la Recherche, L'état de l'École-numéro 12-édition 2002.

图16－2显示了法国高等继续培训经费的各种来源。与中等职业继续教育的经费来源相似，国家和地方政府都承担了较大份额（40%）的高等继续教育经费，企业和公共机构也提供了相当大份额（34%）的经费。但在高等继续教育中，个人投入的份额显然增大了，为19%，说明接受高等教育的更大责任在于个人。因为高等教育是赋予个人更高层次的知识与能力，个人接受高等教育的目的除了提高个人素质和修养以外，更多的是为着寻求更高层次的职业或更高水平的收入。而国家和政

府对继续教育的投入，应当更加关注于青年就业和失业者再就业的中等职业继续教育。

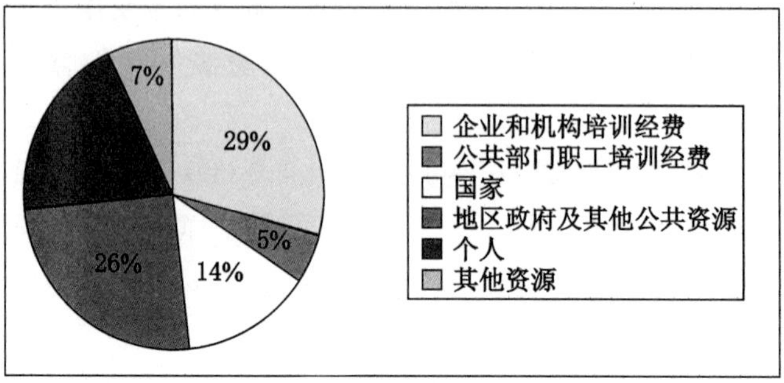

图 16－2　法国高等继续培训的经费来源

资料来源：Ministère de l'Éducation nationale, de l'Enseignement Supérieur et de la Recherche, L'état de l'École-numéro 12-édition 2002.

第三节　职业继续教育的参与者

职业继续教育主要关系到个人、企业、国家和地方政府。

继续教育对于个人来说，有利于提高个人知识和能力的水平，求职者可以更容易地谋得职位，在职者可以保持岗位的连续，或进一步谋求更好的职位。

对于企业，继续教育和培训是提高从业人员素质的基本途径，有助于增强市场竞争力。

对于国家和地方政府，继续教育同初始教育一样，是人力资本的投资，是国家振兴和保持兴旺发达的重要途径。

但是，继续教育的不同参与者具有不同的地位，并承担着不同的责任和义务。

在法国，继续教育是国家发展和就业政策的重要影响因素，国家既是继续教育政策的制定者，又是继续教育的重要支持者。国家对继续教育的财政支持，主要是对接受继续教育的个人给予补贴，对实施继续教育的机构进行资助，对企业和金融机构的补助以及对地区政府的转移支付。国家的继续教育经费，主要来自国家财政预算，也有部分来自欧洲社会上的基金。国家负责继续教育管理的机构主要是劳动就业部、国民教育部和农业部。

负责继续教育的地方政府为地区政府，其主要经费来源是地方财政收入，同时接受国家的转移支付和欧洲社会基金的援助，主要责任也是对实施继续教育机构和企业以及学习者进行补贴。

企业是继续教育的直接受益者，因此也是继续教育的最大财政支持者。法国法律规定，十人以上企业必须将工资总额的 1.5% 用于继续培训。企业可以通过企业培训计划，对内部职工进行培训，也可以将此款项支付给专门培训机构，或划拨给国库。

法国政府还要求企业将继续培训费用之中占工资总额的 0.2% 的部分专门用于本企业职工的“个人培训假”。企业职工可以利用“个人培训假”，参加一年的专题培训，其间享受 80% 的工资待遇，并在培训完成后返回工作岗位。

企业不仅要负责本企业职工的培训，也有义务支持青年的就业培训。法国政府规定，企业必须将相当于工资总额的 0.3% ~0.4% 的费用用于参与 26 岁以下青年的培训计划。

对于十人以下的小企业，必须将工资总额的 0.25% 支付给专门培训机构，用于职工培训和社会青年培训。

总体上看，法国企业用于继续培训的费用大大突破了法律规定，平均达到工资总额的 3.3% 。但是很不平衡，大型企业的继续教育经费可能超过 5% ，而 80% 的企业，基本是中小型企业，其对继续教育的投入保持在法律规定的最低限度内。[1]

---

[1] Le système éducatif, Cahier français N°285, mars-avril 1998. p109.

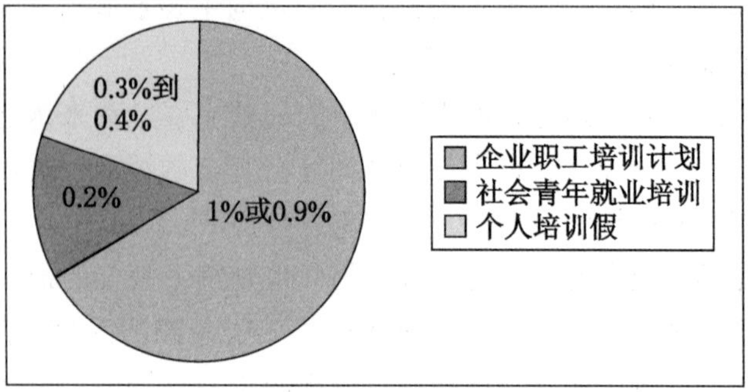

十人以上企业

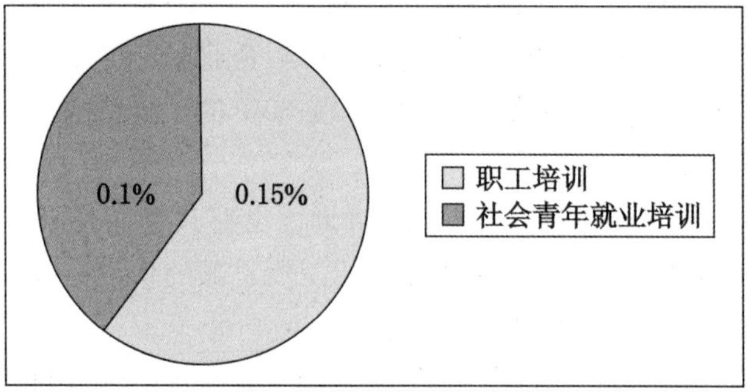

十人以下企业

图 16－3　法国企业继续教育经费

表 16－3　法国继续教育经费

	1983 年	1990 年	1995 年	2000 年	2001 年	2002 年
按不变价计算（10 亿欧元）	3.1	5.6	7.6	8.4	8.9	9.1
按 2002 年价格计算（10 亿欧元）	5.0	6.8	8.3	8.7	9.1	9.1
占整个教育经费比例	7.4%	8.6%	8.9%	8.5%	8.9%	8.8%
经费来源比例						
中央政府	51.1%	44.2%	38.2%	31.5%	31.6%	31.1%

（续表）

	1983 年	1990 年	1995 年	2000 年	2001 年	2002 年
教育部	2.2%	3.5%	4.8%	4.4%	4.3%	4.2%
地方政府	5.2%	7.2%	9.7%	12.1%	11.5%	11.4%
其他公共机构	0.7%	2.5%	1.6%	1.3%	1.4%	1.3%
企　业	42.7%	45.2%	49.5%	54.2%	54.7%	55.4%
家　庭	0.3%	0.9%	1.0%	0.9%	0.8%	0.8%

资料来源：Ministère de l'Éducation nationale, de l'Enseignement Supérieur et de la Recherche, L'état de l'École-numéro 13-édition 2003.

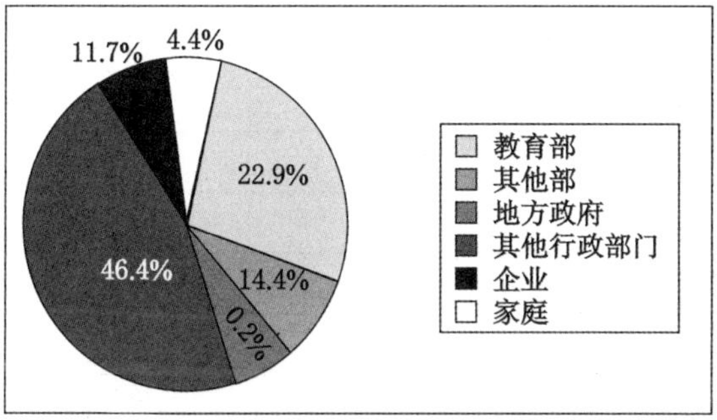

图 16-4　法国继续教育经费来源（2007 年）

资料来源：Ministère de l'Éducation nationale, de l'Enseignement Supérieur et de la Recherche, L'état de l'École-numéro 19-édition 2009.

继续培训涉及在职工作人员和将要进入职业领域的全体人员。法国将涉及继续培训的人员划分为四类：私人部门的工薪者、公职人员、非工薪者、求职者。

对于私人部门的工薪者，接受继续培训的可能途径有二：一是被雇主列入企业培训计划；二是个人要求享受培训权。

公职人员享有终身教育权，包括职业培训假，有时继续培训还具有强制性。

非工薪者，主要指从事农业、商业、手工艺业、自由职业及其他独立职业的人员。他们需要向国家指定的职业培训机构交纳一定费用，然后才可享受继续培训待遇。

任何求职者都可以在不同条件下接受职业培训。16～25岁的青年求职者可以通过劳动合同参加交替制培训，或参加地区政府出资举办的培训。其他求职者也可以参加国家或地区政府财政支持的培训。

根据2000年的一项调查，法国每年有约900万成年人，约28%的65岁以下人口，接受至少3小时的继续教育。其中73%是在工作场所以外接受培训，19%是在工作岗位中接受培训，5%是自学，2%接受交替制培训。[①] 接受继续教育的人员中，33.8%是在职人员，22.5%是失业者，9.5%是未就业者。（见表16－4）

表16－4　法国65岁以下成人参加继续教育的比例

在职人员	33.8%
其中公职人员	45.1%
其中私人企业人员	31.4%
其中独立工作者	18.7%
失业者	22.5%
未就业者	9.5%
总计	27.8%

资料来源：Éducation & formations n° 66 juillet décembre 2003.

就培训目的看，69.3%的人为着适应工作岗位需求而提高能力，9.6%的人在寻求新的工作，7.6%的人为了获得文凭或资格认证，12.5%的人为了满足个人文化或体育需求。（见表16－5）

表16－5　法国65岁以下成人参加继续教育的目的

适应工作岗位需求	69.3%
寻求新的工作	9.6%
获得文凭或资格	7.6%
个人文化或体育需求	12.5%

资料来源：Éducation & formations n° 66 juillet décembre 2003.

① Éducation & formations n° 66 juillet décembre 2003.

第四节 职业能力认证

在法国，国家垄断着中等职业教育文凭的授予权。1942 年 8 月 4 日的法律，赋予国民教育部唯一颁发中等职业教育文凭的专属权。对于高等职业教育文凭，国家则允许有相对宽松的授予范围，1934 年 7 月 10 日的法律规定，国家技术教育学校、高等商业学校和国家认可的高等私立学校可自行授予文凭。

自 1972 年以来，法国允许教育部以外的其他中央机构，如劳动部、国防部、农业部管辖的公立或私立教育机构实施资格认证。

随着交替制培训的发展，许多企业或用人机构希望能够建立一种机制，可以衡量其职工或失业者在工作中或经过企业实习所获得的能力。特别是在就业压力越来越大的经济背景中，积累个人的职业能力有益于提高未来求职者的竞争力。

1985 年，法国打破了高中毕业会考文凭是唯一进入高等教育资格的界限，允许通过职业获得认证的方式，学习高等教育课程，经考试与答辩合格，便可获得高等教育文凭。

自 1988 年，全国职业委员会（Commissions Paritaires Nationales pour l'Emploi）获准颁发“职业资格证书”（certificats de qualification professionnelle—CQP）。①

1992 年，法国尝试建立了一种“职业获得认证”（validation des acquis professionnels—VAP）制度，允许工作五年以上的工薪者或独立劳动者可以通过某种考试获得职业文凭。尽管获得文凭的种种环节十分复杂，也会遇到许多困难，但多数经此途径获得职业文凭的人都欢迎此举，至少可以避免再坐学校板凳的痛苦。2000 年，有 2000 余人申请职业能力证书、职业学习证书和职业高中毕业会考文凭的全部或部分

① Eric Verdier, Le dispositif français de formation professionnelle à l'épreuve des modèles allemand et britanique, Rapport de recherche, décembre 2000.

资格。[1]

2002年1月的社会现代化法进一步确认了“劳动工作可以获得知识”，并可以获得“与职业培训同样的资格”。为此法律设置了“经验获得认证”（validation des acquis de l'expérience—VAE）制度，将职业获得变为经验获得，扩大了职业资格认证的领域。新的认证制度允许任何人，不论其年龄，其学历水平，其社会地位，都可以通过职业经验获得申请职业文凭或证书的资格。唯一的前提条件是要在所申请的职业文凭相关的工作领域具备三年的工作经验。

经验获得认证成为学校教育、学徒培训、继续教育之后的第四条获得职业文凭的途径。

经验获得认证的重要意义是赋予个人以新的权利。劳动法典和教育法典都规定，“职业生活中的任何个人都有权利要求经验认证，特别是要求职业经验认证，以便获得职业文凭、职称或资格证明”，“经验获得认证可以得到与其他知识与能力检验方式相同的效果”。[2]

通过经验获得认证，可以被授予中等职业教育和高等教育的700余种文凭。

经验获得认证的程序首先是申请者向所在学区的经验认证机构递交申请资料。申请资料包括两份申请书，在第一份申请书中需要标明申请获得文凭的名称，并注明个人的职业经历和与申请文凭相关的职业活动。第二份申请书的内容是介绍个人的职业活动，包括工作性质、主要任务、应用工具与资源、个人责任等。申请者只能在每个公历年，在一个学区申请一次同一文凭。每个公历年内，对于不同文凭的申请不得超过三次。

申请者在申报过程中可以寻求帮助，以便更好地选择拟申报的文凭，清晰地表述自己的职业活动，规范地填写申请表格。

之后，申请者要接受评审委员会的面谈，但这一面谈不是口试，而是对申请者工作情况的详细了解。

---

① Pierre Champagne, L'organisation scolaire et universitaire, Paris, PUF, mai 2003.

② Code du travail: articles L900 – 1, L900 – 2, L900 – 4 – 2, L934 – 1, L951 – 1. Code de l'éducation: articles L335 – 5, L335 – 6, L613 – 3 à L613 – 6.

最后，由职业人员和教师共同组成的文凭评审委员会，负责对申请者的资料进行审查，并做出决定。

决定的结果有三种可能性：

授予申请者完全文凭。

授予申请者部分文凭，申请者享有五年的有效期，申请者可以在此期间通过某种考试获得完全文凭。

不授予任何文凭。

文凭评审委员会的决定由学区向申请者告知。文凭评审委员会的决定具有终审性质，申请者无权提出异议。被授予部分文凭者，或未被授予文凭者，只能准备补充考试，或充实职业经历，以期下次申请获得文凭。

关于经验获得认证的费用，如果申请者是领取工资者，则享有劳动法赋予的权利。如同职业培训，申请者经验获得认证的费用则由国家、地方政府、企业、基金会等分担；如果申请者经验获得认证列入企业培训计划并经企业允许，其费用则由企业支付；如果经验获得认证完全是申请者个人的行为，其费用则由个人培训假管理协会（PACIF）负责。

目前法国绝大多数的职业教育和培训的文凭与证书由教育部所属的机构颁发（见表 16－6），而通过职业资格认证途径授予的文凭还不足 10%。

表 16－6　法国年均授予职业文凭数量

劳动部（就业）	41 000	5.44%
劳动部（卫生）	36 000	4.78%
劳动部（社会事务）	12 000	1.59%
农业部	70 000	9.29%
其他部	29 000	3.85%
咨询机构或私人部门	36 300	4.82%
职业资格认证	6500	0.86%
国民教育部	522 670	69.37%
合计	753 470	100.0%

资料来源：Nicole Péry，La formation professionnelle：diagnostics，défis et enjeux，1999. www. ladocfrancaise. gouv. fr/brp/notices/994000390. shtml.

仅从职业资格认证的实际结果来看，还远未达到获得职业文凭的第四条途径应具有的地位。据教育部评估与预测司的调查，2002 年前来咨询或寻求职业资格认证信息人数达到 58 000 个，但递交职业资格认证申请的人数才 7540 个，而最终获得职业证书的人不足 7000 人。（见表 16－7）

表 16－7　法国近年来职业资格认证状况

	1995 年	1996 年	1997 年	1998 年	1999 年	2000 年	2001 年	2002 年
咨询人数	7975	12 992	15 252	18 858	29 662	28 781	38 536	58 000
求助人数	2251	3491	4240	5107	5842	6487	9127	12 830
申请人数	971	1838	2551	3478	3901	4609	5377	7540
获证人数	816	1526	2255	2988	3363	4032	4578	6760

2002 年之后，法国申请职业资格认证的人数明显增多，2008 年有 14 120 份申请获得批准，并被授予文凭，其中有 2016 份为高等教育文凭。

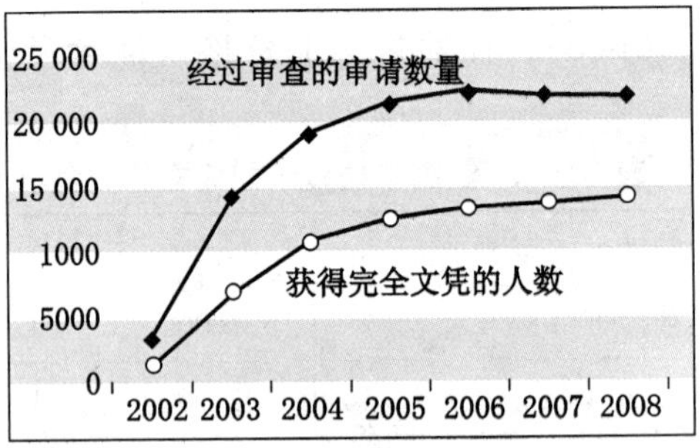

图 16－5　法国职业资格认证数量增长状况

资料来源：L'état de l'école-numéro 19-édition 2009.

任何新生事物发展之初总要经历各种磨难。也许由于目前职业资格认证的批准还很严格，令多数申请者望而生畏。但是，如批准的标准过于宽松，其文凭的价值就会随之降低，所获的文凭也变得毫无意义。如何把握职业资格认证审批的度，可能是未来实施此制度的难点。

第五节　迈向学习化社会

当前法国继续教育体系的主要法律依据是1971年7月16日颁布的职业继续教育法。最成功之处是通过法律强制性地规定了企业对继续教育的经费投入份额，有效地保证了继续教育的基本需求。

但是，在21世纪新的国际国内形势下，这一体系暴露出许多问题。

首先，是体系的复杂与内部的互不沟通。

其次，继续教育的权利远未使每个人都能享受。

1999年，负责职业教育的国务秘书贝莉（Nicole Péry）在其一份报告中提出了关于职业继续教育的三重权利的思想：

"个人权利，意味着每个人可以在任何时候使用自己所获得的权利；

迁移权利，意味着在一个企业获得的权利不因工作变动而丧失；

集体保障权利，意味着建立与基金相互保障的系统。"①

具体地说，一个人有权利在任何时候参加满足个人需求和职业需求的培训；在前一个企业获得接受培训的资格或获得的职业资格，在新的工作岗位中应得以保留或被确认；个人继续培训的权利应得到社会系统的保障，学历不足或无职业资格的青年，应优先接受培训。而在表16-4中，我们可以看到在职人员接受继续职业培训的比例才三分之一。

第三，接受继续教育的不平等现象十分严重。

1971年职业继续教育法的一个重要目标是克服教育机遇的不平等，为在普通教育中的失败者提供真正的"第二次机遇"②。但是法国的现实情况是，越是高学历者，越是高职位者，越有机会参加继续教育。法国经济与统计研究所在调查中发现，1992—1993年间，仅具学习证书的职工参加继续教育的比例为9.4%，而具有大学两年以上文凭的在职人员参加继续教育的比例超过三分之一。从职位上看，差距更加明显，31.8%的高级管理人员有机会接受继续培训，而非技术工人接受继续培

---

① Nicole PERY, La Formation professionnelle: diagnostics, défis et enjeux, Paris, 1999.

② Nicole PERY, La Formation professionnelle: diagnostics, défis et enjeux, Paris, 1999.

训的比例仅仅为4.2%[①]。根据2000年的一项调查，30～34岁的企业管理人员参加继续教育的机会为63%，而相应年龄的工人能够接受继续教育的机遇只有24%。（见表16－8）

表16－8　法国在职人员接受继续教育的比例

年龄	管理者	中间职业	职员	工人	合计
不足25岁	无	无	41%	26%	33%
25～29岁	60%	46%	34%	26%	36%
30～34岁	63%	49%	29%	24%	36%
35～39岁	58%	47%	30%	19%	32%
40～44岁	54%	48%	26%	22%	33%
45～49岁	53%	46%	25%	17%	30%
50～54岁	50%	41%	13%	13%	27%
55～59岁	34%	33%	13%	11%	20%
60～65岁	32%	无	10%	3%	14%
合计	54%	45%	29%	20%	31%

资料来源：Éducation & formations-n° 66-juillet-décembre 2003.

2004年5月4日，法国颁布了一项关于继续教育的新的法律，名曰“终身职业培训和社会对话法”[②]。这一新法律的首要一点，是确认了“个人接受培训权”。法律规定，“所有履行不定期合同的工薪者，每年可以享有接受20小时培训个人权利。这一年度权利可以累积6年，即120小时”。如果由工薪者个人首先提出行使这一权利，须经工薪者与雇主签订书面合同，确定拟接受的培训活动，并经企业或职业协会同意在部分工作时间内接受培训，工作时间内接受培训可保留工资不变。如未经企业允许，接受培训只能在工作以外时间进行，并且只能领取50%的工资。

① Le système éducatif, Cahier français N°285, mars-avril 1998. p111.

② Loi n° 2004－391 du 4 mai 2004 relative à la formation professionnelle tout au long de la vie et au dialogue social, J. O n° 105 du 5 mai 2004 page 7983 texte n° 1.

如果工薪者与企业未能就个人培训活动达成协议，个人培训活动可列入培训假。当工薪者被解聘时，其培训结果可以获得相应的经验或培训结果认证，并在离开企业时记入其工资底数。

新法律创建了新型的“职业化合同”（Les contrats de professionnalisation），以代替过去的青年与成人职业资格合同、职业适应合同和职业定向合同。新的单一合同，便于青年和成年求职者通过普通教育、技术教育、职业教育与企业活动的结合，获得公认的职业资格。

职业化合同为定期或不定期的劳动合同，面向仍需补足初始教育的16~25岁青年和26岁以上的求职者。职业化活动的期限一般为6~12个月，对于离校后无职业资格的人员也可延长至24个月。其中普通教育、技术教育、职业教育及其评价工作的时间应占全部职业化活动的15%~25%，但不得少于150个小时。职业化活动的目标，可以是国家职业证书目录中的文凭或职称，也可以是职业专业委员会认可的职业资格。

参与职业化活动的26岁以下青年均享有不同水平的工资，即不足21岁青年，可享受55%的同类岗位工资，超过21岁青年可享受70%的同类岗位工资。如果参加职业化活动的青年具有相当于职业高中会考的文凭，其工资待遇分别不得低于同类岗位工资的65%和80%。

对于接收26岁以下青年和45岁以上成年求职者的企业来说，可以减免社会保险、劳动事故和职业疾病、家庭补贴等雇主负担。

新法律进一步规范了企业培训计划，将其划分为三类：岗位适应培训、职业变化培训和能力发展培训。

职业培训是一种人力资本投资，不准备投资，或不充分投资，就不能期待获得相应的效益。法国目前每年用于职业继续培训的费用约220亿欧元，相当于国内生产总值的1.55%。其中企业投资为129亿欧元，国家财政支出为48亿欧元，地区政府财政支出为21亿欧元，其他行政机构投入16亿欧元。为了保证终身职业培训健康发展，新的法律提高了企业职业继续培训投入的最低限额。对于10名以上职工的企业，职业继续培训投入的最低限额由职工工资总额的1.5%提高至1.6%，其中至少将职工工资总额的0.2%支付给国家指定的机构，用于培训假的管理，并至少将职工工资总额的0.5%支付给国家指定的机构，用于职业化合同的管理。对于不足 10 名职工的企业，职业继续培训投入的最低限额为职工工资总额的 0.4%。

新的法律特别强调了职业专门协会和职业培训机构的协商作用，要求他们就职业培训的目标和重点领域定期协商，并将协商的周期由原来的五年缩短为三年，以应对不断变化的职业和就业市场。

对于职业继续教育，国家可以给市场保留更大空间，就是说允许企业和培训机构在相当程度上按照自身的需求制定规则，确定投资方式。但是国家要重点关注那些初始教育水平较低的人员，使他们也能有机会接受继续教育，不断提高职业能力，免受劳动市场的排斥。

读书是学习，使用也是学习，而且是更重要的学习。但直至目前，法国仍然是十分注重文凭的国家，一个人的初始教育及其文凭几乎决定其一生的命运。学校或大学文凭经常被认为是最终目标，而不把学校教育作为学习过程的第一阶段。有人说，明天的职业有半数还未创立，一个人在其职业生涯中至少更换三次职业。① 在学习化社会中，人们不应只盯着文凭的获得，还要重视在工作中获得的经验和能力，特别是终身学习的能力。只有这样，个人才能够在竞争激烈的劳动市场上立于不败之地。

① Ministère de la jeunesse, de l'Éducation nationale et de la recherche, La formation initiale et continue des maîtres, février 2003. p39.

第十七章
未来目标：使全体学生成功

在21世纪的第10个年头，法国1989年的教育指导法已经历了20年的历史。不仅法律规定的若干目标未能实现，法国教育所面临的社会环境也发生了重大变化。如何应对新的问题与挑战，如何确定新的教育发展目标，对法国政府来说都是新的考验。

第一节　问题与挑战

一般来说，教育发展与教育成就应当是同步的。特别是近10年来，法国教育发展较快，教育环境也有较大改善：教育经费增长了近25%，小学教师数量增长了2%，中学教师数量增长了7.8%，小学生减少了423 000人，中学生减少了130 000人。在1975年至2001年间，小学生生均经费增长了94%，中学生生均经费增长了74%。但令人疑惑不解的是，这几段时间恰好是教育问题日益尖锐的十年。

一、学业失败与文盲的比例居高不下

法国小学入学率已达百分之百，并且95%以上的小学生能够进入初中。从数量上看，法国初等教育可以说已经完全普及。但是令人担忧的

是小学生的留级率多年来居高不下，三分之一以上的小学生不能按期完成五年学业进入初中。这就是长期困扰初等教育的学业失败问题。

1996年5月2日，法国国民教育部公布了小学三年级学生的全国评估考试结果。结果显示：在小学三年级学生中，有15%的学生不能辨认常见词汇，不能理解简单课文，17%的学生不会加法运算，也不懂整数的概念；在初中一年级学生中，9%的学生不会阅读，23.5%的学生不会计算，6%的学生在学习上存在极大困难。

1998年6月，法国国民教育部的一份报告证实："根据各年的情况，刚刚进入小学三年级的学生中有21%～42%的不能掌握阅读或运算，或两个方面最低水平的能力。他们在进入初中时的比例为21%～35%。"①

法国教育高级委员会（Haut Conseil de l'Éducation）在其2007年关于小学的评估报告中做出这样的结论：

60%的小学毕业生获得及格或令人满意的成绩。

25%的学生成绩较差。

15%的学生学习困难或极为困难。②

如果一个学生在阅读或书写上存在困难，在其他学科中的困难也会随之而来。特别是学习的困难往往给学生带来心理的创伤，他们可能在感到自己不行的同时把自己归为"另类"，导致自我封闭，从而远离学生群体。小学阶段的学业失败给以后的中等教育带来严重的困难。一些研究证明，五年按时完成学业的小学生在未来的中学阶段会有比留级生高五倍的机遇获得成功。而小学阶段学习是否能够顺利完成，又很大程度上取决于小学一年级的学习情况。

从整体上看，法国学生在法语学习上的问题相对小些，在数学方面比较严重：近四分之一的初一学生不具备整数的比较、四则运算等基本能力，而具备这些基本能力的学生仅占43%。

对于小学三年级学生出现的这些问题，曾任评估与预测司司长的德洛认为，这应属自然，因为这时正在学习过程中，学生可以在以后的两

① Ministère de l'Éducation nationale, Améliorer l'efficacité de l'école primaire, rapport de l'Inspection générale de l'éducation nationale remis à Ségolène Royal en juillet 1998.

② Haut Conseil de l'éducation, Bilan des résultats de l'École-2007.

三年中得以补习。问题严峻的是，有5%～10%的儿童进入初中时存在极大的学习困难。

令人担忧的是法国当前学生的成绩竟然落后于20世纪20年代初的水平。1995年，有人在档案资料中偶然发现了9000余份在校学生试卷，通过认真比较发现，在语言掌握上"今天的学生，在听写上的出错率，平均比19世纪20年代的学生高出大约2.5倍"[①]。

更令人担忧的是，学业失败问题的背后隐藏着严重的社会问题。一方面，学习落后的学生中不同家庭出身的比例差别甚大。例如，在1980年对小学一年级留级生的统计中，农业工人和普通工人的子女分别占29.9%，企业主、高级职员和自由职业者的子女仅有6.1%。其他统计还表明，在正常读完小学的儿童中，高级职员的子女的比例高出农业工人的子女两倍多。另一方面，学业失败在地理区域上的差别也十分明显。在偏远山村和贫困地区，学业失败的儿童所占的比例相当高，并且这些地区的一些相对优越的家庭也不断搬迁，那里学校的质量日益恶化。

在2007年的调查中，社会差异依然突出：在获得高中毕业会考文凭的学生中，出身于教师家庭的学生中有91%的获得该文凭，出身于管理者家庭的学生中有91%的获得该文凭，而出身于工人家庭中获得该文凭的学生的比例不足50%。在获得普通高中毕业会考文凭的学生中，学生出身于教师家庭的学生中有72%的获得该文凭，出身于管理者家庭的学生中有69%的获得该文凭，而出身于工人家庭中获得该文凭的学生的比例只有18%。其中，在获得社会声望较高的理科系列普通高中毕业会考文凭的学生中，40%的学生出身于教师家庭，41%的学生出身于管理者家庭，而出身于工人家庭子女的比例略高于7%。然而在社会地位较差的职业高中文凭方面，29%的获得者出身于工人家庭，只有5%的获得者出身于教师和管理者家庭。[②]

---

① Ministère de l'Éducation nationale, Les Dossiers d'éducation et formations, n°62, février 1996.

② Panel d'élèves du second degré recruté en 1995, MEN-DEPP, 2007.

二、无资格与无文凭的青年有所增长

所谓无资格的青年，是指在未能进入职业高中的第二年级或毕业年级之前便离开学校的学生，他们未能达到最低职业资格，即获得职业高中毕业文凭。这一类青年占同龄人口的比例略高于7%，在1980年时为110 000人，在1990年时为82 000人，在1995年时为57 000人，在2000年时为56 000人。从这二十多年来看，虽然这一比例呈下降趋势，但从1994年以来又有回升苗头，基本徘徊在55 000～60 000人之间。

所谓无文凭的青年，是指未能完成高中学业而中途辍学者，即在离开普通高中或技术高中时无高中毕业会考文凭以及那些虽然进入职业高中的第二年级，但未能获得职业高中毕业文凭者。这一类青年的数量在十余年间一直徘徊在150 000～160 000人之间。

2002年，法国共有无资格与无文凭的青年158 000人，这意味着他们中间将有大量的人进入失业队伍。据2000年统计，近45%的25岁以下无文凭青年为失业者，大大高于获得文凭的青年的比例。例如获得职业高中文凭青年的失业比例为20%，获得高等教育文凭青年的失业比例为10%。

此外，高等教育的情况也不容乐观。55%的大学生不能在正常的两年时间内获得大学的第一个文凭，即“大学基础学习文凭”（DEUG）。

三、校园暴力未能有效遏制

教师受到辱骂和人身伤害，教师的汽车轮胎被扎破，教师受到致死的威胁；学生参与诈骗、吸毒、性犯罪……这些不是影视作品中的镜头，而是法国学校中经常发生的暴力事件。

据法国教育部公布的数据，2002年法国学校中发生的严重暴力事件超过了81 000起。而这一数字只是上报教育部的，并只涵盖了75%的中小学在6个月期间的严重暴力事件，如果全面统计整个年度的各类暴力事件，其数量肯定会大大膨胀。

校园暴力事件的频频发生，不仅使正常的教学秩序受到严重的损害，更引起家长们的担心，甚至不敢让子女在本区的学校上学。尽管多年来政府采取了诸多措施防止学校暴力的发生，但是校园暴力事件并未能得以有效遏制。

人们开始思索和探讨教育问题的原因。一些人认为，自20世纪60年代以来，法国学校开始特别重视学生个性的培养，对一些传统价值观念有所忽视，出现了“重自我表达，轻文化传承；重批判精神，轻尊重权威；重自发，轻感受；重创新，轻传统”[①] 的倾向。其实，不光是学校，而且社会对日益增长的“社区主义”（communautarisme）也过于宽容，对共和国的精神却不够重视，导致青少年犯罪10年来增长了79%。

近年来，法国教育的部长们均在不同场合表示要重建权威，重施惩罚。教育部前任部长吕克·费里（Luc Ferry）于2003年年初，发表了《致所有热爱学校的人》的公开信，特别强调了教师的权威“应当置于教育系统中心的，不单单是学生或知识，而明显是学生与知识间的关系，就是说，一方面是传递的作用，即教师的作用，另一方面，是学习的必要，即学生的作用”[②]。负责学校教育的部长级代表格扎维埃·达尔科（Xavier Darcos）则指出，尊重权威，首先是尊重教师，不要混淆教育者与被教育者的地位；其次是尊重校规，因为学校是特殊的教育场所，校规是其完成教育使命的必要保证。[③]

本来，自1882年“费里法”确立了法国学校教育框架以来，传统学校基本上是家长式的管理，教师就像父亲或管家那样主宰着班级：宽厚的权威，时而粗暴但经常充满深情；尽管孩子众多，年龄和水平各异，甚至逃学缺课，也不厌其烦；要求学生之间互相帮助。教师对学生的肉体惩罚也是司空见惯的，他们相信法国的一句谚语：“孩子的耳朵长在背上。”但是，随着现代教育思想的普及，儿童成为学校教育的中心，且不说体罚，连稍微严格的管理都成为教学上的大忌。加上社会所固有的症疾，使校园暴力不断蔓延，屡禁不止。

---

① Luc Ferry, Lettre à tous ceux qui aiment l'école, Odile Jacob, Paris, 2003. p45.

② Luc Ferry, Lettre à tous ceux qui aiment l'école, Odile Jacob, Paris, 2003. p47.

③ Dossier de presse, La politique de prévention de la violence à l'école, 30 octobre 2002.

第二节　为了全体学生成功

为了适应21世纪教育发展的新形势，时任法国总理拉法兰于2003年9月15日组建了由教育部原评估与预测司司长克劳德·德洛（Claude Thélot）为主席的“学校未来全国讨论委员会”，并赋予该委员会两项使命：组织全国性的讨论，收集所有关于学校问题的思考和建议；为未来15年法国教育系统可能或期望的变革进行原则性描述，使政府能够清晰选择决策并准备一项新的指导法。

委员会在工作伊始便建立了自己的互联网网站，发表了由学校评估高级委员会邀请的四位专家针对法国教育系统的问题而撰写的题目为《对学校的初步诊断》报告，并提出了22个问题供全国讨论。具体题目如下：

- 共和国学校的价值是什么？如何使社会承认之？
- 在当前的欧洲和未来的几十年，学校的使命应当是什么？
- 学校应当趋向何种类型的平等？
- 教育在青年和成人之间是否应当另行划分，并涉及更多的劳动领域？
- 什么是知识、能力和行为规范的共同基础，学生是否应当在义务教育各个阶段优先掌握？
- 学校应当如何适应各类学生？
- 如何改善职业教育结构及其社会认可？
- 如何有效激励学生学习？
- 学生评估、考试与评分应当具备何种功能和方式？
- 如何组织和改善学生定向？
- 如何准备和组织高等教育的入学考核？
- 家长和校外合作者如何促进学生的学习成功？
- 如何担负起学习很困难学生的工作？
- 如何保证残疾学生和重症学生在校学习？
- 如何有效防止校园暴力和无礼行为？

- 如何在教育共同体成员中，特别是在家长和教师、教师和学生之间建立联系？
- 如何改善学生在学校的生活质量？
- 在教育领域，如何确定和划分中央政府与地方政府的不同职责？
- 是否应当给予学校更多的自主，并伴随对其进行评估？
- 学校如何更好使用其占有的经费？
- 是否需要重新确定学校的工作？
- 如何培训、录用和评估教师，如何更好组织教师的职业生涯？

这次关于学校未来的全国大讨论，可以说是法国有史以来涉及面最广、参与人数最多的公开讨论。不仅有教育专家、学生、家长、教师、教育管理人员、政府行政人员、经济界人士、各团体组织人员，而且凡是与学校相关的人员都参加了讨论。在 2003 年 11 月 17 日至 2004 年 1 月 17 日间，委员会在学校和社区组织召开了 26 000 次会议，集中了上百万人次与会，整理了 13 000 份会议综述。访问委员会网站的人数约 40 万，网站还收到了 15 000 名参与者的 50 000 份电子信件，并收到了 1500 份邮政信件和来自 300 余个团体和协会的意见和建议。经过对以上活动和资料的梳理，委员会于 2004 年 4 月 6 日完成了一份题为《讨论之鉴——法国人谈其学校》[①] 的综合文件，提交给教育部，并公布于全社会。将报告的题目定为讨论之“鉴”，就是试图更客观地反映不同人士对学校的不同看法。报告全文有 640 页，由两部分构成，第一部分为整体介绍，归纳了所有参与者的思想脉络；第二部分为文字综述，概括了专门讨论、信函和协会组织的基本观点。

在 2003 年 9 月至 2004 年 9 月间，委员会还与 76 个团体组织举行了座谈，访问了 200 余名专家学者，对法国教育系统进行了深入思考，于 2004 年 10 月 12 日向教育部提交了题为《为了全体学生成功》的最终报告[②]。

报告提出了未来教育的宏伟目标，正如其题目所宣示：为了全体学

---

① Commission du débat national sur l'avenir de l'École, Le Miroir du débat, Ce que disent les Français de leur École, septembre 2003 – mars 2004.

② Claude Thélot, Pour la réussite de tous les élèves, Rapport de la Commission du débat national sur l'avenir de l'École, La documentation Française, Paris, 2004.

生成功。为的就是要使全体学生在义务教育完成之后，都能够掌握就业所必需的知识、能力和行为准则，并为终身学习奠定基础。

依据关于学校未来的全国讨论委员会所提交的报告，政府起草了教育系统指导法案，后经议会于2004年3月24日通过了《学校未来的导向与纲要法》①，并于2005年4月23日由共和国总统正式颁布。

《学校未来的导向与纲要法》的附加报告，全面阐述了该法的基本精神：

为了一个更公正的学校：可信任的学校；

为了一个更有效率的学校：高质量的学校；

为了一个更开放的学校：倾听全国的学校。

一个更公正的学校，即可信任的学校，就是要为全体学生提供一个个人成功和职业成功所需要的信心。这一学校既要帮助最弱势的学生，又要鼓励最优秀的学生努力争先；既要贡献于全民教育水平的提高，又要扩大精英人才的选拔。机会平等不应停留在抽象的概念上，而要调动所有手段来推动其落实，不能允许青年在离开教育系统时无任何职业资格。要在10年之后使50%的青年能够进入高等教育。

一个更有效率的学校，即高质量的学校，就是要强调致力于学生、家庭和国家的教育公共服务的质量。

高质量的学校首先依赖于高质量的教师。中小学教师的培训将完全由大学承担，教师培训大学学院将在未来3年逐步融入大学。中小学教师的培养将突出三大领域：学科文化的深入培训；面向不同学生的教学法培训，特别是针对残疾学生和困难学生的教学法的培训；作为教育公共服务的公职人员培训。教师培训大学学院的一年级学生仍要准备教师录用考试，但同时要参加中小学的实习和教学实践。教师录用考试的合格者才能进入教师培训大学学院的二年级学习，并成为实习教师，但其毕业后不应延续惯例再分配到困难学校任教。

高质量的学校也意味着保证校园安全，小学、初中和高中都要为每一个学生的学习和进步提供安宁的范围，学生的安全是校长作为国家代

① Loi n° 2005 – 380 du 23 avril 2005 d'orientation et de programme pour l'avenir de l'école, J. O n° 96 du 24 avril 2005. page 7166.

表的首要使命之一，校长要与警察局保持联系，任何暴力行为都必须直接受到惩处。

高质量的学校还要求改善学校和班级的运行，要重新确认教师在教学中的主导作用，要突出班主任的责任，要完善班级委员会制度，要通过制订学校计划确定学校发展的目标，并以此与学区建立三年合同。

一个更开放的学校，即倾听全国的学校，一方面体现在与家长建立密切关系及与经济界建立密切关系上，另一方面要求掌握外语和计算机与互联网通信技术，保持与社会环境和外部世界的联系。

第三节　构建“共同基础”

学校未来全国讨论委员会在其报告《为了全体学生成功》中，提出了一个核心概念：“必不可少的共同基础。”

根据报告的解释，“必不可少的共同基础”是知识、能力和行为准则的整体，它不等同于学校课程的全部内容，而应当包含着 21 世纪生活所必需的要素[①]。“必不可少的共同基础”之所以不同于现行学校课程，一方面原因是现行课程往往缺乏内在联系，缺乏生动性，且负担较重，造成过多的学生学业失败；另一方面，它又允许有能力学习的学生扩大学习范围，因此不限定学习领域。

使全体学生成功，并不意味着所有学生都能够达到最高的学历水平，而是要使他们获得“必不可少的共同基础”，就是说他们在 16 岁完成义务教育时，学校要保证全体学生具备必要的知识、技能和生存态度。

委员会认为，构建“必不可少的共同基础”需要更多的专门机构和专家的参与，需要较长时间的准备过程。委员会建议成立独立的高级权力机构，专门负责确定“必不可少的共同基础”，并在报告中提出了五项构建原则：

---

① Claude Thélot, Pour la réussite de tous les élèves, Rapport de la Commission du débat national sur l'avenir de l'École, La documentation Française, Paris, 2004. p38.

- 辅助性（Subsidiarité）。学校不是唯一的学习场所，只应要求学校比其他教育机构做得更好，至少是同样地好，也不应拒绝与其他教育机构的合作。
- 连续性（Continuité）。在终身学习的社会中，共同基础并非可以终身受用，只是有利于将来学习的成功，因此初始培训之后应当是继续学习和终身学习。
- 即时性（Miseà jour）。共同基础的清晰确定，依赖于其基本元素能够适应当前和未来若干年的需求。
- 优先性（Priorité des priorités）。共同基础包含的知识、能力和行为准则应当是21世纪每个人的必备素质，如：自主人格、共和国公民、职业能力。
- 可行性（Faisabilité）。共同基础中的优先点应当是现实可行的，国家通过学校的实施，能够使一定年龄段的全部学生接受。

委员会进一步设想，共同基础应当由两大支柱、两大能力和民主社会中共同生活的教育构成。

两大支柱：语言和数学。

保证学生掌握法语，是法国学校的首要任务，因为法语是法国社会人们交流的必要工具。学校首先要使学生学会正确表达、阅读和书写法语，然后要使学生掌握社会中应用的不同讲话方式，丰富其语汇，掌握语法结构。掌握法语不仅仅是语言训练，还要阅读大量文学、历史和科技著作。因此，日积月累的阅读，形成良好的阅读习惯是极其必要的。应当制止小学中复印资料的泛滥。

数学有助于严谨思维，也能够为日常生活中的工作、选择和决定提供工具。提出问题和解决问题应当是数学学习的中心，既要以获得知识为目的，又要以获得知识为手段。计算、几何和数据管理是数学教学的三大领域，同时要兼顾语言的掌握。三个领域中专门词汇的应用不应成为学习的阻力，而应当通过阅读、写作和推理使之不断丰富。

两大能力：英语和信息技术。

对于极其崇尚本民族语言的法国人来说，法语在国际上地位的日益衰退是无法回避的事实，而要接受英语、使用英语则要承受巨大的心理压力并要付出极大的努力去学习。在此报告中，也许是首次明文倡导学习英语，但并不是简单地称呼英语，而是定义为“国际交流的英语”。报告认为，国际交流的英语不再是诸多语言的一种，也不简单是特别有影响民族的语言，而是在科学、技术、贸易和旅游等领域中国际交流的语言。不是把英语作为排他性的外语强加于人，而是要把掌握英语作为国际交流必备的一种基本能力：理解英语为母语和非母语的人说的不同英语，理解所有人的不同表述。如果不能用国际交流的英语表达和交流，将是一种重大缺陷。

为使学生在义务教育之后能够真正掌握英语，委员会建议在小学三年级开始学习英语。

掌握信息与交流技术是共同基础中的另一基本能力。学校应当保证赋予每一个学生包括初步应用计算机的文化知识，不仅是由于信息技术在社会中广泛应用改变了工作方式，也由于信息技术是终身学习的优先途径，还由于作为未来公民应当对互联网上大流量的信息流能够进行观察批判。

为此，委员会认为，应当继续支持自2000年法国开始在中小学设置的“信息与互联网证书”（Brevet Informatique et Internet—B2i），并促进学校中计算机的应用和教师的培训。

民主社会中共同生活的教育：

委员会认为，从初等教育，即幼儿学校和小学开始，就要对所有学生实施学会共处的教育。从文明礼貌到公共事务都应当是学会共处的内容，包含着学会尊重自己和尊重他人，如不间断地听讲，见面与分别时致礼，学会关心公共利益，了解共同生活准则，如对作弊的惩罚，把握共和国民主价值观，等等。

《学校未来的导向与纲要法》基本采纳了学校未来全国讨论委员会关于构建“必不可少的共同基础”的建议，决定成立“教育高级委员会”（Le Haut Conseil de l'éducation），负责确定在义务教育结束时学生应当掌握的知识和能力方面向政府提出建议。

教育高级委员会由9名成员组成，其中3名由总统任命，2名由国民议会主席任命，2名由参议院议长任命，2名由经济与社会委员会主席在议员外人士中任命。

但《学校未来的导向与纲要法》对“必不可少的共同基础”的内涵

的界定与学校未来全国讨论委员会的建议略有不同，该法的第一款第九条是这样表述的：

“义务教育至少应当保证每个学生获得共同基础的必要途径，共同基础是由知识和能力的整体构成，掌握共同基础对于学校成功、后续培训、构建个人和职业未来以及社会生活的成功都是必不可少的。这一基础包括：

- 掌握法语；
- 掌握数学基本知识；
- 具备自由行使公民责任的人文与科学文化；
- 至少会运用一门外语；
- 掌握信息与通信的常规技术。”

这一法律定义与学校未来全国讨论委员会的表述几乎没有差异，唯一的不同就是关于“国际交流的英语”的提法，尽管曾经在英语之前加上“国际交流”的定语，但这种掩耳盗铃的方式还是不能被法国议员们接受。立法者所持的法兰西心态可能影响法国学校的外语教学踯躅不前，或缓慢前行，也可能有助于保住法语岌岌可危的国际地位，或促进欧洲多元文化的复兴?

第四节　促进教育平等

如果说1980年法国只有34%的同龄人口获得高中毕业会考文凭，1994年已经达到71%，2002年为69%。这一增长惠及社会各个阶层，特别是平民阶层的获益更大，在获得高中毕业会考文凭上的教育不平等已经缩小，但是差距依然悬殊，1974年至1978年出生的管理人员的子女获得高中毕业会考文凭的比例为89%，而工人的子女只有46%。特别是平民子女获得的高中毕业会考文凭多数为技术类和职业类，其社会价值低于普通高中毕业会考文凭。

学校虽然不是教育不平等的肇始者，但是也在参与和制造不平等。学校教育的不平等首先在于学校质量的不平等。优质的学校经常服务于生活处境优质的学生。“一所城市中心区的学校比处境不利的郊区学校具有获得优异成绩的全部机遇。”①

其次，学生的划分方式也扩大了教育的不平等。按居住地划分学校的分区方式，本意在于为学生提供平等的教育机会，但却出现了相反的结果。随着社区居民身份的趋同化，学生的来源也呈极大的一致性，平民家庭的子女集中到同一学校，导致这一学校的质量进一步下降。

再次，一些例外的措施，如允许通过选课的方式变换班级或学校，加强了学生分化的程度。

最后，学校的考试、评估、分流、定向，更加剧了学校教育的不平等。特别是平民家长，不了解教育系统的特点，盲目地同意其子女分流到无发展前途的学习系列，导致学业失败和无文凭与无职业资格的学生大量出现。

如果仅仅用教育机会均等的标准衡量法国教育，至少是实现了社会各阶层的全部儿童进入基础教育。但是法国学校所造成的大批学生的学业失败，所产生的大量文盲或半文盲，使许多青少年丧失自信，感觉受到轻视，甚至用暴力来报复学校，就说明现在的法国学校离平等和公正相距甚远。

为了使全体学生成功，为了使每个学生成功，学校未来全国讨论委员会表达了四项愿望：

- 实施面向全体学生的教育，而不论其差异；
- 掌握所有必要的知识和能力；
- 保证每个人在其专业方向上获得成功，并具备社会用途；
- 使初始教育与终身教育更好衔接。

为此，委员会提出四项措施：

- 关注最薄弱者；
- 缩小基础不平等；
- 促进多重优秀；
- 构建终身教育。

根据学校未来全国讨论委员会的建议，《学校未来的导向与纲要法》

---

① Claude Thélot, Pour la réussite de tous les élèves, Rapport de la Commission du débat national sur l'avenir de l'École, La documentation Française, Paris, 2004. p31.

的附加报告确定了设立教育成功个人项目、增加奖学金学生数量、促进男女学生平等、改善残疾学生教育等促进教育平等的措施。

第一，设立教育成功个人项目。

对于感到学习困难和有特殊需求的学生，学校有责任给予特殊的帮助。教育评估的重要目的就是检测学习有困难的学生，并向他们推荐教育成功个人项目。实施这一项目，首先要由小学生家长或中学生本人，与校长和班主任共同签署一份文件。这份文件具体说明校内外的辅导措施，学生进展评估过程和家长监督的责任。项目的实施通常由学校教师负责，但学区督学将安排经过特殊培训的教师参与辅导，必要时也会请医生和心理顾问共同参与。

为此，国家将在 2006—2008 年间，每年为小学增拨 10 700 万欧元，为初中增拨 13 200 万欧元的专项经费。

第二，增加奖学金学生数量。

增加奖学金学生的数量，有助于促进真正的机会平等。在学生依据社会保障标准获得相应的助学金之后，还可以有机会获得奖学金。获得奖学金的基本要求是在全国初中毕业考试或高中毕业会考中获得优秀或优良的成绩。在 2006—2008 年间，中等教育奖学金学生数量的年增长幅度为 16 600 ~ 16 700 人，高等教育奖学金学生数量的年增长幅度为 1200 人，法国每年将为中学增拨专款 1700 万欧元，为大学增拨 600 万欧元。

第三，促进男女学生平等。

学校是促进男女平等的首要场所，学校首先要保证男女学生在教育过程中的平等。法国将在三个方面促进男女学生平等：在学习和就业定向上，消除性别歧视；鼓励女学生选择科学与技术专业，支持男学生选择男性比例小的职业；监督教科书中具有性别特征的职业偏见。

第四，改善残疾学生教育。

学校应当给残疾学生平等接受教育提供便利，使他们能够在距家庭最近的学校学习，并享受必要的照顾。从学前教育到高中教育，残疾学生的教育均可以采取多种模式组合：融入普通班级、学校生活助理陪同、集体辅导、在特殊学校学习、远程教育等。法国拟扩大普通学校中特殊教育单元的数量，2010 年将新增加 1000 个特殊教育单元，追加拨款 6000 万欧元。

第五节　困难与展望

回顾法国20世纪80年代以来的改革进程，赋予每个学生基础知识和基本能力，使全体学生成功，几乎是所有改革报告和官方文件的主题。一方面是各种提法花样翻新、层出不穷，另一方面也带来了越来越多的质疑。

早在1974年，德斯坦就任总统伊始就曾表示，教育系统应当结束其“分拣站”的功能，“要让每个法国人具备最低限度的知识”。1984年，法兰西学院在其报告中指出，“国家课程大纲应当确定最低限度的共同文化，即所有公民应当必须具备的基础知识和技能的内核”。1989年，格罗（François Gros）和布尔迪厄（Pierre Bourdieu）共同主持的委员会在其报告中，则从另一角度强调，“教育不能留下不可接受的空白”。1994年，国家课程委员会宣称，“共同基础的详细内容即将出台”。但两年多未见踪影，福鲁领导的“学校思考委员会”又于1996年提出了“起码知识”的概念。[①]

在初中问题上，法国政府于1975年进行了“统一初中”的改革，然后在1995年提出了“为所有人的初中”（collège pour tous），要求“这一初中能够接收所有学生而不论其状况如何，并以公正的方式对待他们，使他们理解，同时体现机遇均等和优质教学的理想”。20世纪90年代末又提出“为所有人和为每个人的初中（collège pour tous et pour chacun）”。2003年更进一步提出“真正为每个人的初中”（collège réellement pour tous）。[②]

这些不断翻新的词汇，似乎是在表示改革的不断深入，又似乎是在展示法语词汇的丰富和表达的魅力。但是改革者的良苦用心并未轻易被公众接受。有人将“共同基础”讽刺为“最低保障工资型的文化”“最低收入的教育”“文化小药片”。曾任国家课程委员会成员的一位专家指

---

① Le Monde de l'éducation，N°332，janvier 2005.

② IGEN，L'École aujourd'hui，2003.

出，“基础是一个陈旧的思想，从未真正地实行过”[1]。

伴随着新的改革主张，总有新的改革措施。即使这些改革尚未见到明显的效果，追求教育平等与公正的路总要继续。

① Le Monde de l'éducation，N°332，janvier 2005.

附录

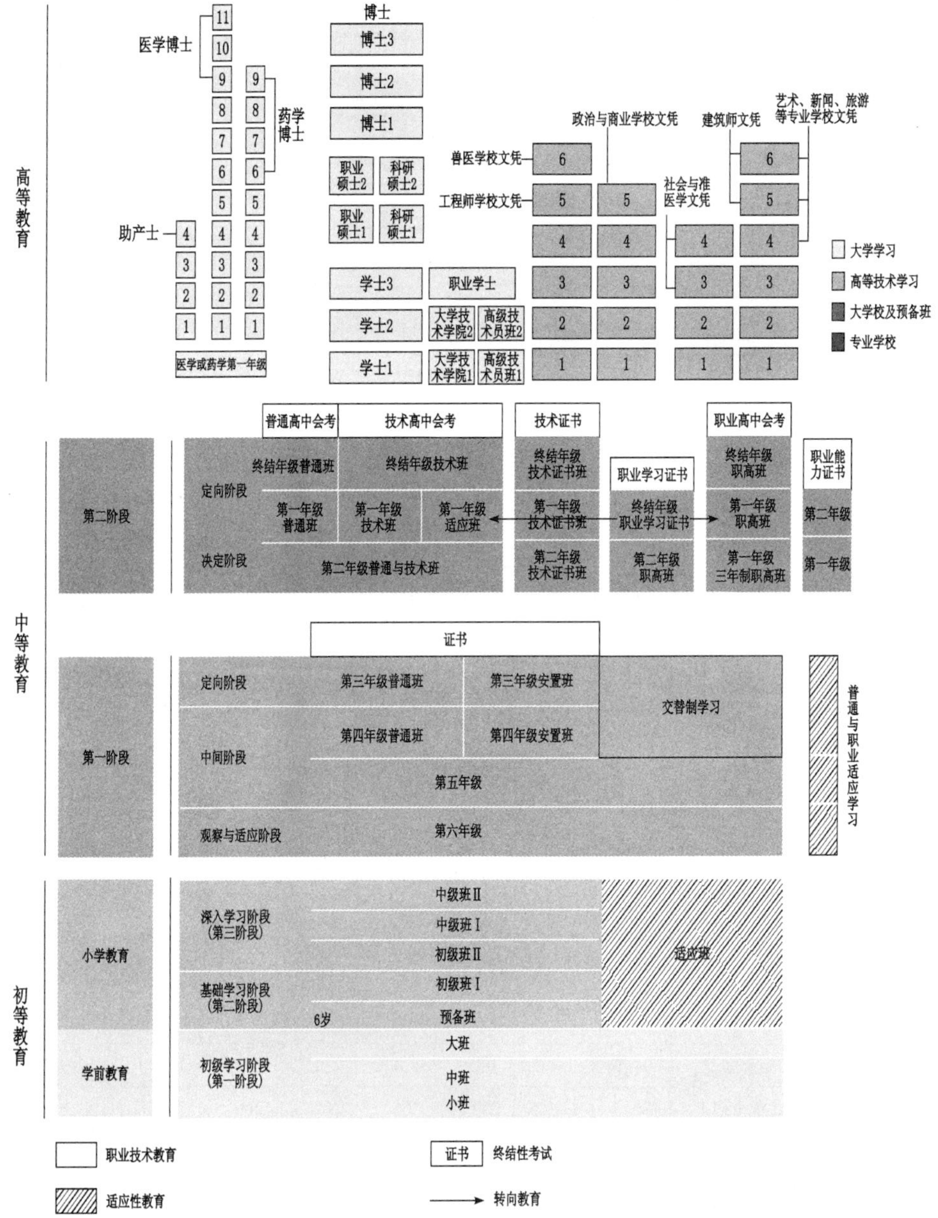
高等教育
医学博士
11
10
9
8
7
6
5
4
3
2
1
药学博士
助产士
医学或药学第一年级
博士
博士3
博士2
博士1
职业硕士2
科研硕士2
职业硕士1
科研硕士1
学士3
学士2
学士1
职业学士
大学技术学院2
高级技术员班2
大学技术学院1
高级技术员班1
兽医学校文凭
工程师学校文凭
政治与商业学校文凭
社会与准医学文凭
建筑师文凭
艺术、新闻、旅游等专业学校文凭
大学学习
高等技术学习
大学校及预备班
专业学校
中等教育
普通高中会考
技术高中会考
技术证书
职业高中会考
职业学习证书
职业能力证书
第二阶段
定向阶段
终结年级普通班
终结年级技术班
第一年级普通班
第一年级技术班
第一年级适应班
决定阶段
第二年级普通与技术班
终结年级技术证书班
第一年级技术证书班
第二年级技术证书班
终结年级职业学习证书
第二年级职高班
终结年级职高班
第一年级职高班
第一年级三年制职高班
第二年级
第一年级
证书
第一阶段
定向阶段
第三年级普通班
第三年级安置班
交替制学习
中间阶段
第四年级普通班
第四年级安置班
第五年级
观察与适应阶段
第六年级
普通与职业适应学习
初等教育
小学教育
深入学习阶段（第三阶段）
中级班Ⅱ
中级班Ⅰ
初级班Ⅱ
基础学习阶段（第二阶段）
初级班Ⅰ
6岁
预备班
适应班
学前教育
初级学习阶段（第一阶段）
大班
中班
小班
职业技术教育
证书 终结性考试
适应性教育
转向教育

法国教育系统图

法国各级各类学生数量变化　　单位：千人

	1980 年	1990 年	2000 年	2004 年	2005 年	2006 年	2007 年	2008 年
初等教育								
学前教育	2456.5	2644.2	2540.3	2609.5	2612.0	2578.4	2551.1	2535.4
小学教育	4810.0	4218.0	3953.0	3924.6	3962.0	4016.9	4047.3	4062.3
特殊教育	129.8	91.2	58.7	51.4	50.5	48.7	46.8	46.0
初等教育合计	**7396.3**	**6953.4**	**6552.0**	**6585.5**	**6624.5**	**6644.0**	**6645.2**	**6643.7**
中等教育								
初中	3261.9	3253.5	3290.9	3194.3	3139.0	3100.6	3084.0	3088.5
职业高中	807.9	750.0	705.4	719.3	724.0	719.7	713.4	703.1
普通与技术教育	1124.4	1607.6	1501.5	1515.5	1512.9	1491.2	1470.0	1446.9
适应性中等教育	114.9	114.6	116.6	111.2	109.5	106.6	104.0	101.3
中等教育合计	**5309.1**	**5725.7**	**5614.4**	**5540.3**	**5485.4**	**5418.1**	**5371.4**	**5339.8**
中等农业教育	**117.1**	**116.2**	**151.3**	**152.5**	**154.9**	**155.0**	**153.5**	**151.6**
学徒培训中心	**244.1**	**226.9**	**376.1**	**378.8**	**395.5**	**417.7**	**433.6**	**435.9**
其中中等学徒培训	225.4	219.0	314.7	305.9	315.2	327.3	335.0	331.7
其中高等学徒培训	0.0	1.3	51.2	63.1	70.6	80.5	90.1	97.7
其中农业中等学徒培训	18.7	6.6	10.2	9.8	9.7	9.9	8.5	6.5
特殊教育	**96.2**	**88.2**	**81.4**	**77.1**	**76.3**	**77.0**	**76.4**	**75.5**
高等教育								
大学校预备班	42.9	68.4	73.8	76.5	77.8	79.3	81.9	84.1
高级技术员班	67.9	199.3	238.9	230.3	230.4	228.3	230.9	234.2
大学技术学院	53.7	74.3	119.2	112.4	112.6	113.8	116.2	118.1
大学	796.1	1075.1	1254.3	1286.4	1283.5	1259.4	1221.1	1265.8
工程师学校	40.0	57.7	96.5	107.2	108.1	108.8	108.8	114.4
商业、管理、会计与销售学校	15.8	46.1	63.4	83.2	88.4	87.3	95.8	100.6
社会医学学校	91.7	74.4	93.4	124.2	131.7	131.1	134.4	134.4
其他高等教育机构	76.0	128.5	232.4	263.7	265.1	260.3	253.8	190.9
其中工程师教育		6.8	11.7	14.0	14.4	14.6	11.4	10.8
高等教育合计	**1184.1**	**1717.0**	**2160.2**	**2269.9**	**2283.2**	**2253.7**	**2231.5**	**2231.7**
总计	14 346.9	14 827.4	14 935.4	15 004.1	15 019.8	14 965.5	14 911.6	14 878.2

资料来源：Ministère de l'Éducation nationale, Éducation nationale en chiffres, édition 2009.

* 由于统计项目部分重合叠加，结果非简单地相加。

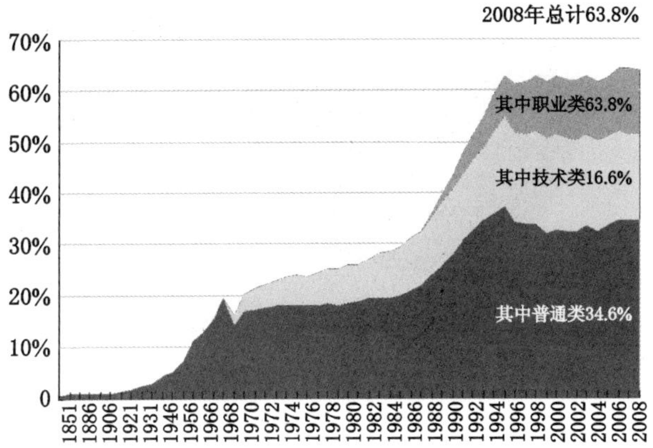

法国高中毕业会考文凭获得者占同龄人的比例

资料来源：Ministère de l'Éducation nationale，Éducation nationale en chiffres，édition 2009.

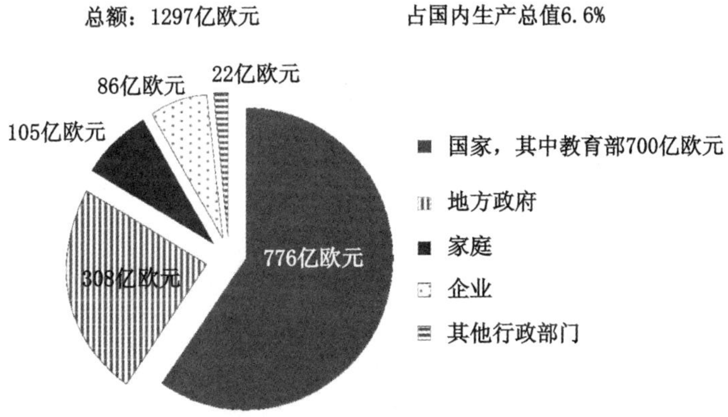

2008 年法国教育经费支出及其来源

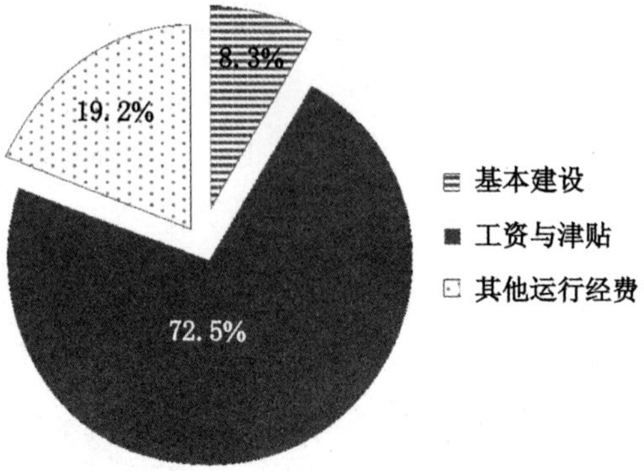

2007 年法国教育经费用途

资料来源：Ministère de l'Éducation nationale, Éducation nationale en chiffres, édition 2009.

主要参考文献

1. Jacques Attali, Pour un modèle européen d'enseignement supérieur, 1998.

2. Administration et éducation, numéro 98, 2ème trimestre 2003.

3. Avanzini, G. La pédagogie au 20e siècle, Privat, Toulouse, 1983.

4. Ballion, R. Les consommateurs de l'Ecole, Paris, Stock, 1982.

5. Pierre Champagne, L'organisation scolaire et universitaire, Paris, PUF, mai 2003.

6. Charlot, B. , L'Ecole en mutation, Payot, Paris, 1987.

7. Charlot, B. et Beillerot, J. La construction des politiques d'éducation et de formation, PUF, Paris, 1995.

8. Frémy D. et M, Quid 98, Robert Laffont, 1997.

9. Commissariat général du plan, Les universités françaises en mutation, la politique publique de contractualisation (1984—2002), La documentation Française, Paris, 2004.

10. Cour des comptes, La gestion du système éducatif, Rapport au président de la république suivi des réponses des administrations intéressées, avril 2003.

11. Minot, J. Deux siècles d'histoire de l'Éducation nationale, Ministère de l'Éducation nationale, 1986.

12. Minot, J. Histoire des universités françaises, PUF, Paris, 1991.

13. Le Monde de l'éducation, N°293, juin 2001. N°314, mai 2003. N° 332, janvier 2005.

14. Le système éducatif, Cahier français N°285, mars-avril 1998.

15. Bernared Toulemonde, Le système éducatif en France, Les notices de la documentation Française, Paris, 2003.

16. Martine Allaire et Marie-Thérrie Frank, Les politiques de l'éducation

en France, La documentation Française, Paris, 1995.

17. Ministère de l'Éducation nationale, de la Recherche et de la Technologie, Jacques ATTALI, Pour un modèle européén d'enseignement supérieur, 1998.

18. Ministère de l'Éducation nationale, de la recherche et de la technologie, Rapports du Dubet, vingt propositions pour les collèges, 8 juillet 1998.

19. Ministère de l'Éducation nationale, de la recherche et de la technologie, Quel collège pour l'an 2000, 25 mai 1999.

20. Ministère de l'Éducation nationale de la recherche et de la technologie, Un lycée pour le XXIe siècle, 4 mars1999.

21. Ministère de l'Éducation nationale de la recherche et de la technologie, Les nouveaux programmes des lycées, 14 janvier 1999.

22. Ministère de l'Éducation nationale de la recherche et de la technologie, Repères & références statistiques sur les enseignements et la formation.

23. Musselin C., La longue marche des universités françaises, Paris, PUF, 2001.

24. Sabine Monchambert, l'enseignement privé en France, PUF, Paris, 1993.

25. Christine Musselin, La longue marche des universités françaises. Paris: PUF, 2001.

26. Louis Legrand, Enseigner la morale aujourd'hui? PUF, 1991.

27. Jacques Lesourne, Education & société, les défis de l'an 2000, La découverte et Le Monde, Paris, 1988.

28. Laugenie C., Evolution du systeme d'analyse et de repartition des moyens aux etablissements d'enseignement superieur, Rapport à Monsieur le Ministre de l'éducation nationale, juillet 2001.

29. Léonn A. Histoire de l'enseignement en France, PUF, Paris, 1982.

30. OCDE, Examens des Politiques nationales d'éducation, France, OCDE, 1996.

31. Prost, A. Histoire générale de l'enseignement et de l'éducation en France, Ed. Nouvelle librairie de France, Paris, 1981.

32. Prost, A. Education, société et politiques, Une histoire de l'enseignement en France, de 1945 à nos jours, Seuil, Paris, 1992.

33. Antoine Prost, Histoire de L'enseignement En France. 1800—1967. Paris: PUF, 2002.

34. Rapport final du comité d'organisation, Quels savoirs enseigner dans les lycées? le 11 mai 1998.

35. Sénat, Rapport d'information, n° 392, L'évaluation des politiques publiques en France, Annexe au procès-verbal de la séance du 30 juin 2004. p292.

36. Toulemonde, B. Le système éducatif en France, Les notices de la documentation Française, Paris, 2003.

37. Vincent Troger, Jean-Claude Ruano-Borbalan, Histoire du système éducatif. Paris: PUF, 2005.

38. WANG Xiaohui, L'éducation contemporaine en Chine et en France, étude de pédagogie comparée, Thèse de Doctorat de l'Université des Sciences Humaines de Strasbourg, 1988.